宁佐权——著

汉语成语 与 中华传统文化

长江出版传媒 | 长江文艺出版社

图书在版编目（CIP）数据

汉语成语与中华传统文化 / 宁佐权著. -- 武汉 ：
长江文艺出版社， 2020.10（2025.5 重印）
ISBN 978-7-5702-1898-1

Ⅰ. ①汉… Ⅱ. ①宁… Ⅲ. ①汉语－成语－关系－中
华文化－研究 Ⅳ. ①H136.31②K203

中国版本图书馆 CIP 数据核字(2020)第 215479 号

汉语成语与中华传统文化
HANYU CHENGYU YU ZHONGHUA CHUANTONG WENHUA

责任编辑：孙　琳　　　　　　　　责任校对：程华清
封面设计：壹　诺　　　　　　　　责任印制：邱　莉　杨帆

出版：长江出版传媒｜长江文艺出版社
地址：武汉市雄楚大街 268 号　　　邮编：430070
发行：长江文艺出版社
http://www.cjlap.com
印刷：三河市嵩川印刷有限公司

开本：720 毫米×1010 毫米　　　1/16　印张：16.5
版次：2020 年 10 月第 1 版　　　2025 年 5 月第 2 次印刷
字数：236 千字

定价：70.00 元

目　录

下　篇　经典著作成语的文化探究

第十三章　《周易》成语的文化内涵

第十四章　《诗经》成语的文化价值

绪　论

一、课题的研究现状和趋势

邢福义先生指出："语言是文化的符号，文化是语言的管轨……不同民族的语言反映和记录了不同民族特定的文化风貌。"莫彭龄先生指出："成语是语言文化的精华。同一般词汇相比，它同文化关系更为密切，其中的文化蕴含更典型、更系统、更丰富。"本课题研究汉语成语蕴含的中华传统文化，其中汉语成语是指汉语中"相沿习用的具有书面语色彩的固定短语"（莫彭龄语），中华传统文化则是指历经 5000 多年文明演化而汇集成的反映中华民族特质和风貌的文化，是中华民族历史上各种思想文化、观念形态的总体表征。

目前汉语成语的文化研究，主要是在国内。侧重物质文化层面的多，作为对外汉语教学中帮助不同文化背景的人们加深理解的多，而对于成语中有关汉民族心理文化的研究，明显是一个薄弱环节。

莫彭龄先生所著的《汉语成语与汉文化》（江苏教育出版社，2001 年）是从文化的角度来研究成语的第一本专著，其开创性意义不可低估。该书最为突出的贡献表现在两个方面：一是从方法论的角度对成语的文化研究做了重要提示，该书"概说"中有一节专门讲成语研究，从基础研究、应用研究、比较研究三个方面探讨了研究方法，这对于后继研究者具有重要的借鉴意义；二是从成语广告、成语文艺、成语游戏、成语联想教学法等几个方面论述了成语的应用功能，拓宽了成语文化研究的视野。该书虽然注意到了成语中所存在的许多精神文化现象，如成语中的礼俗、文学、艺术、科学和谋略，但对汉语成语中有关中华民族思维、中华民族精神、中华传统美德和中华民族观念等内容却没有太多关注。

在汉语成语文化研究方面，引人注目的还有朱瑞玟先生主编的"中国成语文化书系"（首都师范大学出版社，2006 年），总共出了四本，分别是《饮食文化与成语》《酒文化与成语》《服饰文化与成语》和《书法文化与成语》。该丛书最为突出的特色是对于成语文化的探索比较细致。但是，其研究主要侧重民族文化的物质层面。

崔希亮先生所著的《汉语熟语与中国人文世界》（北京语言大学出版社，2006 年），该书第三章"汉语成语与古代中国"涉及汉语成语中有关汉民族精神文化的内容，对于研究者具有重要的启发作用。但是，由于该书毕竟只是以熟语为研究对象，而不是专门研究汉语成语的，所以对于成语中有关汉民族心理文化的内容仅仅点到为止，无暇深入地展开论述。

研究成语文化的单篇论文，通过中国知网搜索可知，有 5200 余篇。虽说也有一些研究涉及汉民族的心理文化，如向光忠的《成语与民族自然环境、文化传统、语言特点的关系》（《中国语文》1979 年第 2 期），李大农的《成语与中国文化》（《南开学报》1994 年第 6 期），郑晓的《汉语成语与汉民族文化》（《浙江师范大学学报》2002 年第 3 期），课题申请人的《〈周易〉成语与中华民族精神》（《光明日报》2010 年 2 月 26 日）、《〈周易〉成语与中华民族思维方式》（《人民日报》2010 年 7 月 16 日）和《〈周易〉成语与中华民族为人处世策略》（《光明日报》2013 年 2 月 18 日），等等，但毕竟不多，更没有形成系统。

在关于汉语成语文化研究的所有专著和论文中，对于汉语成语中有关中国古代政治的研究，似乎还没有引起关注。

综上所述，目前成语文化研究中有关汉民族心理文化的研究明显是一个薄弱环节；汉语成语中有关民族文化的核心内容的研究，更是薄弱环节中尤其薄弱者；而汉语成语与中国古代政治的研究也没有引起应有的关注。

二、课题研究的理论和实际应用价值

本课题以研究汉语成语蕴含的中华传统文化为己任，是一项光荣的使命。研究的理论和实际应用价值主要表现在：

（1）国民素质关乎国家形象和综合竞争实力，也是当前社会热点问题。课题顺应了国家实施中华优秀传统文化传承发展工程的时代要求，可以全面提升国民文化素养，进一步增强文化自觉和文化自信，进一步激发中华优秀传统文化的生机与活力，为实现建设社会主义文化强国的重大战略任务尽到绵薄之力。

（2）在成语文化研究中，本课题是第一次比较全面系统地研究汉语成语中蕴含的中华民族思维、中华民族精神、中华传统美德和中华民族观念等民族文化的核心内容。

（3）在成语文化研究中，本课题是第一次把汉语成语中有关中国古代政治的内容纳入了研究视野。

（4）课题成果可以转化为教育教学资源，作为大学汉语言文学专业和汉语国际教育专业开设"汉语成语文化研究"选修课的教材。

三、课题研究的主要目标和主要内容

主要目标

（1）探寻民族思维、民族精神、传统美德和民族观念等民族心理文化在汉语成语中留下的深刻印记。

（2）阐释动物类、植物类、颜色类和自然现象类等最具有民族文化特色的几类常见汉语成语的文化内涵。

（3）探讨《周易》和《诗经》等经典著作中成语的文化意蕴。

总的目的就是要通过多侧面、多角度地研究汉语成语中所蕴含的中华传统文化，帮助人们准确地理解汉语成语，正确地运用汉语成语，在提高语言素质的同时，全面提升文化素养，进一步增强文化自觉和文化自信，进一步激发中华优秀传统文化的生机与活力，为实现建设社会主义文化强国的重大战略任务做出应有的贡献。

主要内容

汉语言是汉文化的表征，中华民族几千年来在认识、改造自然和社会中所创造的灿烂文化，无不在汉语中得到广泛而深刻的反映。作为词汇大家庭重要组成成员的汉语成语，更是汉民族文化的精华，最富有汉民族的文化特征。本书研究的主要内容是汉语成语中蕴含的中华传统文化。第一至四章，选择动物类、植物类、颜色类和自然现象类等最具有民族精神文化特色的几类汉语成语，阐释其中的文化意蕴和文化特征。第五至八章，选择汉语成语中有关民族思维、民族精神、民族传统美德和民族观念等民族精神文化的核心内容进行研究。这几章是全书的重点。第九至十二章，将汉语成语涉及的中国古代政治、教育、婚姻和女性文化等内容进行分析。第十三至十四章，对《周易》和《诗经》等经典著作中的成语的文化意蕴进行专题探讨。

四、研究思路和研究方法

研究思路

第一步：在了解研究现状的基础上确定研究目标；

第二步：依据研究目标规划研究内容和基本框架；

第三步：依据研究内容和基本框架搜集语料，包括检索几部大型的汉语成语工具书；

第四步：在借鉴已有研究成果的基础上，分类探索汉语成语蕴含的中华传统文化。具体做法是：

一方面是着眼成语语形，选择动物类、植物类、颜色类和自然现象类等最具有民族文化色彩的几类常见汉语成语进行分析，阐释其中的文化内涵。

另一方面更多的是着眼成语语义，选择汉语成语中有关民族思维、民族精神、传统美德和民族观念等民族文化的核心内容进行研究，探寻民族心理在汉语成语中留下的文化印记；考察中国古代政治、教育、婚姻和女性文化给汉语成语的深刻影响；探讨《周易》和《诗经》等经典著作中成语的文化意蕴。

研究方法

（1）例证法。对几部大型成语工具书作分项检索，找出大量成语条目以说明有关语言现象与文化现象及其相互关系。这种方法重视语言材料的占有，能够透过大量的语言材料，发现语言和文化关系中的一些基本规律。

（2）文化符号解析法。广泛搜集有关语言材料并加以分类整理，描写并解释在一定文化思想影响下产生的意义体系，揭示它们的内涵。

（3）文化心理揭示法。即对语言的结构和语言的使用中所隐含的心理机制进行分析和揭示的方法。对语言中民族文化心理的揭示也是对民族特性的揭示。

（4）分类研究法。将汉语成语的文化意蕴按照不同内容分类予以分析和阐释。这种方法能帮助我们分辨差异，发现规律，更准确地认识研究对象，提高研究质量。

（5）分析归纳法。从大量具体的材料中去归纳成语的文化意蕴，从个别到一般，结论是在归纳的末尾，而不是在它的开头。运用这种方法，个别的东西越多，就越能证明结论的可靠。

上　篇

着眼成语语形的文化审视

第一章
动物类汉语成语的文化内涵

自古以来，动物就与人类的生产和生活密切相关。随着对动物的认识不断加深，人们在语言运用过程中常常"借用动物所暗含的某一具体的概念域去感知、体验、想象、理解、谈论某种抽象事物"①。汉语中有一类专门以动物为喻的成语，我们姑且将其称为动物类汉语成语。这类成语数目十分庞大，涉及的动物种类繁多，且"文化含量高，意蕴深厚"②，其中"有些动物形象及其象征性内涵，是汉文化中独有的"③。因此，研究动物类汉语成语的文化意蕴，就成为准确理解这类成语的关键所在。

第一节　动物类汉语成语与汉民族渴望吉祥如意的美好愿望

人类自诞生以来，就与自然界的万事万物有着千丝万缕的联系。一方面，人类的生存和发展需要更好地利用自然，促进生产力的发展；另一方面，在

---

① 于婧阳，朴美慧. 动物成语隐喻认知研究［J］. 沈阳师范大学学报（社会科学版），2015（04）
② 李庆荣. 现代实用汉语修辞［M］. 北京：北京大学出版社，2015.72
③ 李大农. 成语与中国文化［J］. 南开学报，1994（06）

古代，由于科学不发达，许多现象人们无法理解，许多灾害也难以灾前预料和灾后补救，所以人们又对自然充满了畏惧。古代先民们往往无法抗拒大自然的威力和应对大自然的挑战，因而难以把握自身的命运，必须找到某些精神上的寄托来维系希望，最终，便将自身的吉凶祸福寄托在自然物或者人们自己构想出来的神奇事物身上，例如，天地鬼神，当然也还包括许多动物，以求趋吉避凶，祈求祥和安宁、富贵显达。

"龙"就是这样一种人们精神上的神圣寄托物。"汉民族在上古时代就把龙作为崇拜的图腾"①，一直以来，中华民族都称自己是龙的传人，并引以为豪。传说中，龙神通广大，能腾云驾雾，布云施雨，降甘霖于大地，施福泽于百姓。因而在古人心目中，"龙"象征着祥瑞。中国自古就是农业大国，雨水是农业生产中不可或缺之物，是保障国泰民安的重要因素，可见龙所拥有的这种神力对人民、对江山社稷是多么重要了。正因为如此，历朝历代都建有许多龙王庙，人们虔诚地供奉龙王，希望能够保佑风调雨顺，喜获丰收。龙不仅有能降雨施福于人间的神力和美德，而且在人们心中还是权威的象征。古代帝王更是直接称自己是真龙天子，是龙的化身，与其有关的很多事物都加以"龙"字来命名，如"龙椅""龙袍""龙体""龙颜"，等等，以此来升华并神化自己的地位和统治，让自己在臣民面前更加具有威严、权力和不可亵渎的尊贵地位。汉语中含有"龙"的成语真不少，如"龙腾虎跃""龙马精神""龙飞凤舞""龙盘虎踞""龙章凤姿""龙德在田"等等。尊龙敬龙体现了人们追求祥和安定的愿望，同时也表现了人们对龙所拥有的伟大力量的赞赏与崇敬之情。

凤也是汉民族所构想出来的神物，相传为"百鸟之王"，人们多以"凤凰来仪"为祥瑞之兆，所以称凤为"仪禽"。在汉语成语中，常常与龙相伴相随的便是"凤"，如"龙凤呈祥""龙跃凤鸣""龙驹凤雏""伏龙凤雏""龙眉凤目""龙盘凤舞"等等。相对应于龙以其神圣、勇猛、刚强等特点深受人们的尊敬崇拜，还成为帝王的自称，成为皇权的象征，凤则以其高贵、美丽、

---

① 常敬宇. 汉语词汇文化 [M]. 北京：北京大学出版社，2009. 95

优雅成为帝后的象征，因此，与帝后有关的事物也往往带有"凤"字，如"凤冠""凤钗""凤衣""凤阁""凤辇"等雅称，以此显示帝后尊贵的身份地位，所以成语中也常常将"龙""凤"并举，龙凤也就成了一对象征高贵的神物，用以寄托人们渴望吉祥安宁的美好愿望。

除龙凤之外，麒麟也是人们所崇敬的灵兽之一，它也是人们构想出来的神物。麒麟被称为"仁兽"，据说它品性温和善良，"不覆生虫，不折生草"，它的这一特性也正好符合人们所尊崇的谦敬有礼的君子品性，也反映了人们追求吉祥和谐、仁爱友善的心理。后来，麒麟在人们心中又渐渐演变成了送子的神兽，民间就有"麒麟送子"的说法，成语有"凤雏麟子""天上麒麟"，都用来比喻子孙，这种情感寄托也体现了汉民族人民对繁衍生息、世代传承的美好愿望。除此之外，麒麟还常常喻指非常稀有珍贵的事物或者极难获得的贤才，如成语"凤毛麟角""威凤祥麟""麟凤芝兰""景星麟凤"，人们认为麒麟和凤凰都是预示吉祥的兽禽，相传要在太平盛世才能见到，由此，既体现了麒麟的珍贵，又可说明麒麟是一种吉祥的象征。

汉语成语中的龙、凤、麒麟这三种动物，在自然界中是并不存在的，它们是汉民族所构想出来的非凡的神物、灵兽，各自有着非凡超群的本领或魅力，为世世代代的汉族人民所崇拜尊敬，在汉民族文化中都占有着重要的地位。值得注意的是，人们之所以创造构想了这些动物，并对它们如此崇敬，这并不仅仅在于它们具有独特的形象气质，而是因为它们还具有带给人们祥瑞的力量，它们身上寄托着人们对吉祥和谐、安定繁荣与生生不息的美好期盼。

第二节　动物类汉语成语与汉民族希冀福寿延绵的美丽梦想

中华文化源远流长，多姿多彩，其中"长寿"文化就是一种内涵丰富并具有鲜明民族特色的文化。长寿是人类与生俱来的追求，反映了人们对生命延续不衰的强烈渴望，并逐渐发展成为汉民族一种独具特色的、内涵丰富且深厚的文化。汉语成语作为汉民族语言中的精华，承载了中华民族的长寿思想与长寿文化。许多历经锤炼的成语就是形容或祝愿人长寿的，而这些成语中的动物喻词就是这种深厚文化内涵的集中体现。

在动物界中，龟与鹤这两种动物是十分长寿的。人们在了解了这些动物的生命特性之后，往往将其与人类自身渴望长寿的心理结合起来，并逐渐地将龟、鹤的生物特性升华为一种文化心理，使之成为寿文化的重要象征。这两个意象在文人骚客的诗文中常常出现，寄托了他们对人生苦短的感慨，也逐渐凝结到具有高度概括性、凝练性并具有丰富民族文化内涵和体现着汉民族智慧的成语当中去了。表达长寿的成语有不少就是将龟、鹤并举，如"龟鹤遐寿""龟龄鹤算""龟年鹤寿""龟鹤延年""龟鹤遐龄"等等，常常被用作吉祥的祝寿之辞。

那么，龟与鹤为什么会被人们用来喻人长寿呢？首先来说说鹤。鹤，在中华民族文化中有着很高的地位。鹤在禽类中的确算是长寿的了，古人常以生命短暂的蜉蝣与长寿的鹤相对比，《淮南子·说林训》中载："鹤寿千岁以极其游，蜉蝣朝生暮死而尽其乐。"同时，由于鹤形态优雅，形体秀逸，性情悠闲，常常徜徉林泽之间，给人的感觉颇似一个潇洒超尘之人，常用以比喻品性高洁的隐士。鹤又具有仙风道骨的气质，因而使得它常常与仙人联系在一起，在一些成语中也多有这样的寓意，比如说"闲云野鹤""云中白鹤""闲云孤鹤""鹤鸣九皋""驭凤骖鹤""驾凤骑鹤""鸾音鹤信""鹤骨松筋""骖鸾驭鹤""杳如黄鹤"等，这些成语中的"鹤"都是与隐逸或神仙、成仙有关的。鹤在神话传说中是一种仙禽，能存活千年，在一些神话故事和画作中也常常出现仙人骑鹤的景象，老寿星也常以驾鹤翔云的形象出现。仙人与老寿星自然是长寿的了，鹤在此作为他们的一种寄托、象征或烘托，必然也是长寿的，这种意蕴与我们中华民族传统文化中的神道思想是分不开的，人们向往神仙的长生不老，便以鹤作为一种实际存在的、理想的寄托之物来表达自己对长寿的渴求。"龟鹤遐寿""朱颜鹤发""鹤发松姿""鹤发童颜""驼背鹤发"等成语均是与年老、长寿有关联的。

龟也常常用作长寿的象征，与长寿相关的成语有"龟鹤遐寿""龟龙麟凤""龟龄鹤算""龟鹤延年"，等等。在古代文献中也多有关于龟的记载，汉代桓谭的《新论》中说"龟称三千岁，鹤称千岁。谁当久与龟鹤同居，而知其岁耳"，指明了龟鹤是长寿之生物。《庄子·秋水篇》中也说："吾闻楚有神龟，死已三千岁矣。"当然，这些都有夸大虚构的成分，但实际上龟也确实是一种长寿的动物，夸大虚构也是立足于一定的事实基础之上的。因为长寿，所以龟也被人们神化了，在曹操的《龟虽寿》中就用了"神龟"之说。此外，在四大名著之一的神话著作《西游记》中也描写了一只会说话，并想修炼成仙的龟驮着唐僧过河的场景。可见，龟也常常被人们神化为一种通灵之物，这当然也是与它的长寿特征密切相关的。

龟鹤在人们的心目中都是极为长寿的动物，不仅因为它们在现实生活中的寿命确实比较长，而且还因为它们在神话传说中被神化了。自古以来，人们都对神仙、神灵充满了敬畏之感，因为他们拥有着无上的法力，不仅自己可以长生不老，还可以助他人长生不老。因此，人们多虔诚事神，祈求保佑。然而，现实生活中毕竟没有真正的具体可感的神明出现，人们的长寿心理与渴望也需要寄托在具体的实物身上，而龟与鹤不仅的的确确是长寿的现实之物，而且它们的气质也往往与人们心中的神仙有联系，虽然仙人骑鹤只是人们的一种构想，但归根结底，还是因为人们世世代代都对长寿有着热切的追求和期盼。因此，龟鹤这两种长寿动物也在汉语成语中经常出现，成为中华民族长寿文化中独具特色的组成部分。

第三节　动物类汉语成语与汉民族对美满爱情婚姻的无限向往

爱情婚姻是人类最美好的情感体验之一。自古以来就有许多动人的爱情故事被传为佳话，许多文学作品所反映的爱情婚姻故事让人们津津乐道。在动人的人物故事之外，人们对爱情婚姻的赞颂也融入汉语成语之中。成语多为四字格，短小精悍，蕴含隽永，往往是用一些具有象征性的动物来寄予人们对美好爱情和美满婚姻的无限向往，体现了汉民族含蓄内敛而又情感丰富的特点。

在汉民族传统文化中，最能表现夫妻和睦、爱情天长地久的动物便要数鸳鸯了。鸳鸯雌雄相伴、形影不离、成双成对一直到老的特性，正好符合人伦社会夫从妻随的观念，"象征着忠贞不贰的情侣、恩爱和睦的夫妻"①。成语"鸳鸯戏水"就是喻指男女或夫妻之间忠贞不渝、长相厮守、和睦恩爱的美好爱情。由于鸳鸯有成双结对的特点，所以人们也常将其他事物中成双成偶者加以"鸳鸯"之名称之，如"鸳鸯瓦""鸳鸯菊""鸳鸯梅"，等等，这些无不体现了人们对鸳鸯的推崇。相对而言，鸳鸯的分离则象征着爱情婚姻的破碎或者不幸，让人心痛，让人惋惜，所以人们常常以"苦命鸳鸯"一词来形容历经坎坷、爱情饱受挫折与磨难的情侣，并抱以同情之心；"棒打鸳鸯"则常指强行拆散相恋的情侣，破坏他人姻缘的行径。在封建社会中，"父母之命，媒妁之言"的教条常常禁锢青年男女自由相恋、结合的美好愿望，"棒打鸳鸯"的故事也在文学作品中经常出现，人们一方面对"鸳鸯"不能双宿双栖而感到惋惜，一方面又对"棒打"者予以批判、痛斥。在词人贺铸的《鹧鸪天·半死桐》之中就有一句"头白鸳鸯失伴飞"，令人印象十分深刻。鸳鸯本是成对儿的，但诗人却以头白年老且孤单独飞的鸳鸯自喻，表现了诗人对已故妻子的无限思念和老来失伴的凄苦之情，让人无不为之动容，无不为之悲泣。

除了鸳鸯常常象征夫妻关系的和谐美满之外，翩翩起舞的蝴蝶也是爱情的一种象征，如"蜂迷蝶猜""蜂媒蝶使""蜂缠蝶恋"等成语中的"蝶"多少就是与爱情有关的。著名的梁祝故事中讲述了男女主人公梁山伯与祝英台真心相恋，却遭受世俗的重重阻碍，但他们始终不离不弃，活着的时候不能成双成对，死后便化作比翼双飞的蝴蝶，实现了他们永远在一起的愿望，表现了他们忠贞不渝的爱情和对封建礼教的勇敢抗争。"化蝶"这一美丽动人、令人悲泣的幻想情节，正是体现了对生死相依、不离不弃的忠贞爱情的高度肯定与赞美。因此，蝴蝶这一美丽的翩翩舞者也变成了人们的情感寄托物，

---

① 王国安，王小曼. 汉语词语的文化透视［M］. 上海：汉语大词典出版社，2003.

体现了人们对美好爱情的期盼与赞美。

在汉语成语中，还有如"别鹤离鸾""劳燕分飞""孤鸾寡鹤""鸾俦凤侣""鸾集凤翔""乱点鸳鸯""鸾凤和鸣""莺俦燕侣"等描写夫妻关系或爱情的成语。这些成语中的动物都可以用来喻指夫妻，虽然有些成语是指夫妻离散的，表现了人们对爱情破碎的惋惜与哀伤，但也正好从另一方面反映了人们对爱情婚姻圆满幸福的渴求。

中华文化中常常追求"圆满"的结局，汉族人也很喜欢双数，这种特殊的民族情结反映到爱情方面，便是化作人们对夫妻和睦、相聚团圆、有情人终成眷属的祈盼。因而，人们对那些成双成对的动物自然而然会颇有好感，进而寄托美好情感。

第四节　动物类汉语成语与汉民族爱憎分明的情感态度

汉民族是一个爱憎分明的民族，对真、善、美总是予以肯定和褒扬，对假、恶、丑则予以批判和贬斥。汉民族又是一个含蓄内敛的民族，在表达自己的情感态度时，往往不会直接指名道事，而是利用其他的事物来影射，暗含褒贬。动物与人的关系十分密切，许多动物也深为众人所熟知，"人类通过动物的外形特征和生存习性隐喻着自身的外貌、性格、品德和行为"[1]，在这些动物身上寄予了鲜明的情感态度，汉语成语中的许多动物就充当了各式各样的角色，折射出汉民族人民在心理情感上的特点。

首先来说说马。据统计，马是成语中出现次数最多的动物，说明马与人类的关系是极为密切的。我们发现，带有"马"的成语几乎都是非贬义的，或者说很多都是褒义的。例如"一马当先""老马识途""千军万马""一马平川""汗马功劳""金戈铁马""马到功成""驷马难追"，等等。马从众多

---

[1] 于婧阳，朴美慧. 动物成语隐喻认知研究［J］. 沈阳师范大学学报（社会科学版），2015（04）

的禽畜之中脱颖而出，成为汉民族十分重视的动物，成为中华文化中的座上宾，这与马在人们的生产生活中发挥的重要作用及其自身特性是分不开的。《说文·马部》中说道："马，怒也，武也。"说明了马这种动物是一种十分强健有力、英勇威武的动物。在古代，战争频繁，一场战争往往可以决定谁主天下，而除了士兵之外，马也是战争中的重要成员。它们高大英武，身强体健，行动敏捷，又善于听从人的指挥，既可以供将士骑乘，驾驭战车，又可以运送粮草物资，助人上阵杀敌。所以，马就不仅是马了，它们已经成为与人并肩作战的勇武战士，因此古代的战将都拥有自己得力的坐骑，并把它们当成自己征战沙场的同伴加以训练和爱护，同时也是他们英勇的象征。其次，在交通十分不便的古代，马"速度快可以代步，载力大可以拉车"①，所以又成为古代交通中无可替代的功臣，在传递信息、运送物资方面功不可没，在人们的劳动生产中也发挥了巨大的作用。因此，人们对马的喜爱超过其他的禽畜也就不足为怪了。其实，马不仅在战争、运输方面给人带来了巨大的帮助，同时它们也是人们精神上所崇拜的对象。它们身体强健、行动彪悍、动作敏捷，奔放不羁的特性使得它们给人以昂扬向上、奋发前进的精神鼓舞，正如成语"一马当先""龙马精神"等所体现的，因此，马还是一种奔腾不息、坚持到底的进取精神的象征。

相比之下，人们对待狼、狐狸、老鼠等动物的态度则截然不同。由于它们或有着凶残的本性，或具有某些不利于人的习性、行为，人们对它们充满了厌恶、憎恨之感，对它们常常加以贬斥，并且以这些动物来比喻坏人恶事等。例如狼，由于狼生性凶猛，残忍狠毒，它们不仅猎食其他动物，有时还伤及人和家畜，所以人们对它们充满了恐惧和憎恶，因此，含有"狼"的成语往往多带有贬义色彩，如"狼子野心""豺狼当道""引狼入室""狼吞虎咽""狼心狗肺""如狼似虎""狼狈为奸""狼前虎后"等，这些成语都用来比喻那些具有贪婪狠毒之心、残忍而凶恶的坏人。狼被用来比喻各种各样的坏人，可见人们对它们贬斥的态度。在人们心目中地位与狼相似的还有狐

---

①　刘晓红.动物成语与汉民族的情感倾向［J］.语文知识，2000（04）

狸，狐狸生性狡猾多疑，常常偷吃家禽，贪婪却又胆小，这种习性自然与汉民族所推崇的端正善良之品行有很大出入。成语"狐朋狗友""狐假虎威"等就表现了人们对狐狸的厌恶和贬斥。

老鼠也是人们不喜欢的动物。它们体型小，通体灰溜，又胆小，昼伏夜出。它们弄脏食物，喜欢啮食东西，损坏器物，最让人厌恶的是它们偷吃粮食。中国自古以来是以农业立国，民以食为天，老百姓本来所背负的赋税就已经是极为沉重了，自己都吃不饱，却还有始终解决不了的鼠患。老鼠是农业的破坏者，它们数量庞大，繁殖极快，危害也甚巨。《诗经·国风·魏风》中就有"硕鼠硕鼠，无食我黍，三岁贯女，莫我肯顾……"的无奈叹息，表达了人们对于像大老鼠一样白白吞食百姓粮食的统治阶级的不满与无奈。此外，老鼠还是疾病的传播者，威胁着人类的健康，因此，老鼠在人们心中的地位如何就可想而知了。汉语成语中就有许多反映老鼠的各种令人厌恶的习性和行径，例如"胆小如鼠""鼠目寸光""鼠肝虫臂""过街老鼠""抱头鼠窜""獐头鼠目""梧鼠技穷""鼠肚鸡肠""贼眉鼠眼"等等，这些成语都带有贬义色彩，由此可见人们对老鼠的鄙弃和深恶痛绝。

"成语往往带有很强的感情色彩，体现着人对事物或赞美喜爱、或贬斥憎恶的情感态度。动物出现在成语中，也往往体现了人们对它们或褒或贬、或爱或憎的感情。"① 这类成语所表达的并不仅仅是人对动物本身的认识和评价，更多的是人们将其运用于反映人类世界的人和事，这些都体现出了汉民族爱憎分明，贬恶扬善的情感态度和价值观念。

第五节　动物类汉语成语与汉民族一分为二的辩证观念

前面提到龙、凤、马、狼、鼠等动物，人们对它们或褒或贬，情感态度是比较分明的。然而有一些动物，"由于其本身可能引起人们多方面的联想，

---

① 王世红. 成语中的"动物世界"[J]. 现代语文（语言研究版），2007（01）

以及不同时代不同文化观念的不断积淀，其人文功能和象征意义也往往具有多面性和多重性"①，人们对待它们的态度不是纯粹单一的，一方面肯定这些动物的某些特征，另一方面又对它们的某些习性加以贬斥。这也反映到了汉语成语之中，含有"虎""牛"和"狗"等动物的汉语成语就是其中的典型代表。

历来，人们对老虎的态度是有两重性的。老虎身形庞大，健壮威武，力量强大，行动矫健迅猛，被人们奉为百兽之王，丛林之王。老虎的外形和它一系列特性更增添了它的雄霸大气，使它更具王者风范，汉语成语"猛虎下山""龙腾虎跃""龙跃虎踞""卧虎藏龙""生龙活虎""潜龙伏虎""虎虎生威""龙精虎猛"等都是带褒义色彩的，充满了人们的崇拜、赞赏之情。此外，老虎勇武非凡、大气磅礴、威风凛凛的气质使得它又成为英雄和人才的象征，例如，英勇无畏的将士就常被称为"虎将"，汉语成语中还有"虎父无犬子"的说法，所以，这里的"虎"都是"正面"的形象。另外，老虎还是很多少数民族崇敬的对象，如白族、布依族、彝族、土家族等，在民间的年画中也多有老虎的画像，因其形象威武，被人们视为避邪祟和保平安之物。因此，人们也常给小孩子穿虎头鞋，戴虎头帽，一来用以辟邪保平安，二来是预祝小孩子健康成长，像老虎一样健壮有生气，如成语"虎头虎脑"就是形容小孩子长得健壮憨厚的样子。然而，人们在欣赏老虎的同时，又惧怕老虎，因为老虎力大凶猛，又是"残暴""坏人""恶势力"的代名词，所以在一部分成语中就体现了人们对老虎持有的另外一种情感态度，如"虎口余生""羊入虎口""纵虎归山""与虎谋皮""为虎作伥""虎视眈眈""龙潭虎穴""狼前虎后""狼吞虎咽"，等等，这些都体现了老虎极具危险性的一面。由此可见汉民族对老虎这种动物有着复杂的情感，有着亦褒亦贬，一分为二的认知。

在汉语成语中，牛也是一种受到人们两面性评价的动物。牛体形庞大，行动迟缓，性情温顺，老实质朴，能吃苦耐劳，又任劳任怨，食草易养。牛

---

① 贾晓慧，权玉萍. 谈动物与中国文化［J］. 野生动物，2009（01）

是封建社会、小农经济中十分重要的劳动工具。牛有耐力，能负重，可耕田，可拉车，以农业为本的中国重视牛是自然而然的事。牛因其吃苦耐劳的品质以及为人们做出了重大的贡献而深受人们喜爱，汉语成语"九牛二虎""舐犊情深"等都对牛的力量大、善良质朴的品性予以了肯定。虽然牛在人们的生产生活中也功不可没，但是牛并没有像马那样完完全全地受人的喜爱和敬佩，相反地，由于牛的体型壮硕，常常又表现得行动迟缓、倔强，因而又成为人们讥笑的对象，或是被用来作为地位低贱的一种比喻，如成语"老牛破车""牛骥同槽""牛鬼蛇神""对牛弹琴""饭牛屠狗""牛口之下"等就有体现，而"牛脾气"则是形容人倔强且脾气大。牛是人们极为熟悉又极为亲密的朋友，所以人们对它的认识也更为透彻，人们就其品性予以一分为二地看待，既有客观性又有主观性，也使得用牛来隐喻人或事时更加生动形象。

此外，还有一种动物也饱受人们争议，那就是狗。狗是人类十分亲密的伙伴，是人类的好帮手，无论是看家护院，还是打猎巡逻，它都是动物中的佼佼者。狗还十分通人性，它们讲义气，又毫无二心，因而是人类非常忠诚的朋友。在现代生活中，狗的作用也越来越明显，例如导盲、搜索、侦察、警戒，等等，在这些工作中，狗都展现了它们非凡的本领和聪明头脑，因而越来越受到人们的喜爱。虽然人们认识到了狗的众多长处，但是在汉语成语中，狗受到的待遇却似乎并不公正，许多都是含贬义的，如"狗仗人势""狗急跳墙""狗尾续貂""鸡鸣狗盗""狼心狗肺""偷鸡摸狗""狐朋狗友""狗头军师""丧家之犬""鸡犬升天"等等。也许人们对狗的贬低也同样源于它们的优点，即对主人无条件地唯命是听，摇头摆尾，有时这样毫无原则的"耿耿忠心"被人们看作一种阿谀谄媚之行径，用来讽刺人类中的一些小人。我们常常可以在文学作品或影视作品中看到，在封建社会，有一些权势人家的家仆仗着自己主人家的威风而在外面为非作歹，对他人蛮横无理，但在主子面前却又极尽阿谀奉承之能事，唯命是从，这就让人联想到狗"摇头摆尾，欺软怕硬"的习性，因此那些点头哈腰，为他人跑腿办坏事的人也常被人们骂称为"走狗""狗腿子"，这与我们传统文化中所崇敬的谦和坦荡、正直不阿的君子品性是相悖的，因而"狗"在中华文化中的地位一直都是比较低的。当然，更多的时候是以狗喻人，是对具有劣根性的人加以讽刺或批判，而不是单纯地针对狗这种动物做出评价。所以，尽管人们喜欢狗，认识到了它们越来越多的优点，但也毫不客气地对其"劣根性"加以贬斥，由此观之，这些评价也体现了汉民族人民看问题时一分为二的辩证观念。

第六节　动物词的文化意义对汉语成语词义的影响

动物词语有许多文化意义，这些文化意义对于汉语成语有着深刻的影响。下面我们以文化意义比较丰富的"鸿雁"为例来说明这个问题。

鸿雁，在古书中或称鸿，或称雁，或鸿雁合称，是中国古代最有名的候鸟。在中国传统文化中，鸿雁被赋予了知时、识序、贞烈、灵智和传书等众多的文化意蕴。许多含"鸿雁"的汉语成语的文化联想意义，与鸿雁的这些文化意蕴均具有一一对应的关系。

一、知时

作为候鸟的鸿雁，每年秋天飞往南方，就暖避寒；到了春天，又飞回北方，产卵育雏。在以农为本的中国古代，鸿雁秋南春北的迁徙活动，曾是人们确定季节、指示农时的重要物候。所以，在中国传统文化中，鸿雁被赋予了"知时之鸟"的美称。汉语成语中，用"鸿飞霜降"指代时序的变化和年岁的更迭，用"鸿飞雪爪"指代世事变迁，用"鸿爪雪泥"比喻往事留下的痕迹，用"社燕秋鸿"（燕子也是候鸟，但在同一季节里与鸿雁飞的方向不同）比喻刚见面又离别，用"雁燕代飞"比喻相互轮换的自然规律，用"来鸿去燕"比喻行踪漂泊不定的人，用"雁泊人户"指代流动无定的人户，均是由鸿雁的候鸟生物特征和"知时"文化意蕴而产生的联想意义。

二、识序

鸿雁在迁徙飞行时，为减少空气阻力，常常排成"一"字形或"人"字形的行列，古人把它称之为"雁字""雁行""雁序""雁阵"等。古人还发现，在这个行列中，存在着"长在前幼在后""前不绝贯，后不越序"的内部秩序。鸿雁的这一生物特征，在中国传统文化中被引申为"明行列之次，辨长幼之纪"的伦理规范，"雁行""雁序"也就常常用于指涉兄弟之间的伦理关系。汉语成语中，用"鱼贯雁比""鱼贯雁行""雁行鱼贯"比喻人多而有秩序，用"雁序之情"比喻兄弟之情，用"雁行折翼"比喻兄弟丧亡，均是由鸿雁"识序"的文化意蕴而产生的联想意义。

三、贞烈

鸿雁也与鸳鸯一样，总是雌雄相依，形影不离；如果丧偶，则终身不匹，甚至殉情而死，因而有"贞烈之鸟"的美称。鸿雁的这一生物特性，恰合于人类两性情爱的理想境界，因而在中国传统文化中被提升到了伦理道德的范畴，被认为是体现了"夫妇之义"。正因为如此，古代婚礼中常常以雁作为迎娶的见面礼，用以体现夫妻恩爱、婚姻专一的意旨。汉语成语中，用"雁南燕北"比喻两地分居，用"雁影分飞"比喻夫妻分离，均是由鸿雁"贞烈"的文化意蕴而产生的联想意义。

四、灵智

在中国古代，鸿雁还被认为具有避祸全身的智慧，所以又有"灵智之鸟"的美称。《本草纲目》云："夜则群宿而一奴巡警，昼则衔芦以避矰缴。"《易林》云："鸿飞戾天，避害紫渊。虽有锋门，不能危身。"在矛盾纷争的现实社会全身避害，是人类自身求生存、求发展必不可少的一种智慧。古人在对鸿雁这种"当更巡夜""衔芦拾草"的生物特性进行观照与诠释中，正好找到了一个物我相契的对应点，于是就赋予了鸿雁避祸全身的文化意蕴。汉语成语中，用"鸿飞冥冥"比喻隐者远走高飞、全身避害（或指隐者的高远踪迹），就是这一文化意蕴的突出体现。

五、传书

　　鸿雁秋南春北有规律地迁徙，在交通不畅、音书难达的古代，人们很容易把它想象为可以传书递简的空中信使，称其为"传书之鸟"。史载苏武出使匈奴，被扣十九年。汉昭帝时，匈奴与汉和亲。汉使到匈奴后，得知苏武尚在，乃诈称汉朝皇帝射雁上林苑，得苏武系在雁足上的帛书，知武在某泽中，匈奴方才承认，并遣武回国。从此以后，鸿雁在汉语中又有了"传书"的文化意蕴，许多含"鸿"或含"雁"的成语就是用的这一文化联想意义。例如：用"鱼封雁帖""鱼肠雁足""雁素鱼笺"等代指书信；用"雁足传书""雁去鱼来""鸿雁传书"等代指书信往来；用"鸿稀鳞绝"比喻音信极少；用"鸿离鱼网"形容音讯渺茫，吉凶未卜；用"雁断鱼沉""鸿断鱼沉""雁逝鱼沉""雁杳鱼沉""鸿消鲤息"等形容书信断绝，音讯全无；用"衡阳雁断"比喻音信不通（衡山南峰有回雁峰，相传雁来去以此为界）；用"目断鳞鸿""目断飞鸿"形容望眼欲穿，渴盼书信的到来，等等。

　　此外，在中国文化中，"鸿雁"还是"志向高远"和"贤士"的化身，是"灾荒离散之民"的象征。这些文化意蕴的形成，自然也离不开"鸿雁"的候鸟特征。汉语成语中，用"鸿翔鸾起"比喻奋发有为、仕途得意，用"鸿隐凤伏"比喻贤士怀才不遇，用"鸿雁哀鸣"比喻流离失所的灾民生活凄惨，等等，就是这些文化意蕴直接影响的结果。

　　语言是民族文化的载体。成语作为语言中最基本、最敏感、最活跃的组成部分，必然负载着特定民族的文化。认识"鸿雁"的文化意蕴对相关汉语成语词义的影响，对于准确理解和正确使用这类成语具有特别重要的意义。

　　"中国古代哲学讲求观物取象，即取万物之象，加工成为象征意义的符号，来反映、认识客观事物的规律。"[①] 崔希亮先生在谈到古人为什么不直说，而非要选择这种曲折的表达方式不可时有过解释："一是因为曲说比直说

---

① 申小龙. 汉语与中国文化 [M]. 上海：复旦大学出版社，2005. 325

更生动、更形象；二是因为有些思想内容直说有一定的困难，不如曲说来得方便；三是因为古人的思维逻辑比较适合用曲说来表达。"① 动物类汉语成语如此丰厚的文化意蕴，正是 "汉语思维具有艺术气质"② 的直接结果。

---

① 崔希亮. 汉语熟语与中国人文世界 [M]. 北京：北京语言大学出版社，2005. 111
② 申小龙. 汉语与中国文化 [M]. 上海：复旦大学出版社，2005. 326

第二章
植物类汉语成语的文化积淀

　　"在人类漫长的历史发展进程中，人与自然相互依存，通过生产劳动和社会实践活动，认识了周围的环境和事物。植物，在人类早期的发展阶段中，与人的关系尤为密切。"① 汉民族是一个感性的民族，是有着丰富形象思维的民族，常常容易触景生情，移情于物，借物咏怀，将物人格化。所以相比西方的民族而言，汉民族对植物所产生的感触更为深刻，联想也更加丰富。汉语成语中出现的植物，在汉民族人民心目中，是具有灵魂、具有鲜明人格的一个群体。"我国的传统文化历史悠久，人文积淀博大精深，是承载中华民族精神和感情的载体。"② 植物类汉语成语寄托了汉民族对崇高精神的赞颂和对生命永恒的向往，彰显了汉民族以物喻人的感性思维和物我相融的情感体验，积淀着深厚而丰富多彩的汉民族文化。

---

　　① 李大农. 汉语中有关花草树木成语的文化内涵 [J]. 汉语学习，1994（06）

　　② 李莉，邹国辉，董源. 论中国传统文化中的"松柏情结" [J]. 北京林业大学学报（社会科学版），2005（02）

第一节 汉语成语牵涉的植物种类

汉语中与植物有关的成语不仅数量多，而且牵涉到的植物多种多样。我们可以将成语中有关的植物分为以下几类来进行研究：五谷、瓜果、花草树木。

一、五谷类

中华民族的汉族先民经历了漫长的农业社会，五谷与其生活息息相关，慢慢地渗透进汉民族人民的语言当中，在汉语中便出现了与五谷有关的植物成语。"五谷"泛指农作物，在以农耕为主的时代，粮食生产是第一位的。我们通常所说的"五谷"是指：粟、稻、麻、麦、豆，而传统的有关"五谷"的说法有两种不同的看法，一种认为"五谷"是指：稻、黍、稷、麦、菽；一种认为"五谷"是指：麻、黍、稷、麦、菽，这里的"菽"指的就是"豆"。而我们主要根据大家通常的看法，即认为"五谷"是指"粟、稻、麻、麦、豆"，来对五谷类植物成语进行研究。

1. 粟

粟即我们所说的小米。中国种粟的历史悠久，出土粟粒的新石器时代文化遗址如西安半坡村、河北磁山、河南裴李岗等距今已有六千年。许多考古学家认为粟是由中国经阿拉伯、小亚细亚、奥地利而传到欧洲的，认为中国为粟的起源中心。甲骨文的"禾"即指粟，全世界有90%的粟都栽培在中国。与"粟"有关的成语主要有：

太仓稊米 沧海一粟 毛发丝粟 尺布斗粟 握粟出卜 肤粟股粟

2. 稻

稻是人类最重要的粮食作物之一。中国是世界上水稻栽培历史最悠久的国家。据浙江余姚河姆渡发掘考证，早在公元六十七年以前这里就已经种植水稻，比全世界最大的稻米出口国泰国还要早千余年。与"稻"有关的成语甚少，在收词量较大的成语词典当中也只找到了"雁谋稻粱"这样一个成语。

3. 麻

麻起源于中国，有"国纺源头，万年衣祖"之称。考古史表明，世界服饰文明源于东方，源于中国。麻文化作为东方服饰文明的重要标志，在中国至少经历了一万多年的历史。麻的发现居天然纤维（麻丝毛棉）之首创。与"麻"有关的成语有：

蓬生麻中　皂丝麻线　拖麻拽布　披麻救火　披麻戴孝　杀人如麻
鸡犬桑麻　心乱如麻　快刀斩乱麻

4. 麦

麦，许慎的《说文解字》将其解释为芒谷。麦是我国北方最重要的粮食作物。在小麦传入中国以前，中国古代种植的是大麦。小麦引种到中国的时期有两种不同的说法，一种说法认为最晚在春秋中期的周代已经有小麦的栽培了；一种说法认为在西汉中期，张骞通西域后才引进中国。以下的这些成语与"麦"有关：

菀中种麦　麦舟之赠　麦秀黍离　麦饭豆羹　麦穗两歧

5. 豆

"豆"原本被称作"菽"，汉朝以后才被称作"豆"。《淮南子》说，菽在夏天生长，冬天死去，是九谷中收获最晚的。大豆或其他豆类在古人生活中占有极大的分量，尤其在土壤贫瘠的山区，豆甚至被当作主食。与"豆"有关的成语有：

不辨菽麦　瓜剖豆分　两豆塞耳　煮豆燃萁　啜菽饮水　目光如豆
布帛菽粟　种豆南山　智昏菽麦　撒豆成兵　胆小如豆　煎豆摘瓜
瓜区豆分　箪豆见色　菽水承欢　豆重榆瞑　驽马恋栈豆

还有一类植物，虽然不属于五谷，但也是一种粮食作物，即黍。黍是最古老的粮食作物之一，许多地区都有栽培。与"黍"相关的成语有：

黍离麦秀　杀鸡为黍　鸡黍深盟　不爽累黍　以戈舂黍　禾黍之悲

二、瓜果类

现代汉语中与瓜果有关的成语数量并不多。但把瓜果词加入进成语当中更进一步说明了成语与人们日常生活的密切。

1. 瓜

"瓜"通常指的就是甜瓜、香瓜、南瓜、西瓜等，均是我们日常生活中常见的瓜果。瓜不仅可以作为蔬菜、水果，还可以做杂粮和饲料。与"瓜"有关的成语有：

瓜代有期　及瓜而代　瓜李之嫌　瓜田李下　瓜剖豆分　瓜葛相连
浮瓜沉李　瓜熟蒂落　绵绵瓜瓞

2. 桃李

自古"桃"与"李"就不分家，两种均是结果实多的果树，用来形容同一个教师教出来的学生。"桃""李"联用的成语有：

投桃报李　桃李门墙　桃李成荫　公门桃李　李代桃僵　桃李满天下
凡桃俗李　夭桃秾李　桃李不言，下自成蹊

3. 枇杷

枇杷在古代是名贵的水果，是从江南进贡给皇室享用的。与"枇杷"有关的成语仅有"枇杷门巷"一个，意为种有枇杷花的门巷。原指唐代女校书薛涛的住所，她的住所种有枇杷树。唐·王建《寄蜀中薛涛校书》中有："万里桥边女校书，枇杷花里闭门居。"后来用"枇杷门巷"来泛指妓女的住所。

4. 栗

"栗"就是板栗。中国栽种板栗的历史至少有两千五百年以上，所以板栗是中国古代很重要的一种果树。与"栗"有关的成语不多，有：

狙公分栗　榛栗枣脩　周人以栗

5. 梨

梨的栽培历史悠久，《礼记》里记载古代诸侯经常食用楂、梨、桂等，可见至少在周代就已经栽培。与"梨"有关的成语有：

梨花带雨　祸枣灾梨　让梨推枣　哀梨蒸食　交梨火枣　付之梨枣

梨眉艾发

6. 枣

中国种枣的历史可以追溯到三千多年以前，古时候把枣当作日常的粮食，也作为供品以及送往迎来的馈赠礼物。与"枣"有关的成语有：

囫囵吞枣　让枣推梨　祸枣灾梨　榛栗枣脩　交梨火枣

7. 梅

最早记载梅的古籍是《诗经》，《诗经》各篇中的梅，大多取梅的果实食用而不是观赏用。赏梅、咏梅的风气大概在南北朝之后才出现，首先是由梁文帝的《梅花赋》开始，之后文人雅士陆续跟进，有些人甚至爱梅成癖。以下这些成语与"梅"有关：

青梅竹马　青梅煮酒　望梅止渴　摽梅之候　雪胎梅骨　驿使梅花
梅妻鹤子　寿阳梅妆

8. 榴

"榴"就是石榴、安石榴。石榴是汉朝张骞出使西域时，从安石国引进中原地区的。石榴在唐朝时普遍栽种，所以李商隐在《茂陵》诗里说："苜蓿榴花遍近郊"。与"石榴"有关的成语有：

石榴裙底　榴实登科

9. 胡椒

胡椒是著名的香料植物，我国早在唐朝就已经引进栽种了。与"胡椒"有关的成语仅有"胡椒八百"一条。

10. 橘

橘自古就是重要的水果，也是古代重要的贡品，汉朝时就已经开始大规模地种植。中国人视橘为吉祥物，以为吉祥嘉瑞。语音上，橘（也作"桔"）与"吉"的字音相近，以橘喻吉。与"橘"有关的成语有：

淮橘为枳　橙黄橘绿　陆绩怀橘

11. 芭蕉

芭蕉主要包括香蕉、甘蔗等，常常与孤独忧愁特别是离情别绪相联系。但在成语中的"芭蕉"通常是指"芭蕉叶"。与"芭蕉"有关的成语有：

写遍芭蕉　蕉鹿之梦

三、花草树木类

这类成语在植物成语当中为数最多。花草树木与人们的生活有着极为密切的关系，在人们所生活的周边环境当中，到处都有花草树木的存在。将花草树木词语融入汉语成语当中体现了成语与人民生活的息息相关。

1. 芙蓉

芙蓉的俗名就是荷花、莲花。中国栽种芙蓉的历史非常悠久，大约在七千年以前就已经出现了芙蓉的栽培。与"芙蓉"有关的成语有：

出水芙蓉　并蒂芙蓉　步步莲花　面似莲花　藕断丝连　柳腰莲脸

菊老荷枯　轻薄莲花　脸似芙蓉胸似玉

2. 菊

菊花是中国十大名花之一，在中国已有三千多年的栽培历史。中国人极爱菊花。古神话传说中菊花又被赋予了吉祥、长寿的含义，俗名有"黄花""寿客"等。与"菊"有关的成语有：

菊老荷枯　黄花晚节　明日黄花　春兰秋菊

3. 木兰

木兰不仅是一种香花植物，还是一种外形美观的庭院树。与"木兰"有关的成语仅有"木兰双桨"一个。

4. 芍药

芍药是我国古代最主要的观赏花卉，自古就栽种在庭院中观赏，很受欢迎。与"芍药"有关的成语只有"采兰赠药"一个。

5. 兰

兰为百花之英。自古以来"兰"就被文人们用来比喻君子或有才能的人。与"兰"有关的成语较多：

吹气如兰　义结金兰　迁兰变鲍　芳兰竟体　桂折兰摧　吹气胜兰

桂子兰孙　春兰秋菊　兰艾同焚　兰形棘心　兰薰桂馥　兰因絮果

芝兰玉树　空谷幽兰　桂殿兰宫　桂楫兰桡　披榛采兰　采兰赠药

蕙损兰摧　兰心蕙性　兰桂齐芳　兰摧玉折　兰芷之室　蕙心兰质

6. 竹

中国古代盛产竹，中国竹子的种类是世界上分布最多的。人们的衣食住行都与竹发生密切的联系。与"竹"有关的成语有：

势如破竹　竹报平安　胸有成竹　罄竹难书　青梅竹马　竹帛之功
竹头木屑　竹篮打水　金石丝竹　吾竹弹丝　竹苞松茂　栖梧食竹

7. 杏

早在两千五百年前中国就开始栽培杏树。宋代大诗人王安石的"红杏枝头春意闹"就写出了浪漫春光中满树杏花的热闹气氛。这些成语与"杏"有关：

杏林春满　杏腮桃脸　缁林杏坛　杏眼圆睁　红杏出墙　杏脸桃腮

8. 芒

芒就是芒草，又叫菅、菅草。古时候芒草与人们的生活息息相关，它不仅是种景观植物，芒草的秆和花穗可以做成扫帚，芒草的嫩叶可以作为牲畜的饲料，芒草的根还可以做药材，等等。与"芒"有关的成语有：

布衣芒履　草菅人命　华菅茅束

9. 茅

茅又叫茅草、白茅，是一种生长力很旺盛、很常见的植物。与"茅"有关的成语有：

初出茅庐　茅塞顿开　茅茨土阶　茅茨不翦　三顾茅庐　分茅列土
名列前茅　昼尔于茅　华菅茅束

10. 芝

灵芝自古以来就被认为是吉祥、富贵、美好、长寿的象征，有"仙草""瑞草"之称。这些成语与"芝"相关：

芝艾俱焚　芝兰玉树　芝兰之室　芝焚蕙叹　芝兰之化

11. 莠

莠即狗尾草，是一种随处可见的草类植物。与"莠"相关的成语有：

不稂不莠　良莠不齐

12. 荻

荻又叫菼或萑，普遍分布在大江南北，处处可以见到。与"荻"有关的成语有：

画荻学书　燃荻夜读　燥荻枯柴　萑苻之盗

13. 萱

萱草又被称为"母亲花"，在我国有几千年的栽培历史。萱草又名谖草，谖就是忘的意思。最早文字记载见之于《诗经·卫风·伯兮》："焉得谖草，言树之背。"朱熹注曰："谖草，令人忘忧；背，北堂也。"与"萱"有关的成语有：

萱花椿树　萱草忘忧　椿庭萱堂　椿萱并茂

14. 蓍

古人把蓍看作神草，常用来预测吉凶，遇到不能决定的重大事件，就用它来做决定。与"蓍"有关的成语有：

不待蓍龟　刘蓍亡簪

15. 蓼

蓼的种类繁多，有青蓼、水蓼、香蓼、紫蓼、马蓼等。是一种分布于大江南北的常见的植物。这些成语与"蓼"有关：

含蓼问疾　蓼虫忘辛　蓼虫不知苦

16. 蒹葭

蒹葭亦即芦苇，是一种极其常见的植物。"蒹葭"自古就与相思之情有关，《诗经·国风·秦风》中就有："蒹葭苍苍，白露为霜。所谓伊人，在水一方。"与"蒹葭"有关的成语有：

一苇可航　苇苕繁卵　葭莩之亲　蒹葭秋末　蒹葭倚玉树

乍入芦圩，不知深浅

17. 蓬

蓬今天被称作飞蓬，是一种随处可见的植物。与"蓬"有关的成语有：

飞蓬随风　蓬门荜户　蓬头垢面　蓬荜生辉　桑弧蓬矢　萍飘蓬转

蓬牖茅椽　秋蓬离根　飘蓬断梗　蓬户瓮牖　蓬心蒿目　首如飞蓬

枯蓬断草　梗迹蓬飘　蚩蓬之问　花貌蓬心　蓬生麻中，不扶而直

18. 葛

葛又叫葛藤，是中国最早利用的纤维植物，可以纺织成葛布做成衣物。以下这些成语都是与"葛"相关的：

瓜葛相连　冬裘夏葛　葛巾布袍　葛屦履雪　裘葛屡更　葛巾漉酒
攀葛附藤

19. 荠

荠通常称作荠菜，是一种常见的杂草、野菜，被誉为野菜中的珍品，可以入药。与"荠"有关的成语只有一个，即"甘心如荠"。

20. 荆

荆棘是现在常用的一个词语，它原来是指两种植物：荆和棘。与"荆"有关的成语比较多：

负荆请罪　披荆斩棘　荆天棘地　荆钗布裙　铜驼荆棘　荆棘丛生
荆棘载途　班荆道故　披苫蒙荆　穿荆度棘　钩章棘句　胸中柴棘
桃弧棘矢

21. 松、柏

中国人视松为吉祥物，松被视作"百木之长"，称作"木公""大夫"。古人视松作长青之树，古代有长生不老松之说，人们赋予其延年益寿、长青不老的吉祥寓意。柏树也是人们生活中常见的树木，而松与柏经常并用于成语之中。与"松""柏"相关的成语比较多：

石枯松老　松苞竹茂　松风水月　松乔之寿　松萝共倚　餐松啖柏
指水盟松　松柏之茂　松鹤延年　玉洁松贞　松形鹤骨　岁寒冷松柏

22. 柳

"无心插柳柳成荫"，柳树无与伦比的适应性使之成为我国古往今来国土绿化最普遍的树种之一。与"柳"相关的成语有：

柳下借荫　柳巷花街　柳暗花明　寻花问柳　眠花宿柳　败柳残花
柳影花阴　柳圣花神　傍花随柳　柳骅莺娇　柳陌花衢　花街柳陌
柳陌花巷　花门柳户　拈花弄柳　攀花折柳

23. 桂

桂是一种药用价值很高的树木，许慎的《说文解字》就解释桂是"百药之长"。与"桂"有关的成语有：

食玉炊桂　桂子飘香　蟾宫折桂　窦家丹桂　月桂落子　桂玉之地

桂酒椒浆　双桂联芳　桂林一枝　桂馥兰薰

24. 桐

梧桐在古诗中有象征高洁美好品格之意。如"凤凰鸣矣，于彼高岗。梧桐生矣，于彼朝阳"（《诗经·大雅·卷阿》），诗人在这里用"凤凰和鸣，歌声飘飞山岗；梧桐疯长，身披灿烂朝阳"来象征品格的高洁美好。这些成语与"桐"有关：

梧桐断角　桐叶封弟　栖梧食竹　琴得焦桐　梧凤之鸣　支策据梧

破桐之叶

25. 桑

我国是世界上种桑养蚕最早的国家，在商代，甲骨文中已出现桑、蚕、丝、帛等字形。到了周代，采桑养蚕已是常见农活。春秋战国时期，桑树已成片栽植。与"桑"有关的成语有：

沧海桑田　指桑骂槐　桑枢瓮牖　桑弧蓬矢　桑林祷雨　磐石桑苞

陌上桑间

26. 杞柳

杞柳是我国种植较早的树种，杞柳的用途很广，可以做成簸箕、箩筐等。与"杞柳"有关的成语有：

性犹杞柳　荆南杞柳　以杞苞瓜

27. 梓

梓树被称为木王，是古代北方重要的造林枢木。与"梓"有关的成语有：

梓匠轮舆　敬恭桑梓　杞梓连抱　荆南杞梓　杞梓之林

28. 杨

杨树在我国的种植很广，是最主要的造林树种。与"杨"相关的成语有：

百步穿杨　枯杨生稊　水性杨花　穿杨贯虱　杨柳宫眉　风里杨花

黄杨厄闰

29. 榆

榆树的用途很广，自古就是重要的经济树种，主要分布在我国的西北地区。与"榆"有关的成语有：

豆重榆瞑　屑榆为粥　榆木疙瘩　榆枋之见　桑榆暮景

失之东隅，收之桑榆

30. 槐

槐树又被称作"玉树"，是重要的造林树木。中国种槐的历史久远，因此留下了不少巨大的古槐。与"槐"有关的成语有：

位列三槐　槐树婆娑　指桑骂槐　芝兰玉树　玉树临风　玉树琼枝

一枕槐安　槐花黄，举子忙

可见，汉语中与植物有关的成语确实很多，牵涉到的植物多种多样。可以肯定地说，在汉语成语中出现的植物，一定是曾经存活于中国境内为汉人所熟悉的品种。

第二节　植物类汉语成语与汉民族对崇高精神的赞颂

在汉民族文化中，"梅兰竹菊早已成为一种特有文化现象，具有重要的审美人格"①，被统称为"四君子"。人们心目中的君子常常是品性高洁，人格崇高，并为世人所景仰称颂的人物。既然这四种花木被人们以"君子"统称之，可见它们在人们心中的地位，也反映出这几种花木都是具有特定的文化含义，即象征人的美好品质和崇高精神。

梅，历来是汉民族所推崇喜爱的植物。梅的形态有一种特殊的美，枝条横斜，树影婆娑，树皮质地粗糙，身影瘦峋却在寒风中给人以一种遒劲、傲然挺立之感，它那看似枯老的枝条上竟能开出如此美丽鲜嫩的花朵，花香清

---

① 陈水根. 论梅兰竹菊的人格美 [J]. 江西社会科学，2000（08）

新淡雅，让人神清气爽，让人陶醉不已。要说梅之所以为世人称许，还在于它宝贵的品质和崇高的节操。梅耐严寒，凌寒独自开，迎风而立，笑傲冰雪，不与群芳争春斗艳，这种特质更是让古往今来的文人骚客传颂不已。陆游的《卜算子·咏梅》一词就歌颂了梅的高尚品格："驿外断桥边，寂寞开无主。已是黄昏独自愁，更著风和雨。无意苦争春，一任群芳妒。零落成泥碾作尘，只有香如故。"诗人以梅花不愿争春斗艳，任凭群芳嫉妒的清高姿态，以梅花被碾作尘埃化入泥土却仍然保持芳香的特性，表现了诗人坚贞不屈，宁可粉身碎骨也不改变其节操的高贵品质。在这里，诗人以花喻人，将梅的特质与人的人格美融为一体，相得益彰。历代咏梅的诗作也有不少，其中十分著名的有诗人林逋所作的《山园小梅》，他的"疏影横斜水清浅，暗香浮动月黄昏"这一名句就将梅的形态特征和清幽神韵刻画得淋漓尽致，将梅的清雅风韵展露无遗。林逋是爱梅的典范，诗人独居，以鹤为子，以梅为妻，过着平静淡泊的隐逸生活，可见梅在他心中是多么特别了，这其实也象征着诗人清廉高洁，洗尽铅华的高尚品格。除了众多的诗文写梅颂梅之外，成语中也有一些是关于梅花的成语，如"暗香疏影""驿寄梅花""驿路梅花""驿使梅花""岁寒三友""梅妻鹤子""雪胎梅骨"等，虽然描写梅花的成语不算多，但是梅的情影和高贵的品质的确已经深深地印刻在人们心中。梅不畏环境的艰苦，始终保持自我本色的高洁之质让人深爱不已；梅有着花的芬芳，有着花的鲜嫩，却无众芳之娇弱，生就一副傲骨，具有独特的魅力和人格美，花中君子，自然当之无愧。

兰，叶绿修长，花色素雅，香气清纯，给人以清新脱俗之感，汉语成语"空谷幽兰"就描绘了兰的美好品质，也常用来表现人的清新优雅和纯洁的气质。兰生于幽谷之中，人迹罕至之处，花盛之时无人观赏，但兰不为争妍而开，不为博宠而芳，而是自生自落，不改其芬芳，为大自然增添了一份清新淡雅之情趣，故人们认为兰花也是花中的君子，也常常用兰来比喻品行高洁的君子。兰一直深受人们的喜爱，著名的爱国诗人屈原善于以芳草美人自喻，以显示自己的高洁品质，他就曾以兰自喻——"纫秋兰以为佩"，用佩戴兰草来表明自己有兰那样美好的品质。屈原不同流合污，不改其节，终究以生命报国，这的确是君子之行，以兰喻之，自然当之无愧。孔子也曾经对兰推崇备至，在《孔子家语·在厄》中说道："芝兰生于深林，不以无人而不芳；君子修道立德，不为穷困而改节。"孔子对于兰的人格美是说得很清楚的，把兰与君子对举，可见他将兰的人格美的基调定得很高。成语"空谷幽兰""芳兰竟体""蕙心兰质""芝兰玉树""兰桂齐芳"等都是以兰花来喻人的，或是以兰所具有的品性来赞美有修养且气质高雅的君子，以及优秀的人才、子弟，此外还有"春兰秋菊""桂殿兰宫""桂馥兰香""契若金兰""芝兰之室""吹气胜兰""谢庭兰玉""披榛采兰""兰质薰心""兰芝常生""澧兰沅芷""迁兰变鲍"，等等，这些成语中"兰"的形象也都是美好高尚的，是优雅纯洁的代表。

竹自古以来在汉民族的生活中一直都占据着极其重要的地位。苏东坡曾说："食者竹笋，庇者竹瓦，载者竹筏，爨者竹薪，衣者竹皮，书者竹纸，履者竹鞋，真可谓不可一日无此君也耶。"竹不仅代表着汉民族的物质文化，而且也蕴含着汉民族的精神文化。"竹子高耸挺拔，质地坚硬，中空有节，它的特点容易使人联想起高风亮节和谦逊好学的品质。"① 成语"高风亮节"语本宋·胡仔《苕溪渔隐丛话后集》卷一："余谓渊明高风峻节，固已无愧于四皓，然犹仰慕之，尤见其好贤尚友之情也。"高风：高尚的品格；亮节：坚贞的节操。形容道德和行为都很高尚。

菊也是花中四君子之一。菊花在深秋霜冷，草木衰落，百花凋零之际，迎寒而放，因此也被人们视为品格独具的一种花，历来为人称道。说到菊花，陶渊明可谓与之关系甚为密切。陶渊明生逢乱世，但不愿为五斗米折腰，不与世人同流合污，便毅然辞官归隐。他在《饮酒》中所写："采菊东篱下，悠然见南山"，表现出了诗人在归隐后恬淡平静的田园生活和高雅闲适的生活情趣。诗中所体现这种物我相融的意境令人神往，菊的特质与陶渊明高洁的品格便浑然一体了，菊之高洁更加凸显了五柳先生之高洁，陶渊明之君子品性

---

① 杨元刚，张安德. 英汉植物词文化联想意义对比分析 ［J］. 语言教学与研究，2002（04）

又使得菊更具君子之气质，两者相互映衬，这种天然契合的关系，让后世之人称颂不已。所以"陶菊""东篱菊"等词也常被文人们用来表达他们归隐的愿望和对田园生活的向往，菊花也就成为"隐逸"的一种象征。此外，菊花不畏风霜，不逐春华，清香淡雅的珍贵品质，也吸引着文人常以菊自喻，从而表现他们在寂寞中安然自得，在浊世中淡泊守志，不肯趋炎附势，不愿随波逐流的坚贞人格。菊的这些特性岂不与君子隐士之品性相契合？虽然描写菊的汉语成语并不多，如"春兰秋菊""明日黄花""黄花晚节""孤标傲世"等，但是菊花的高洁品性已经深入人心。菊喻君子，君子爱菊，两者相伴相成，人们将菊人格化之后就更显其特质了，菊也就更加具有灵气。

在汉民族文化中，松柏也是被看作高洁的人格和品性的象征的。松柏傲霜斗雪，坚毅不屈，万物依四季变迁而历经荣枯变化，但是松柏却始终不改其苍翠。"松柏独特的自然属性被人格化，被赋予了道德伦理的内涵，从而成为高洁品性和高尚人格的代表。"[①] 语出《世说新语》的"松柏之志"这条成语，就是指坚贞不屈的志节。该成语有个典故：东汉末年，宗世林看不起曹操的为人，总不想与他交往。曹操深为恼火，到担任司空总揽朝政事务时，又来问宗世林能交往了吗？宗世林回答说："松柏之志犹存。"

第三节　植物类汉语成语与汉民族对生命永恒的向往

人的一生，虽然生命的厚度不尽相同，但生命的长度却总是相似。人的生命是有限的，而且在古代，生产力低下，生活艰苦，人们抵御自然灾害的能力也十分有限，医疗水平也远不如现代社会，所以人们的生命更为脆弱，寿命更是短暂。人们渴望长寿，于是将这种内心的渴望寄托于天地，寄托于自然。人们逐渐意识到，其实大自然在赐予树木生命之时更为慷慨，它们栉

---

① 李莉，邹国辉，董源. 论中国传统文化中的"松柏情结"[J]. 北京林业大学学报（社会科学版），2005（02）

风沐雨，经历寒暑交替，阅尽人世间的风云变幻，却能够长久地屹立不倒，其中，松柏便是这样的长寿树种。"松鹤延年""松龄鹤寿""松鹤长春""松柏之寿""松柏之茂""松乔之寿"等成语，还有如"鹤骨松姿""鹤发松姿""鹤骨松筋""餐松啖柏"等成语，就是将人类对生命永恒的期盼寄托在松柏身上了。汉族人民对松柏的喜爱，不仅仅在于它们的苍劲挺拔，以及在恶劣环境之中的傲然不屈之态，还在于松柏所代表的"永恒"，这种"永恒"正好契合了人们心中对于生命常青的追慕。松柏树龄长久，经冬不凋，因而常常被用来祝人长寿。松柏的形象是崇高伟大的，我们曾见到过悬崖峭壁上的松树，根植于刚硬的山岩之间，伸展枝叶，仰吸日月之精华，它们历经风霜雨雪，岁月枯荣，但在那皲裂粗糙的树皮上，一种生命的顽强和愈发遒劲的刚健之感让人慨叹。千年古松，其形象不仅不会让人感到苍老，反而让人体会到它经历风霜磨砺后所积聚的天地之灵气和生命延续不衰之伟大。

在汉语成语中出现的菊也有长寿的寓意。在姚宽的《西溪丛语》中提到："牡丹为贵客，梅为清客……菊为寿客。"菊是秋季盛开的花卉，重阳节登高赏菊是中国独有的风俗，重阳节又称"老人节"，而菊在古时候也叫作"黄花"，成语就有"黄花晚节"，比喻人晚年时仍保持着高尚的节操。"黄花"象征着人的年老，也可象征女子容颜的衰老，也就是说人进入了人生中的秋季，因此民间还称菊花为"长寿花"，暗含"寿考"的内涵。此外，菊花可以酿酒，还可以入药，我们知道菊花茶就有清热明目的功效。据《荆州记》云，南阳有菊水，其水源旁都是菊，水极为甘馨，菊水旁有居民三十家，不挖井，平时饮用水即取此菊水，居民上寿者百二十、百三十，中寿者也可达百余岁，七十岁而亡的则被认为是夭亡。当然该段记载的真实性有待考究，或许确实是有夸大虚构之成分，但这也反映出了人们认识到了菊花的药用效果很好，对人的身体健康有好处。菊虽然不如树木松柏的寿命长久，但它的药用价值也可以助人健康，所以菊也被人们视为一种长寿的象征。

第四节　植物类汉语成语与汉民族以物喻人的感性思维

汉民族人民喜欢以物喻人，也擅长以物喻人。人们常常是在发现了动植物身上所具有的某些性质特点之后，进而将这些特质与人的品性和气质联系起来，从而达到人与物内在本质上的一种契合。中国人还十分注重形象思维，讲求含蓄之美；中国人擅长感性思维，善于观察周围的事物，似乎并不太喜欢进行寻根究底的客观分析，好比写意画，更加注重勾勒出事物的神韵而非形态，也更能直接地抒发作者的情感。自古以来，由于汉族人民有着认知事物的特殊思维方式和独特的文化心理，所以，中国的文人多喜欢借物抒怀，将物人格化，这一特点我们从众多的诗文作品中就可以发现，而且人们往往还十分喜爱使用比喻，在作诗时尤爱使用赋、比、兴的手法。因而，人们在描写人物之时，也常常会采用许多植物来做比喻或进行形象的描绘，细致入微，含蓄隽永，让人感受颇为形象生动，也使人印象十分深刻，汉语成语中就有许多典型的植物词是比喻或描写人物的，因而这些喻词也就具有丰富的文化意蕴。

桃是常用来描写女子姣美容貌的一种植物，含有"桃"的成语如"桃夭新妇""杏脸桃腮""桃羞杏让""人面桃花""夭桃秾李""艳如桃李""桃夭柳媚""桃腮粉脸""浓桃艳李"等，都是以桃或桃花来形容女子美貌的。桃花在和暖柔美的春天绽放，娇嫩鲜艳，粉红娇羞，好似正处在人生春季中的年轻女子白里透红的肌肤，清纯美丽。例如，在《警世通言》中对杜十娘的美貌就有"两弯眉似远山青，一泓清潭秋水润，面似桃花，齿如排玉"的细致描写。人的面容颜色本来难以用简单纯粹的字词描绘，而桃花是人们常见之物，以花喻人，将人物的容貌特点加以具象化的凸显，使人更显娇羞灵动，姿态可爱。唐代诗人崔护就曾写过"人面桃花相映红"，用桃花来比喻女子的容颜，使桃花的艳丽与女子的容颜交相辉映，真可谓妙喻。还有唐代诗人刘禹锡在《竹枝词·其二》中写道："山桃红花满上头，蜀江春水拍山流。

花红易衰似郎意，水流无限似侬愁。"在这首诗中，满山开遍桃花的环境背景给人以热烈的感觉，好似火热的爱情，也用来衬托青春美貌、面若桃花的女子；以红花易衰来比喻女子青春易逝，容颜易老，从而引起了对男子爱情易逝的担忧，女子内心忧愁，更惹人怜惜。此外，鲜桃也可以用来描绘清纯少女的美貌，桃白里透红，鲜美多汁，正好形容女子的皮肤白里透红，水润细嫩，如"杏脸桃腮"就是说女子的腮嫩红如鲜桃般美丽可爱。此外，女子也多喜爱头戴鲜花，从气质形貌上来说，女子与花似乎本来就有着天然的联系，人们多以花朵来比喻美人，这也体现了汉文化中的内敛含蓄之美。

柳也是常用来描绘女子身形外貌的植物之一，如"桃夭柳媚""桃腮柳眼""柳夭桃艳""柳腰花态""柳娇花媚"等。柳树的外形柔美多姿，下垂的枝条细长而柔软，叶片细长，随风起舞，颇有种婀娜多姿、风流可爱的神韵，给人以柔弱之感，让人自然而然地联想到美丽柔媚的年轻女子的倩影。"腰若柳枝""樱桃樊素口，杨柳小蛮腰"都是描写女子身材苗条、腰肢细柔的。曹雪芹先生是刻画人物的高手，《红楼梦》中，当贾宝玉初见林黛玉时就有一段精彩的外貌描写："闲静时如姣花照水，行动处似弱柳扶风"，以弱柳在风中的姿态风韵来描写黛玉的身姿，可见她是多么的娇美柔弱了，以柳写人，形象生动，让人印象十分深刻，自然不俗。汉语成语中还有一些带有"柳"字的成语，如"寻花问柳""眠花宿柳""残花败柳""花街柳巷""柳陌花丛""柳营花阵"，等等，这些成语中的"柳"与"花"都是用来虚指古时的艺妓或说是风尘女子的，所以在此都有了特定的感情色彩，其实这也是抓住了柳的特点，以柳的姿态来描写风尘女子的妩媚风姿的。且先不论"柳"在此的褒贬色彩如何，总而言之，古人以柳写人体现了人们对事物的观察入微和较强的联想能力。

兰用来喻女子，不仅可喻其外貌，还可体现女子高雅脱俗的品质，这样的比喻似乎更为形象通透，使女子更具灵气。兰的叶子翠绿细长，花色素雅，气味幽香，给人以清新之感，正如娴静美丽的女子那样让人感到温婉舒适。兰花幽香芬芳，恰似女子散发出来的迷人香气，但兰又恐萧瑟秋风，不胜霜寒，而古代的一些女子往往也是知书达理，行动优雅柔缓，深居闺阁，不沾俗气，常是弱不禁风的，所以她们的形象与兰的一些特点也是十分契合的，即清丽淡雅，惹人怜爱，体态柔弱，身体娇贵，所以女子的居室也常常以"兰"字来称，如"兰房""兰室""兰闺"等，有时还以"兰"为她们的芳名，或者用兰来熏衣被，使居室气味芳香。兰不仅因其外在形态而招人喜爱，兰的美好品质也可喻女子的高雅贤惠，如成语"蕙心兰质""芳兰竟体""空谷幽兰""兰质蕙心"，就是对具有美好心灵和高洁品性的女子的称赞。

成语中的植物还有莲花也可用来比喻女子。莲花又称"芙蓉"，芙蓉娇艳清纯，清新可爱，成语"出水芙蓉"比喻女子清纯脱俗，当然也还可以指诗句的清新脱俗。周敦颐在《爱莲说》中曾赞美道："出淤泥而不染，濯清涟而不妖，中通外直，不蔓不枝，香远益清，亭亭净植，可远观而不可亵玩焉。"所以"莲花"也被人称为花中君子，喻女子或君子有不染纤尘的美貌和高洁自持、清廉正直的品质。

第五节 植物类汉语成语与汉民族物我相融的情感体验

汉语成语中的植物词或用来比喻高洁的品性气质与崇高的人格精神，或寄托人们对生命常青、年寿延绵的渴望，抑或是以物喻人，以花木来描绘女子的美好容姿，等等。无论何种寓意，何种文化内涵，都体现出了汉族人民细腻真挚的情感，体现了人们对大自然细致入微的观察与真切的热爱，以及物我相融的和谐观。而这种观念又为独具魅力的汉民族文化的形成和发展，起到了重要的指引和推动作用。如果没有这些情感上的体验和共鸣，那么人们也就难以将植物人格化，并凸显出它们的人格美了。

中国地大物博，物产丰富，动植物的数量、种类繁多，许多植物仿佛就是造物主的恩赐，它们或形色动人，或品性独特，或是给人以生存必需的物质供给，或是给人以精神上的启示与鼓舞。汉族人民有着观察世界的独特慧眼，有着聆听自然的纯净心灵。自古以来，"天人合一"的思想影响着、塑造着人们对自然界的观念和态度，指示着人们与自然和谐相处之道。古代的诗人画家在创作时也强调"物我相融"的重要性，国学大师王国维在其经典著作《人间词话》中把艺术境界分为"有我之境"与"无我之境"两种。"有我之境，以我观物，故物皆着我之色彩。无我之境，以物观物，故不知何者为我，何者为物。"这一著名的观点深深影响着后世文人的创作。"无我之境"当然是一个极高的境界，并非人人都可以达到。但是要做到移情于物，把物当作人来写，向其倾诉苦与乐，并非难事，这在诗文作品中还是十分常见的，如诗圣杜甫的《春望》中就有"感时花溅泪，恨别鸟惊心"的名句，诗人设想花、鸟也能够与他同悲同喜，将"花"和"鸟"人格化了，在这里触景生情，移情于物，也正体现了诗歌的含蕴之丰富。

植物本是没有情感的，人们所歌颂的它们的美、它们的特性只是它们自然而然的生物特征，然而感性的汉族人民却往往能将这些特点与人类世界相联系，用来比喻人的品质，或直接用来写人，如"梅兰竹菊"这"四君子"，因它们各有其高洁的品质而为人们所喜爱，文人墨客常将它们人格化，并用它们来赞美高尚的情操和坚贞的人格，喻他人，也自喻。松柏除了因它们长寿之外，还因为它们同样具有珍贵的品质而被人喜爱崇拜。孔子说："岁寒，然后知松柏之后凋也！"（《论语·子罕》），这是以松柏喻君子美德品性；而荀子则直接将松柏比喻为君子："岁无寒无以知松柏；事无难无以见君子，无日不在是。"松柏经冬不凋，临风不倒，大雪压枝却不能使其屈服，寒风凛冽亦不能毁其志，松柏的顽强生命力成为人类坚强勇敢、傲然不屈的崇高品性的象征，即敢于与恶劣艰苦的环境抗争，不因环境的变化而有所改变，始终保持着坚贞守志的节操。"苍松翠柏""松柏后凋""玉洁松贞""松柏之志""松柏寒盟""贞松劲柏""岁寒松柏""松筠之节"等成语，就是通过对松柏的这些独特的自然属性的赞颂，使得它们成为高洁品性和高尚人格的象征，许多人就是从松柏身上吸取这种精神力量，从而以此自励，来升华自身的人格与气节。松柏独特的自然属性正与人们修身自律的情怀相契合，刚好也体现了汉族人民物我相融的和谐观念。

在汉语成语中，我们还可以看到，桃、李也与人的品性有密切关系。桃李除了用来形容女子的姣好容貌之外，还可以象征那些成人成才的学生或弟子，相关的成语有"公门桃李""门墙桃李""桃李春风"等。桃树李树可以结出丰硕的果实，"硕果累累"的景象，惹人喜爱，所以成语"桃李满天下"就以桃李结实之多的特征来比喻培养出来的人才众多，且遍布天下，成才的学生弟子是师长辛勤培育的结果，这也赞美了师长教育的成功。又如成语"桃李不言，下自成蹊"，本来是说桃树李树虽不会说话，但是由于它们能开出芬芳的花朵，并结出了甜美丰硕的果实，自然而然地会吸引人们来到树下，并走出一条路来赏花尝果；后用来比喻一个人做了好事，不用张扬，人们就会记住他，只要能做到身教重于言教，为人诚恳、真挚，就会深得人心，只要真诚、忠实，就能感动别人。由此引申为人只要有真实美好的才华和品质，不用自己宣扬也能够吸引他人来欣赏，受到他人的喜爱和敬仰，若是为人诚挚，自会有强烈的感召力而深得人心。桃树李树开花结果本为自然之规律，但是人们却能够用这一再自然不过的现象来比喻人的品格，这也体现了汉族人民的丰富的想象力，体现了人们情感的细腻，以及将自然中的物与人相喻相融的和谐观念。

"在用汉语词语固定概念的形式时，中国人习惯于用相应的具象使概念生动可感而有所依托。"① 植物类汉语成语如此丰厚的文化积淀，也是"汉语思维具有艺术气质"② 的直接结果，的确值得我们很好地去研究。

① 申小龙. 汉语与中国文化 [M]. 上海：复旦大学出版社，2005. 324—325
② 申小龙. 汉语与中国文化 [M]. 上海：复旦大学出版社，2005. 326

第三章
颜色类汉语成语的文化印记

颜色词是一个色彩丰富，蕴含深厚的词群，它们不仅描绘着大千世界，绘成一幅幅美丽的画卷，还沉淀着人们对自然万物、伦理观念、哲学思辨、审美情趣等一些较深层次的文化思考。汉语成语中有许多意蕴深刻的颜色词，这些颜色词借助汉语成语，凝聚着千百年来所积淀的汉民族文化，折射出了极其丰富多彩的社会生活画面，成为揭示汉民族文化内涵的一个重要窗口。

第一节　颜色词与古代汉民族独特的物质文化和心理感知

物质文化反映着人类对自然界的认识、利用及改造的轨迹。语言是人们经过长期的社会实践，为了适应交际需要，满足生产发展和生活水平的提高而逐渐产生的符号系统。语言可以反映客观世界，记录人类物质文化的成果与发展历程，而语言中颜色词的产生也是人们认识物质世界的结果，是深刻把握客观事物特征的体现，它们与物质文化也是有着密切关联的。丰富的社会生活和人们的生产实践是颜色词产生的先决条件，而颜色词的诞生往往与人们所接触、所熟悉的具体事物相联系，所以，最初人们常以某种事物本身来表示某种颜色，这一特点我们可以从色彩词的构词法以及汉字字形上看出来，反映了人们在生产生活过程中所积淀的独具特色的民族文化和心理感知。

一、"红"——火之色和太阳之色

红色，原来称"赤"。有关红色的成语有很多，如"红装素裹""红紫夺朱""赤日炎炎""赤胆忠心""朱唇玉面""朱唇皓齿""朱楼碧瓦""朱楼绮户""面红耳赤""唇红齿白""桃红柳绿""姹紫嫣红""白里透红""万紫千红""齿白唇红"等等。《说文解字》载："赤，南方色也。从大，从火。"大火燃烧的颜色就是赤色。红色被人们使用与人类密切相关的火的颜色来呈现，是再形象不过的了，如"红红火火""如火如荼"。火在人类文明的发展进程中担当起了十分重要的角色，在人们的生产生活中发挥着极为重要的作用，因此以火来记录"赤"这种颜色，更让人易于接受，易于感知。我们知道，文字起源于记事的图画，起初人们都是通过描画实物的外形或主要特征来记录事物的名称和意义的，但是经过几千年的发展演变，许多原本属于原始表意的文字都逐渐转变成了表音文字，只有汉字的表意性才得以最终保留下来，所以汉字中的许多字都是可以见形知意的，因而汉字的确是一种十分独特的文字。颜色词的创造也离不开汉民族人民的生产生活，现在称为"红"的"赤"，也与太阳联系起来，如刘熙的《释名》中提到："赤，赫也，太阳之色也。"太阳具有让万物生长的神奇力量，赐给人们温暖与光明，让粮食丰收，所以将"赤"这种颜色定义为太阳之色，也是十分形象可感而又亲切的。通过"火"和"太阳"这两种人们极为熟悉的事物所描绘的颜色，逐渐演变延伸成为具有概括性的"赤"这个汉字，以语言的书面表现形式——书写符号的意义来表示这种颜色，后来统称为"红"，这些也都体现了汉族人民具有善于从实践中来扩展认识的能力以及加深对世界认知的智慧。

二、"白"——月色、肤色、霜雪之色和丝之本色

汉语成语中，带有"白"字或者是关于"白"的也有不少，例如"白璧微瑕""青红皂白""白头如新""白头偕老""白山黑水""阳春白雪""唇红齿白""一清二白""白云苍狗""黄童白叟""月白风清"，等等。属

"白"这一类颜色的字有许多，分别用来描绘不同事物的具有细微差别的白色，而且它们多以"白"为形符，如"皎""晳""皑"等。这些字对颜色的分类极其细微："皎"是指月光的洁白；"晳"是指人的肤色白；"皑"则是指霜雪的白色，常用的一个短语就是"白雪皑皑"。由此可见，人们对不同的事物的白色有不同的称法，而且这些事物是我们生活中比较常见的，也是极为熟悉的，人们注意到了它们之间的区别。除此之外，"白"还与我国的丝织业有关。我国很早以前就有养蚕缫丝的技艺，白色是丝的本色，缫丝织素帛，素帛自然是素净的白色，人们想要得到色彩绚丽的丝绸，还要进行复杂的染色加工。那么，由此角度延伸开去，丝织品就与颜色产生了联系，所以，在我们的汉字中，以"纟"为形符的颜色字是比较多的，例如"绛""绯""绿""素""紫""红""绀"等。"纟"是指"丝"，说明了这些色彩是与丝织品和丝织品的染色有关的。人们将丝染成丰富绚丽的颜色，自然而然地，人们逐渐将色彩与丝织品联系起来，这也反映了色彩词的产生与人们的生产生活实践是密切相关的，从这些颜色字的字形和形符上，我们可以窥见汉民族的物质文化在发展进程中所拥有的对其他文化的重大影响力。

三、"黄"——土地之色、黄河之色和农作物成熟之色

黄色，《说文解字》载："黄，土地之色也。"在中国古代传统的五行说之中，黄色居于五色之中，代表五行中的"土"。尊黄敬黄是中华民族的传统，黄色也是古老中国的象征。黄色是土地之色，是自然之色，我们的祖先诞生于黄土高原，在那片广袤的黄土地上繁衍生息。我们的先人们又栖息于黄河之滨，在那里灌溉种植，吸取生命之琼浆，所以黄色的土地和奔腾不息的黄河赐予了人们生命的养料，那里是生命得以传承不息的美好家园。崇拜土地、信仰土地成为人们的传统观念。黄色是黄土高原、母亲河黄河的代表之色，所以，人们总是对它感到格外亲切。在中国漫长的封建社会中，土地一直是衣食之本、立国之根，历来的统治者都十分重视土地，因为掌控了土地，就掌控了臣民，掌控了江山社稷。广大农民耕种的土地都不属于自己，即所谓"普天之下，莫非王土；率土之滨，莫非王臣"。统治者以其权势占据

着土地，统治着人民，坐享其成。千百年来，农民一直都强烈渴望着拥有自己的土地，土地对农民来说甚至就意味着生命。可见，土地自古以来在人们心中都占有着极其重要的地位。此外，黄色还是农作物成熟的颜色，是秋季丰收的颜色。民以食为天，粮食丰收，意味着人们衣食充足，安居乐业。有一个成语是"青黄不接"，青，指未成熟的庄稼；黄，指已成熟的庄稼。整个成语的意思是指庄稼还没有成熟，陈粮已经吃完，比喻人力、财力等因一时接续不上而暂时缺乏，现在则特指人才方面后继无人。且先不管该成语的引申意义如何，就其字面意思来看，"黄"在此就代表的是成熟的、金灿灿的粮食。

从上面所举的一些例子看来，颜色词的产生与人们的生产生活密切相关，汉语成语中的色彩词也以它们独特的方式反映着汉民族的社会生活。值得注意的是，其他的拼音文字因为只能表示读音，不能表示意义，所以，不存在作为语言书写符号的颜色字的字形与现实生活中的实际事物有具体的、血缘的联系。而汉字在记录汉民族文化方面，不仅在表意上十分丰富，而且汉字本身的形体构造就能够蕴含汉民族文化的这一特点，也是其他文字所不能企及的，从这些颜色词中，我们就可见一斑了。总之，汉语中颜色词的创造与定义是与汉民族人民的生活实践紧密相关的。

第二节　颜色类汉语成语与汉民族封建时代尊卑观念

中国经历了漫长的封建社会。随着朝代的更替，统治者们一步一步地加强了中央集权和专制统治，不断地加强对人民在生活和思想上的控制，使得君权至上、君权神授的观念无孔不入，从而竭力维持逐渐走向衰落和灭亡的封建制度。中国的封建社会是一个等级森严的社会，这在文化中也多有体现，等级观念在统治者与被统治者的心中都已经根深蒂固了，所以在那样的社会里，处处都体现着分明的等级和尊卑有序的不平等，事事都打上了鲜明的等级烙印。其中，在封建社会中对服饰颜色的使用就有着严格的阶层等级规定，毫无疑问，这就是封建等级制度的一种外化的表现。

一、黄色，尊贵之色

黄色自古以来就被汉族人民视为尊贵之色。前面讲到黄色是哺育生灵的土地的颜色，是粮食成熟的颜色，所以这种鲜艳明亮的颜色一直深受各个阶层的喜爱，人们往往希望能够"飞黄腾达"。但是自唐代以后，黄色就成为帝王专享的颜色，君王将"唯我独尊"的观念深深灌输到人民的思想中，于是黄色就带有了中国封建帝王独霸的等级色彩。统治者规定臣民禁止使用黄色，如果民间擅自使用黄色就有僭越之罪，谋反之嫌，甚至会招来杀身之祸，更有甚者还会株连九族。每一朝的开国皇帝都以"黄袍加身"来昭示天下自己统治的开始，于是凡是和皇帝有关的事物都要以黄色来显示其尊贵，要么是名称带有"黄"字，要么就是黄色的，甚至就有许多器物就是用黄金做的。例如皇帝居住的京城就叫"黄图"，皇帝的服装叫"黄袍"，皇帝的文告叫作"黄榜"，皇帝所乘的车舆叫作"黄屋"，皇帝所持的兵器叫作"黄钺"，等等，黄色就是帝王身份的象征。此外，黄色之所以如此受人敬重，尤其是受统治者的喜爱，也与我国古代传统的五行说这一哲学思想有关。在五行说中，五行对应五色，五色又对应五方，其中黄色就代表"土"，且居于五方之中央，由此可见，"黄"的地位是很重要的，也正好可以反映皇帝拥有国土江山、无上的权力以及居于天地之中的至尊地位，满足他们天下"唯我独尊"的心理。还有一个成语是"黄旗紫盖"，是指天空中出现状如黄旗紫盖的云气，旧为皇帝出世的征兆，因为黄色和紫色都是尊贵之色；成语"绿衣黄里"是指以绿色为衣，用黄色为里，旧喻尊卑反置，贵贱颠倒。这也是因为古时候人们认为黄色为正色，绿色为间色，且间色卑微而正色尊贵。所以，"黄"被奉为尊贵之色，并成为古代帝王的独享之色，被打上了鲜明的政治烙印是有着深刻原因的。

二、红色，华贵之色

其实在封建社会中，红色也是一种权力、地位的象征之色，因而也被视为富贵之色。由于红色代表的是人们生产生活不可缺少的火和太阳的颜色，那么红色的地位被抬高也是很自然的。在等级分明的封建社会，红色被达官显贵们奉为显示自己身份地位的尊贵之色。红色被分为许多种，如"朱""丹""赤"等，后来在不用刻意强调区分时，又将多种叫法统称为"红"。红色象征富贵，例如皇帝和显贵们所穿的公服、祭服就叫作"朱衣""朱绶"，他们所乘的车子叫作"朱轮""朱轩"，有权势的大户人家的住所府邸也叫作"朱门""朱刻"，朱漆的大门则成为贵族门第的象征。如成语"朱楼碧瓦""朱楼绮户""朱门绣户""朱轮华毂""朱幡皂盖""朱文之轸""朱丹其毂""纡朱怀金""被朱佩紫"等，有的是描绘建筑物的华美气派，有的是描写王侯贵族出行时车马的华贵阵势，还有的则是描写人身上所穿着的服饰的颜色，都是大户人家或者达官显贵的象征。而成语"红腐贯朽""粟红贯朽"则是形容大户人家财货充足，钱粮无数。杜甫的《自京赴奉先县咏怀五百字》中有句"朱门酒肉臭，路有冻死骨"，其中的"朱门"则是达官贵族们的代称，诗人通过鲜明的对比，反映了统治阶级的骄奢淫逸，以及老百姓悲惨的命运，控诉了这一极不平等的社会现象。

三、青色，卑微之色

青色也是五色之一，含有"青"字的成语有"青山绿水""青史留名""青灯黄卷""青梅煮酒""平步青云""名垂青史""炉火纯青""青云直上""青出于蓝"，等等。"青"代表东方，也代表五行中的"木"，即"草木生长之色"，这便让我们想到春天里万物生机勃勃的场景，也描绘了美丽的景色，如成语"青山绿水""水碧山青"。人们由事物联想到人，于是将人生中最美好的时期称为青春期，古代读书的年轻人穿的学士服也为青色，所以最初青色还没有什么鲜明的等级划分的印记。然而随着用服饰的颜色来划分社会等级地位的观念越来越重，青色便越来越屈居于黄、红、紫这几种高贵色之下了。自隋唐以后，统治者们就有了明确的制度，制度规定了品级低下的官员着青色的衣服，因而"青"便成了官职卑微、品级低下之人或者是贫穷清苦之人的代表色，如成语"白发青衫""青鞋布袜""司马青衫""青裙缟袂"

"白帢青衫"中的"青"就有这些意思。白居易在《琵琶行》之中就曾慨叹道："座中泣下谁最多，江州司马青衫湿。"作者由琵琶女的命运遭际联想到了自己的被贬之身，泪水随着忧伤的琵琶曲打湿了青衫，顿时感慨万千，可见封建时代青衫之士地位的低下和他们内心是多么的苦闷了。封建社会森严的等级制度使得"青"成为地位卑微之色。另外，古代的妓院称作"青楼"，成语"红粉青楼""青楼楚馆"中的"青楼"就是代指妓院，青色成了卑微低贱的色彩，含有明显的贬义。

但是也有许多带有"青"的成语是带有褒义色彩的。例如，"垂名青史""丹青不渝""功标青史""激昂青云""炉火纯青""平步青云""青出于蓝""青史传名""万古长青""青藜学士""青云独步""青史流芳""青天白日""湛湛青天""得见青天"，等等，这些成语中的"青"多指这种颜色本身，并没有等级低下的意思，反而其中还带有一种或令人崇敬或令人羡慕的色彩。此外，还有一些成语如"青紫被体""掇青拾紫""金紫银青""拖青纡紫""纡青佩紫"等，其中的"青"是泛指公卿官员的服饰或绶带的颜色，以此来比喻人身居高位，是达官显贵之阶层。虽然仍是与官位相关联的，但是在此并没有明确地将青色与其他颜色进行尊卑的对比，也没有再严格地按照服饰的颜色来区分官品等级的高低，而是作为一种象征来直接表示身份地位的显贵。

四、黑和白，平民之色

黑和白虽然是两种对立之色，但它们在古代却有着相似的等级地位。黑与白皆为单调的颜色，不华丽不惹眼，因此也非统治者所喜爱的颜色，因而将这两种颜色规定为平民之色。古代称平民百姓为"黎民""黔首"，例如贾谊的《过秦论》中就有提到："焚百家之言，以愚黔首。"从《说文解字》中我们可以知道"黎"与"黔"都是"黑"的同义词，统治者们认为平民百姓低贱、愚昧，于是将他们不喜欢的颜色加在老百姓身上，认为老百姓就应该穿颜色单调灰暗的衣服，而且一般平民百姓也根本买不起颜色鲜艳的衣服，大多只能穿晦暗粗糙的服饰，于是黑色在众多色彩中的等级排名是居于底部的。相类似的，白色是一种平淡无华的颜色，也被上层人物视为"庶人之服色"，它象征着贫寒、卑贱，所以，对没有官位、学识的平民都加以"白"字来称呼，如"白丁""白衣""白身"，又如成语"白丁俗客""白衣秀士"等，"脱白挂绿"则是指脱去白衣，挂上绿袍，谓初登仕途，不再是贫寒阶层的人了。平民住的房子称为"白屋"，如成语"白屋寒门"就形容出身贫寒。此外，由于"素"也指白色，因而"素族""素室"也用来指称没有财产和地位的家族和家庭。因为"白"还给人一种"空""无"的感觉，无钱无权的百姓在统治者看来，也是很适合"白"色的，汉语中"一穷二白"这个成语就表达了"贫寒"之意，成语"白手起家"（亦作"白屋起家""白手成家""赤手起家"）则是形容在原来一无所有、没有任何经济基础或条件很差的情况下，却自力更生，创立起了一番事业，此处的"白"也有"空""无"的意思，"白手"即"空手"，成语"苍白无力"中"苍白"是指"灰白"，形容贫弱无力。

从古代社会中对颜色的意义与使用的规定，以及将其与阶层、等级高低对应起来的事实来看，我们可以了解到封建社会的等级制度是无处不在的。地位的高低不仅仅由金钱和权势来体现，统治者们甚至还针对不同的群体，对服饰的颜色的使用加以严格限制和规定，从而用服饰的颜色的鲜明区别来昭显不同人的等级地位，也可见皇权、霸权的印记伸展到了社会生活的方方面面，在物质上、思想上、精神上禁锢着人们，让人民彻底地被束缚，彻底地服从他们的统治。

第三节　颜色类汉语成语与汉民族多姿多彩的民俗文化

民俗是广泛流传于民间的风俗习惯，民俗文化是一个民族经过长期的生产生活、社会实践而积淀下来的具有鲜明民族特色的文化，它往往能够反映出一个民族的物质生产发展的轨迹和精神文明发展的历程。汉语成语是语言中闪耀着汉民族文化光辉的宝石，所以对汉语成语进行研究也有利于探索汉文化的丰富内涵，而成语中所含的颜色词就是寄托着人们喜怒哀乐等各种情感体验的一个独特词群，有着深刻的文化印记，体现了在民俗风情中人们所表现出来的对颜色的好恶态度和审美心理。随着时间的推移，汉语成语中的颜色词便逐渐成为承载民俗文化的一类重要喻词。

在中国民俗文化中，红色和白色是蕴含极为丰富的两种颜色。红与白承载了汉族人民的欢喜与悲哀、温暖与凄凉的情感体验，可以说是高度概括了人生的悲欢离合。

一、红色——喜庆之色

自古以来，红色就被视为吉祥、喜庆、热烈的色彩，在喜庆或光荣的时刻，人们常常是"披红戴花"。在汉民族的传统婚嫁习俗中，红色是主调色，新娘在大喜之日，从头到脚都是红色的：红盖头、红头花、红嫁衣、红鞋子；新郎也往往在胸前披戴着一朵红绸扎成的大红花，家里到处贴着红色的"囍"字，新房里也是红彤彤的一片：红烛、红帐、红被面，等等，这些物品的红色烘托出一种热烈欢乐的气氛，也预祝新人在今后的日子里生活红红火火，吉祥如意。成语"红绳系足"旧指男女双方经由媒人介绍而成亲，而成语"红白喜事"中"红"指结婚做寿，"白"指丧事。所以概括来说红色也常常指姻缘。此外，在小孩出生后，家里置办酒席要给亲朋好友发"红蛋"，即用红色染料将蛋壳染红的鸡蛋，以求平安、吉祥、富贵。在过大年时，家家户户要"张红燃爆"，即贴红对联并燃放爆竹，还要贴上红"福"字，红窗花，挂大红灯笼，还要送红包等，以求新的一年里生活红红火火。生活中，店铺开张，也要放鞭炮，红幅飘扬，表彰他人或公布升学录取名单时也要用红榜。我们还常以"红光满面"来形容一个人精神气色好，脸色红润，满面光彩，也多是因为事业顺心，生活得意心情好。成语"红旗报捷"原是指军队出征，打了胜仗，派专人手持红旗，急驰进京报捷。现用作报喜的意思。所以，从上面举的一些成语例子来看，好像凡是令人高兴的事情，似乎总是有红色相伴，因此所有的这些构成了中华文化中最喜庆、最祥瑞、最庄重的色彩，中国人有着非一般的"红色情结"，红色是集人间一切美好事物的颜色，是中国传统文化中永远热烈活跃的颜色。

二、白色——悲哀之色

白色在中国的民俗文化中则是悲哀之色，它象征着死亡和不幸，哀悼与悲伤。生命的凋零是令人悲伤的，人们对白色的这种情感态度也受到了传统五行说的影响。在五行说中，白色代表西方，古人认为西方是主掌杀伐死亡的凶神，人们常说的"白虎星"也是指能带夹厄运的凶神。白色又代表秋季，古代常在秋后处死犯人，在电视作品中我们也常听到"秋后处斩"的宣判，而且秋季本身又是万物衰败之季，象征着生命的衰落枯竭，所以，汉民族人民一直把白色看作死亡之色，丧葬之色。成语"白骨露野"是指死人的白骨暴露在野外，形容战争或灾难所造成的悲惨景象，这里的"白"也蒙上了一层死亡、凄凉的哀伤寒栗之色彩。此外，我们常称丧事为"白事"，所以，中国传统丧服要服白，也是由此产生的。自古以来，亲人去世之后，家属都要披麻戴孝办"白事"，设白色灵堂，大门两边还要贴上白色的挽联。亲人离开人世、天人永别是悲伤不幸之事，白色一方面象征着"空""无"，生命的终结；另一方面这种空白之色还可表现出人们对亲人的思念和哀悼。因为鲜艳的颜色给人一种心情愉悦开朗之感，而穿着最简单的衣服，服色的素白可以烘托人们内心对亲人死亡的极度哀伤。在这一方面，中西方是不同的，在葬礼上，西方人往往穿的是黑色衣服，撑黑伞，亲人宾客都是如此，因为在他们心中，黑色才是不祥、死亡、凶兆、灾难的代表色，所以说，白色的这种内涵也成为中国民俗文化中的独特体现。

中国传统文化中，祭祀也是很重要的一部分，历朝历代的帝王都十分重视祭祀，在特定的日子里，按照严格的规矩来祭鬼事神，或拜祭祖先，以求风调雨顺，国泰民安，因为他们认为这都关乎江山社稷，关乎帝王统治的稳定与否。其中，祭祀时对服饰颜色的选择也是十分有讲究的。据记载，周代的天子在不同的季节祭祀时，衣食住行各方面都有变化，这些都是按照传统的五行、五方、五色之说来分配的。如青色代表春天和东方，赤色代表夏天和南方，白色代表秋天和西方，黑色代表冬天和北方，所以根据这些，周天子在每个季节祭祀时的服饰颜色都不同。在黄色成为君王独霸之色之前，在年终举行腊祭之时，君臣皆可穿黄色服饰，因为黄色更显得隆重尊贵一些，表达他们祭祀时的虔诚，如《论语·乡党》中就有与此有关的记载。前面讲到，白色被认为是不吉利的颜色，象征着不幸和凶险，所以古时候，遇到饥荒或瘟疫、灾祸之时，帝王在祭祀时要穿白色的衣服，以求消灾解祸。年成不好，天子也要着素服，乘素车。

通过分析以上几种颜色在使用中的各种讲究，以及人们对它们的偏好，我们可以看出，颜色词也深深地融入汉民族的民俗文化之中，它们各自承载着丰富的文化内涵，并在民俗文化中占有着非常重要且十分独特的位置。由此也可以看出，成语中的颜色词并非都是单纯地表示颜色的，所以要注意的是，汉语成语中的颜色词既然作为一类特殊的喻词，那么它们所蕴含、所表达的意义也往往是高度凝练的，这也启示我们在学习成语的过程中要注意透过字面的"颜色"来把握其中深刻的文化内涵。

第四节　颜色类汉语成语与汉民族的视觉感受和心理联想

从前面的分析中我们可以看到，汉语成语中的颜色词有多重的文化内涵，而且都独具汉民族的特色。颜色词中所积淀的民族文化，以及人们赋予色彩词的各种情感色彩并非是偶然的、任意的，无论是色彩与人们生产生活的关系，还是以色彩来显示等级地位的高低，或是色彩反映的民俗文化与风情，这些都离不开人们对颜色最初的最直观的视觉感受。不同颜色会刺激人们产生不同的心理反应，这些心理感受又会与人们生活的环境、地域相联系，随着时间的推移，使得色彩词中蕴含积淀了丰富的文化内涵。此外，由于不同的民族会有不同的思维方式、审美情趣和文化心理等，所以，不同的民族对同一种颜色的感受就可能会存在一些差异，因此，在某种程度上来说，颜色词也更能够反映出一个民族的特殊情感和特有的文化内涵。

一、红色的视觉感受和心理联想

红色是大火的颜色，是太阳的颜色，这是与人们生产生活密切相关的两种事物。火与太阳在视觉上给人以热烈、温暖的感觉，它们散发的光和热带给人们光明与希望，人类的生存和发展离不开它们，所以人们也特别喜爱这种颜色。红色所引起的心理感受也是热烈的，具有振奋人心的作用。红色也容易让人联想到战争中的流血牺牲和为国捐躯的英勇和伟大，因此，人们在"红"这一种色彩中又注入了"勇敢""忠诚"之义，并把为国为人民奉献自己的人或思想称为"赤子""赤胆""丹心"等，如成语"赤子之心""赤胆忠心""一片赤心""赤心报国""丹心赤忱""碧血丹心"等。爱国诗人文天祥在《过零丁洋》中咏道："人生自古谁无死，留取丹心照汗青"成为千古绝唱，一颗"丹心"感人肺腑。在京剧的脸谱艺术中，红色也代表的是忠勇、坚贞的品格，如关羽的脸谱就是以红色为主的。在汉族人的审美观念中，人们认为红色是一种很美的颜色，因而也常常与女子联系起来，女子的红腮、红唇、头戴的红花等都是女子娇艳美丽的表现部分，前面提到新娘在结婚时，全身也都是红色装束，十分美丽。如成语中就有"红妆素裹""碧鬓红袖""绿鬓红颜""驻红却白""朱唇玉面""朱唇皓齿""朱口皓齿""红颜知己""唇红齿白""红颜薄命""翠消红减""红粉青楼"等，其中的"红""朱"都是与女子的容颜美貌有关的描写，还有"红妆""红袖"等词来描绘和形容女子年轻貌美之容颜，所以红色常常能引起人们对女子容貌的美好联想。

红色给人的感觉是鲜艳、热烈、积极向上的，中国人寄托于红色的往往是美好的情感。但是在另一方面，红色还是一种刺眼的亮色，它又会让人联想到危险、死亡，因为红色的"鲜血"意味着受伤、死亡，从而引起人们的警觉和担忧，所以红色又被用来作为一种非语言的醒目的视觉符号来传递信息，以表现危险、禁止、暂停等意义。所以，中国人对红色所拥有的积极和消极这两种截然不同的感受，与红色本身带给人的视觉冲击，以及由此产生的心理联想是密切相关的。

二、白色的视觉感受和心理联想

白色是汉民族的禁忌之色，除了前面所提到的受五行五方说的影响之外，我想最直接最明了的原因还是因为"白"这种颜色本身的特点。白色在视觉上给人以"无色"的感觉，单调，没有生机和活力，成语"白草黄云"就是形容边塞荒漠凄凉的景象。白色还让人联想到"空""无"之意，如成语"平白无故""一穷二白""白手起家"，等等。生命的终结意味着某个人从此不再在这个世界中存在，他所住过的房间，他所走过的路都不会再有他的身影了，留给人的只是一片空寂。为悼念逝者，亲人们往往服白，"素车白马"，披麻戴孝，以这种朴素、空无、纯净的颜色来表示悲痛和哀悼。白色还可以让人联想到年老白头，华发迟暮，如成语"白发苍颜""白发千丈""白首空归""白首穷经""白首北面""白华之怨""白首相知""白头如新""黄童白叟""须眉交白"，华发已生，人生迟暮，生命渐渐地走到了尽头，也是让人感到悲伤愁苦的。白色是枯竭而无血色、无生命的表现，于是人们将白色与死亡联系起来，认为它是哀伤之色，禁忌之色。随着时代的发展，人们将政治因素也加入颜色的内涵之中，政治统治的腐败、反动、落后及武力镇压往往会带来死亡，给人们在心理上造成恐慌，所以人们常以"白色恐怖"来指反动统治和血腥镇压。由于白色与凶兆、不幸联系起来，因而人们将那些奸邪、阴险、凶恶的人物也与白色相联系，例如在戏剧艺术中，这类奸诈的人物如赵高、曹操等都是白脸谱。

虽然白色在大多数时候没有给人留下好印象，但白色其实还是有着令人肯定的一面。白色可以让人联想到冰雪、白玉、清水，这类事物引起的视觉感受是干净、贞洁的纯净之感，如"白璧无瑕""洁白无瑕""白水鉴心""白雪皑皑""月白风清""云中白鹤""唇红齿白""冰魂素魄""素丝羔羊"，这些成语中的"白"和"素"带给人的是一种美好的感受，是一种纯净清爽之感，所以人们又把白色看作纯洁无瑕的象征。西方人也十分喜欢白色，新娘往往穿的是白色的婚纱，象征爱情婚姻的纯洁无瑕。随着社会的发展，世界各国交流的加深，这一观念对汉民族的影响也越来越大，人们也越来越乐于接受这一文化，白色也深受许多人的喜爱。

三、黑色的视觉感受和心理联想

黑色在汉民族文化中的地位也并不高，黑色在视觉上给人一种沉寂、严肃、凝重之感。由黑色人们很容易想到夜的颜色，人们在黑夜里，无法看清周围的环境，而且处在未知的世界之中，总会有一种未知的恐惧。在中国传统的五行说中，黑色被认为是北方色，代表的季节是冬季。在冬季里，天色阴沉，北风呼啸，天寒地冻，万物沉寂，所以冬季往往给人一种沉郁萧瑟之感，因而黑色也就给人一种阴冷、肃杀之感。而且在西方文化中，黑色象征着死亡、凶兆和灾难，也是西方文化中的禁忌之色，所以在对黑色的情感体验上，中西方在一定程度上是有着共同之处。人们常把险恶的形势、残酷的统治比作"乌云""黑暗""黑夜"，成语有"黑白颠倒""黑云压城""混淆黑白""昏天黑地""黑风孽海""黑漆一团"，形容社会黑暗腐朽，形势混乱。如李贺的《雁门太守行》中"黑云压城城欲摧，甲光向日金鳞开"中的"黑云"就是比喻险恶紧急的形势。随着时间的推移，惧黑厌黑的心理已经沉淀在汉民族的文化之中，人们多将黑色与险恶、恐怖、非法、不光明等语义联系起来，使黑色带有了浓厚的贬义色彩。

黑色是一种不鲜明不透亮的颜色，处在黑色之中的事物是难以看清楚、难以预知的，所以黑色还给人一种神秘之感，进而其深沉、厚重的感觉又给人一种庄重、威严以及不可动摇的感觉。例如，历史上的包青天，皮肤黝黑，铁面无私，是刚毅深沉、公正严明的典范代表，因此在戏剧脸谱艺术中，也常用黑色的脸谱象征公正无私或者耿直忠正的人物性格，除了包公外，还有张飞、李逵等人物的舞台形象也是用的黑色脸谱。

汉民族是一个有着丰富情感体验的感性民族，总是能够发现自然物质的特征，借以折射人类社会的方方面面，将人与物联系起来，这实际上也是中国古代"天人合一"美学思想的一种体现。西方文化中更多的是注重思辨，注重理性的思考，对客观事物和客观世界往往采取的是一种现实的科学态度，比较注重客观的分析，讲求追根究底。因此，西方文化中的颜色词所具有的象征意义往往是比较直接的，而汉民族人民对颜色词所赋予的文化内涵和深厚寓意却是较为纷繁复杂的，这种不同可以通过中西文化中颜色词的文化意蕴的比较分析得出来。因此，从汉语成语中典型颜色词的探究中，我们也可以揭示出汉民族独特的审美情趣和深厚的民族文化。

第四章
自然现象类汉语成语的文化意蕴

　　汉语成语是一种"相沿习用的具有书面语色彩的固定短语"，"是汉民族语言和文化的精华所在"①。作为汉语词汇系统重要组成部分的自然现象类词语，也包含着浓厚的民族文化气息。所谓自然现象，主要是指"由于大自然的运作规律自发形成的某种状况，其完全不受人为主观能动性因素影响"②的现象，如月亮圆缺，四季变化，气候冷暖，刮风下雨，白天黑夜，电闪雷鸣等。在汉语成语中，日月星等天体类词语、风雨雷电等气象类词语、春和秋等季节类词语以及山川河流，均是出现得比较频繁的自然现象类词汇。这些词汇借助汉语成语深刻反映了汉民族的生存环境、生活方式、思维习惯和价值观念，具有浓郁的民族文化意蕴。

第一节　汉语成语中的天体类词语

　　日、月、星等天体类词汇出现在人类社会早期，伴随着人们对日、月、

---

① 莫彭龄，蔡廷伟. 成语文化论 [M]. 南京：江苏教育出版社，2011. 6
② 自然界里罕见的自然现象 [EB/OL]. http://blog.sina.com，2012-07-09/2016-04-21

星等天文现象的认识而产生，是汉民族接触比较早、理解相对透彻的一类词汇。它们作为一种构词成分进入成语格式，在成语中也有相对固定的意义和文化内涵。

一、日

在汉语成语中，"日"类成语的文化蕴含非常丰富，既承载着古代汉民族的天文历法文化，又反映了汉民族崇尚自然的思想，还表现了汉民族珍惜时间的观念以及利用太阳在天空中的位置来象征事物发展状态的联想能力。

（一）"日"类成语与古代汉民族的天文历法文化

太阳是人类最早认识的重要自然现象之一。中国古代，"日"是被神化了的对象，后羿射日、夸父逐日等神话故事，都说明那个时代的汉民族对太阳的认识还不够全面、深刻，因而赋予了太阳神话般的色彩，带有超自然的力量。在博大精深的成语文化中，有一部分带"日"字的成语，在一定程度上反映了当时天文历法的发展水平，也表现了朴素的劳动人民懂得利用自然来进行劳作和生活的聪明才智。如"日上三竿"，意思是远望太阳升得有三根竹竿那样高了，形容时间不早了。这是人们利用太阳的位置来确定时间的方法，体现了当时人民的聪明才智。又如"日长一线"，指冬至后白昼渐长。这是人们通过观察太阳的变化来研究季节变化的方法，也就是说当时人们只要观察到太阳光照的时间变长就可以推断一年之中冬至已过。将人们对于天文方面的认识用这些成语表现出来，既简洁又精确，并且易于传承，后人在成语中也可以探究出当时人们对于自然现象的认识水平。

（二）"日"类成语与古代汉民族崇尚自然的思想

在中华传统文化中，正因为太阳被赋予了神的力量，所以在汉语成语中太阳也被看作光明和温暖的化身，是人们所崇拜的对象。所以，这一部分带"日"字的成语往往把太阳当作敬畏或是称赞的对象。如"风和日丽""风和日美""日丽风清""风和日暄""日和风暖"等成语，均是形容天气晴好。这是人们所喜爱的一种天气，在这些成语中运用"日丽""日美""日暄""日和"来形容天气晴好，说明太阳是人们所喜爱的对象。又如"指天誓日"，意思是指着天，对着太阳发誓，表示意志坚决或对人表示忠诚。这说明太阳在人们心目中是值得敬畏的对象。喜爱太阳，敬畏太阳，就是人们崇尚自然的突出表现。

（三）"日"类成语与古代汉民族珍惜时间的观念

在汉语中，"日"一般指白天的时间，即一天中人们最忙碌、最宝贵的时间。在古代，人们特别看重一天中能工作、有所作为的时间，因为只有在这段时间有所建树，才能保证基本、正常的生活。所以，在成语文化中，一部分带"日"字的成语是警示人们要爱惜时间。如"爱日惜力"是指要珍惜时间，不虚掷精力，这是从正面直接提出要珍惜时间。又如"饱食终日"是指整天吃饱饭，不动脑筋，不干什么正经事，这是从反面来说明时间很重要，要利用时间做有所裨益的事情。

（四）"日"类成语利用太阳在天空中的位置来象征事物的发展状态

汉语成语中"还常用太阳在天空中的位置来象征事物的发展状态"。例如，成语"日升月恒"表示如同太阳刚刚升起，月亮初上弦一般，象征事物正当兴盛的时候。"如日中天"表示太阳正在天顶，象征事物正发展到十分兴盛的阶段。"日薄西山"表示太阳快要落山，象征人到暮年，或事物衰败临近灭亡。"日中则昃"表示太阳到了正午就要开始西斜，象征事物发展到达顶峰之后就会走向衰弱。①

二、月

在汉语成语中，"月"类成语的文化意蕴主要表现在四个方面：一是用来表现女子容貌之美；二是用来表现男女爱情和婚姻；三是用来形容文学作品；四是用来比喻不切实际的想法和行为。

（一）用来表现女子容貌之美

"在汉语文化中，月亮是一个女性化的天体。从外观上看，月亮宁静、柔

① 张茜. 自然现象词汇象征意义的俄汉对比分析 [D]. 上海：上海外国语大学，2014

和、冰冷、高远，这些属性都与女性的特质相吻合。"① 汉语成语中有一些含"月"字的成语，汉语中月亮常用来表现女子容貌之美。例如常用"花容月貌""闭月羞花""如花似月""花颜月貌""月里嫦娥"等成语来形容女子面容姣好。"这一象征义项集合了月亮形与色的双重特征，月亮柔和皎洁的光辉容易让人联想到女子白皙圆润的面庞和婀娜婉约的身姿，成为了女子和美丽的代名词。"②

（二）用来表现男女爱情和婚姻

在中华传统文化中，月亮作为一种独特的意象，始终"与爱情这个永恒的主题有着千丝万缕的联系"③。在中国古代的神话中，嫦娥奔月与吴刚折桂的故事和月亮紧密联系，而这些故事都是以爱情为主题，所以也就赋予了月亮象征爱情的色彩。在汉语成语中，有很多带"月"字的成语就是表现男女爱情的。例如"花好月圆""花前月下""迎风待月""风情月思""风情月意""待月西厢""风花雪月""花残月缺"等成语都是以爱情和婚姻为主题的。"风情月意""花前月下""待月西厢"等成语都是写男女之间美好的爱情；"花好月圆"泛指美好的时刻，如新婚等；"花残月缺"则是形容衰败凋落的景象，比喻感情破裂。

（三）用来形容文学作品

在此类成语中，"月"一般都被抽象为自然景物，不仅指月亮这个个体而已。一部分成语是用来批判思想内容贫乏的作品的，而一部分成语则是赞扬文章诗句采用了比较新奇的写作手法。如："嘲风咏月"是指用诗歌等来描写景物，抒发感情，形容只写自然景物而思想内容贫乏的作品。"风花雪月""嘲弄风月""吟风咏月""咏月嘲花"都是这类成语。而"月章星句""裁

① 张茜. 自然现象词汇象征意义的俄汉对比分析 [D]. 上海：上海外国语大学，2014

② 张茜. 自然现象词汇象征意义的俄汉对比分析 [D]. 上海：上海外国语大学，2014

③ 曾微. 英汉自然现象词汇的文化比较 [J]. 广西大学学报（哲学社会科学版），2006（10）

月镂云""华星秋月"都是赞扬诗文写得妙的成语，"月章星句"形容文章优美、辞藻华丽，"裁月镂云"比喻诗文中辞藻润饰、景物描写新巧，"华星秋月"形容文章写得十分出色。

（四）用来比喻不切实际的想法和行为

在汉语成语中，月亮的文化色彩也有一些贬义的成分，"月亮常常和一些不切实际的想法和行为联系在一起"[1]，让人联想到遥不可及的事物。如"水中捞月""镜花水月""海底捞月""猴子望月""水中摸月""水中捉月""雾里看花，水中望月"等成语中的"月"都是指遥不可及或是虚幻的事物，如果人们不顾一切地去追求它，这样的行为也就被称作不切实际的行为。

三、星

在中国古代天文学术语里，"星"一般特指"星宿"，而在现代人们生活中，"星"一般指天上的星星，即与月亮、太阳等相对应的天体，具有一般化的特点。在汉语中，"星"类成语或表示行动迅速、事态紧急；或表示数量的多少。

（一）用来表示行动迅速、事态紧急

"因流星划过天际时极其迅速，星星还是快速的象征。"[2]在汉语成语中，有很多带"星"字的成语就是用来表示行动迅速或事态紧急。例如"急如星火"是指像流星的光从天空中急闪而过，形容十分急促紧迫。"流星赶月"是指像流星追赶月亮一样，形容行动迅速。这类成语还有许多，如"大步流星""快步流星""星驰电走""星行电征""电掣星驰""电流星散""击电奔星""流星掣电""流星飞电""星驰电发""星飞电急""星流电击""星流霆击"，等等。

（二）用来表示数量的多少

在汉语成语中，有很多带"星"字的成语还常常用来表示数量的多少，

① 曾微. 英汉自然现象词汇的文化比较 [J]. 广西大学学报（哲学社会科学版），2006（10）
② 张茜. 自然现象词汇象征意义的俄汉对比分析 [D]. 上海：上海外国语大学，2014

或表示数量极少，或表示数量繁多。如"灿若繁星""星罗棋布""星旗电戟""一天星斗""众星拱北"等成语就表示数量繁多或分布密集，"星罗棋布"指像天空的星星和棋盘上的棋子那样分布着，形容数量很多，分布很广。"众星捧月"是指许多星星衬托着月亮，比喻众人拥护着一个他们所尊敬爱戴的人。"星星之火""一星半点""零零星星""月朗星稀"等成语则是表示数量极少，分布稀少，"星星之火"是指一点点小火星，比喻开始时极小，但有远大发展前途的新事物。"零零星星"是指零碎的，少量的，形容零散而不完整。

第二节　汉语成语中的气象类词语

风、雨、云、雾、霜、雪、雷、电等是最为普遍的自然现象。人们的生活都离不开它们，并依靠它们得到很多丰富的资源。但是，另一方面，这些现象也可能给人们带来灾难。因此，在汉语文化中，人们对它们的认识也会出现褒贬两种态度。

一、风

风是大自然最常见的自然现象之一，它是由太阳辐射热引起的。适度的风速对于改善农作物生长需要的环境和人类生活的条件至关重要，相反，如果风速过大则极易引起灾害性天气，如台风、飓风、海啸等，会给人类的正常生产生活带来破坏性的影响。在汉语成语中，"风"或比喻社会风气或习俗，或特指春风，象征美好的事物。

（一）比喻社会风气或习俗

在先秦时期，《诗经》中就出现了"十五国风"，后来人们称《诗经》中这种独特的收集民间乐歌的方式为"采风"，其中"风"是指土风、民谣。之后它的含义发生变化，"采风"泛指到乡村城镇搜集包括民间叙事、民歌、谣谚、戏曲、舞蹈、美术、民间习俗等一切民间文化表现形式的活动。但不论是特指还是泛指，"风"都与社会风气、习俗有关。同样，"风"在汉语成语中也有这种用法，如：

弊绝风清	不正之风	风土人情	改俗迁风	革风易俗	千里同风
伤风败俗	世风日下	贪墨成风	采风问俗	风俗人情	观风察俗
毁风败俗	迁风移俗	染风习俗	三风十愆	时殊风异	歪风邪气
蔚成风气	蔚然成风	一轨同风	移风易俗	有伤风化	败俗伤风
变风改俗	调风变俗	改政移风	骨化风成	流风余俗	靡然成风
余风遗文	遗风古道	遗风旧俗	遗风余俗	遗风余习	遗风余象
相习成风	移风崇教	移风改俗	移风平俗	移风易尚	移风振俗
浇风薄俗	敦风厉俗	靡然从风			

在上面的例子中，"风"或是指社会风气，或是指一种社会习俗，如"弊绝风清"指贪污、舞弊的事情没有了，形容坏事绝迹，社会风气良好，而"移风易俗"是改变旧的风俗习惯的意思。

（二）特指春风，象征美好的事物

因为春风送暖、春风化雨带来的都是比较好的自然天气，所以人们对它有所偏爱。"中国人比较喜爱东风，因而古代诗人也常常用其来形容生机盎然的春天。"[1] 如"等闲识得东风面，万紫千红总是春""东风随春归，发我枝上花"等。在汉语成语中，也有一部分成语中的"风"是指春风，用来形容春天，象征美好的事物。如：

春风得意	春风风人	春风和气	春风化雨	春风满面	春风夏雨
春风沂水	春风野火	春风雨露	满脸春风	满袖春风	桃李春风
沂水春风	笔底春风	如坐春风	秋月春风	满面春风	口角春风
惠风和畅	和风细雨	东风浩荡	东风化雨	东风人面	东风马耳
东风入律	东风压倒西风				

上述成语中的"风"都是指春风，或是用来形容春天的美好，或是象征

---

① 曾微. 英汉自然现象词汇的文化比较 [J]. 广西大学学报（哲学社会科学版），2006（10）

美好的事物。如"春风化雨"是指适合草木生长的风雨，比喻良好的教育和熏陶；"桃李春风"则是形容学生受到老师的谆谆教诲；"东风压倒西风""原指封建大家庭里对立的双方，必然是一方压倒另一方，现多用以比喻正义或进步力量压倒落后势力。"① 这些成语都带有褒义的色彩，是用来形容好的事物或好的形势。

二、雨

雨在人们的生活中是不可或缺的，因为下雨不仅可以带来丰富的水资源，而且可以缓和原本干燥炎热的天气，对于人们的生活和农业发展都可起到不可忽视的作用。但是，它的出现也可能会引发一些自然灾害，如洪涝、泥石流、山体滑坡等等。因此，在汉语成语中，"雨"既象征珍贵或美好的东西，又表示恶劣的环境和所经历的挫折。

（一）象征珍贵或美好的东西

在中国古代农业社会，雨水对于农业生产至关重要，所以，在人们看来，"雨"是珍贵而美好的东西。部分汉语成语中"雨"的运用也体现了人们"爱雨"这一传统观念，如：

春风化雨	春风夏雨	春雨如油	东风化雨	风调雨顺	甘雨随车
旱苗得雨	枯苗望雨	五风十雨	云行雨洽	云行雨施	春风雨露
风雨时若	沛雨甘霖	十雨五风	祥风时雨	杏花春雨	雨膏烟腻
雨露之恩					

在上面的成语中，春雨如油、枯苗望雨等都体现了雨的珍贵，体现了雨在农业生产和生活中的重要作用。而春风化雨、春风夏雨、东风化雨等成语中的"雨"用以象征美好的事物。

（二）表示恶劣的环境和所经历的挫折

在成语中，"雨"有时也用来表示恶劣的环境，形容人们面临的艰难环境和所经历的挫折。这种用法的成语常常是"风""雨"同现。例如：

---

① 梅萌. 汉语成语大全［Z］. 北京：商务印书馆，2007

风雨不测　风雨不改　风雨交加　风雨飘摇　风雨凄凄　风雨如晦

风雨如磐　风雨无阻　风雨同舟　风雨萧条　狂风暴雨　狂风骤雨

蛮烟瘴雨　凄风苦雨　腥风血雨　血雨腥风　雨打风吹　雨卧风餐

八面风雨　饱经风雨　餐风宿雨　风霜雨雪　风雨晦暝　飘风苦雨

凄风楚雨　凄风寒雨　凄风冷雨　吞风饮雨　雨僽风僝

以上成语中，"风"和"雨"都是指糟糕的天气，用来象征恶劣的环境和人们遇到或经历的挫折。"吞风饮雨""餐风宿雨"这两个成语都是用来形容人们四处奔波，生活艰辛，"风"和"雨"在成语中都充当环境恶劣的因素。"饱经风雨"指经历过许多艰难困苦，"风""雨"在这样的成语中都是象征艰难的环境、经历的挫折。

（三）象征男女欢合

"云"和"雨"同现的成语还有一个比较隐晦的意义，即是象征男女欢合。成语"巫山云雨"就是这个意义的典型代表。"巫山云雨"本是长江三峡著名的自然景观，后来成为成语，并以此代称男女欢合，源于春秋战国时期的《高唐赋》。该文写楚襄王和宋玉一起游览云梦台时，宋玉对襄王说：从前先王（即楚怀王）曾经游览此地，玩累了便睡着了。先王梦见一位美丽动人的巫山之女"愿荐枕席"，先王听出了弦外之音，并立即宠幸了她。巫山女临别之时告诉先王："妾在巫山之阳，高丘之阻。旦为朝云，暮为行雨，朝朝暮暮，阳台之下。""此后，'云雨'一词也越来越多地见于各种诗文辞赋，久而久之，'云雨'的文化象征意义渐渐被人们所接受。人们认为用'云雨'一词形容男欢女爱既生动形象，又文雅贴切。"[①] 汉语成语中也有许多"云""雨"同现的成语，均与男女幽会、情爱等意义相关，如"携云握雨""云期雨信""雨约云期""云朝雨暮""云情雨意""云尤雨殢""雨沾云惹""雨踪云迹""雨歇云收"等。

三、雷电

在中国，人们对雷电的认识随着时代的发展而发展。在人类社会早期，

---

① 陈壹. 何谓云雨？［EB/OL］. http://blog.sina.com，2009-03-12/2016-04-21

人们认为"雷电"是一种神圣的自然现象，它是令人畏惧的。所以，"它在社会生活中以其天翻地覆的气势，表达着威慑、震撼、动荡、愤怒和变革的意象，如在中国古代神话中有'雷公电母'，他们都是惩恶扬善的天神，在民间文化中有不肖子孙遭雷击电打之灾的说法"①。在汉语成语中，"雷""电"一般表示事物发展速度之快或是表示动作迅速，具有威慑、震撼的意义，还有一部分含"雷""电"的成语用来形容人发怒的状态，具有"愤怒"之意。

（一）"雷""电"表示事物发展速度快或动作迅速

人们通过观察雷鸣电击这类自然现象，发现它们都具有迅速、令人震撼的特点，所以，在实际运用中，人们往往把"雷""电"当作迅速、震撼的意象。在此类成语中，"雷""电"一般会和"风"或"星"连用，用来加深动作迅速的程度或表示事态发展的紧急性，如：

电闪雷鸣　风掣雷行　疾风迅雷　疾如雷电　雷厉风行　一雷二闪

风行雷厉　雷动风行　雷令风行　电光火石　飞云掣电　风驰电掣

鬼出电入　石火电光　星驰电走　星行电征　飙发电举　潮鸣电掣

尺波电谢　电流星散　风回电激　风驱电击　风驱电扫　风驰电骋

风驰电卷　风驰电逝　风行电掣　风行电击　风行电扫　击电奔星

驹窗电逝　迅雷不及掩耳

上述成语中，"电闪雷鸣"意思是闪电飞光，雷声轰鸣，比喻快速有力，也比喻轰轰烈烈，"雷""电"用在一个成语中来表示动作迅速。"驹窗电逝"是比喻光阴消逝得很快，具有事情发展迅速之意。"星行电征"意思是像流星闪电，比喻奔驰迅速，也具有动作迅速之意。

（二）"雷""电"表示人发脾气或大怒

"雷""电"用于形容人的成语中，表示人发脾气或大怒，这是很形象的说法。在自然界中，打雷闪电是十分正常的现象，但是在人类社会尚未真正理解这种自然现象的时候，认为这是雷公电母生气发怒的结果，在中国神话

---

① 曾微. 英汉自然现象词汇的文化比较［J］. 广西大学学报（哲学社会科学版），2006（10）

故事中以及一些古籍中就有这样的记载。所以，"雷""电"用于成语中，自然也会运用到这种文化义，如：

　　暴跳如雷　大发雷霆　烈火轰雷　咆哮如雷　暴跳如雷　风雷火炮

　　雷嗔电怒　雷霆之怒

　　上述都是表示人发脾气或是大怒的成语。"暴跳如雷"是指急怒叫跳，像打雷一样猛烈，用来形容又急又怒，大发脾气的样子。"雷嗔电怒"是把"雷""电"运用到一个成语中，来说明发怒的程度之深。"风雷火炮"是形容人十分急躁，也是形容人想要发脾气的状态。

　　气象类词汇作为汉语成语重要的构成成分，它们在汉语成语中一般具有特定的文化内涵，这些文化内涵既与它们所表示的自然现象密切相关，也与古代神话或传说有联系。所以，要探究这些词汇在成语中的文化涵义，必须了解我国古代不同时期对于这类自然现象的认识情况。

第三节　汉语成语中的季节类词语

　　季节是每年循环出现的地理景观相差比较大的几个时间段，不同的地区，其季节的划分也是不同的。就中国的气候而言，一年可分为四季，即春、夏、秋、冬，四季的气候、自然景观截然不同，人们对四季的感受也各不相同。春夏秋冬四季更替，是大自然的内在规律，中国人民对此早就有比较深刻的认识，我国劳动人民总结的基本规律是，春生、夏长、秋收、冬藏，体现了不同季节的特点。季节词汇运用于成语中，也体现了各个季节不同的特点，有各自的文化内涵。我们以"春""秋"为例。

一、春

　　春，是春夏秋冬四季之首，也是天下万物生长的时节。植物萌芽生长，动物交尾繁殖，农民下地播种，不管是自然环境还是人文环境都会因为这些而变得更加美好。在汉语成语中，含"春"的成语有很多，或表示美好的事物，或表达对春天的喜爱。如：

齿牙春色	春风得意	春风风人	春风和气	春风化雨	春风满面
春风一度	春风沂水	春光明媚	春和景明	春华秋实	春花秋月
春晖寸草	春回大地	春兰秋菊	春暖花开	春葩丽藻	春色撩人
春色满园	春山如笑	春深似海	春生秋杀	春宵一刻	春意盎然
枯木逢春	妙手回春	如登春台	如坐春风	阳春白雪	桃李春风

上面的成语，有些是表现对春季自然景物的喜爱，有些是形容人或事物的美好。"春光明媚""春和景明""春华秋实""春花秋月""春兰秋菊""春暖花开"等成语都是对春季景物的描写，从中可以体会到对春季的喜爱之情。而"春风得意""春晖寸草""春宵一刻""枯木逢春""妙手回春""阳春白雪""桃李春风"都是用来形容美好的事物，"春晖寸草"是用来比喻父母与儿女之间的那种美好的感情，"春宵一刻"是指欢愉难忘美好的时刻，"妙手回春"则是赞扬医生医术高明，"阳春白雪"用来比喻高深的不通俗的文学艺术，"桃李春风"则是用来比喻学生受到老师的谆谆教诲。

二、秋

秋是四季之一，是夏季与冬季之间的一个季节，既是一个收获的季节，又是一个凋零的季节。在中国文化中既有"爱秋"这一主题，又有"悲秋"这一情感寄托。但一般而言以"悲秋"居多。在汉语成语中，"秋"的文化含义主要体现在两个方面：一是象征凋零、败落、伤感；二是指代时间长或久远。

（一）"秋"象征凋零、败落、伤感

秋季是万物凋零之季，花谢叶落，在人们眼中这是一个名副其实的伤感季节，一切有生命力的东西都将消逝。在汉语成语中，这种情感也得到了很好的表现。如：

春露秋霜	春生秋杀	华屋秋墟	落叶知秋	秋风过耳	秋扇见捐
社燕秋鸿	望秋先零	春去秋来	秋风落叶	秋毫见捐	疾风扫秋叶
秋风扫落叶					

上述成语都是表示败落、伤感的成语，"春生秋杀"是指春天万物萌生，

秋天万物凋零，使用正反对比的手法来形容春秋两季的特征。"华屋秋墟"是指壮丽的建筑化为土丘，比喻兴亡盛衰的迅速，也是表达一种败落之感。"社燕秋鸿"源于燕子和大雁都是候鸟，但在同一季节里飞的方向不同，比喻刚见面又离别。这也是一种伤感的基调。

（二）"秋"指代时间长或久远

四季本来就是各指一段时间，但秋季在成语中还可以指代时间长或久远，如：

百岁千秋　独有千秋　多故之秋　多事之秋　各有千秋　千秋万代

千秋万岁　万古千秋　一日三秋　万代千秋　万岁千秋　万载千秋

千秋人物　千秋万古　千秋万世　遗臭千秋　一字千秋　有事之秋

上述成语中的"秋"与"千""万"等词搭配，形容时间久远或时间长。"遗臭千秋"是指人死后恶名流传，永远受人唾骂，说明事情流传的长期性。而"千秋人物"则是指名垂后世的人物，是对历史人物的赞扬，但是它们都具有一个共同特点，就是指时间久远。

第四节　汉语成语中的山川河流

山川、河流在中国文化中具有丰富的意蕴，这使得无数文人墨客钟情于山水之间。在中国古代，无论是诗人、词人还是散文家都把山水当作写景抒情的对象，"千山鸟飞绝，万径人踪灭""青山遮不住，毕竟东流去""天门中断楚江开，碧水东流至此回"等诗词都是措写山水的名篇。在汉语成语中，山川河流也有其特定的文化蕴含。

一、山

山在现代汉语中一般是指地面上由土、石形成的高耸的部分，象征着高大、巍峨的气势。在中国古代，山水是一些文人墨客喜欢逗留的地带，因此，山也常常作为一种意象进入到文学作品中。李白爱山，写出了"明月出天山，苍茫云海间""相看两不厌，只有敬亭山""两岸猿声啼不住，轻舟已过万重山"等千古名句；杜甫爱山，道出了"国破山河在，城春草木深""会当凌绝顶，一览众山小"的人生感悟；陶渊明爱山，表达了"采菊东篱下，悠然见南山"的悠然情怀。在汉语文化中，山可以与水一起作为风景，如"山水如画"；又可以从它的形象出发，把山当作屏障、靠山，如"靠山吃山，靠水吃水"；此外，山也用来形容数量的庞大，汉语用"书山有路勤为径"来表达知识浩如烟海。而成语中使用"山"的词语主要有以下几种文化含义：

（一）"山"是力量的象征

在现实生活中，山作为一种自然景物，人们对它的印象是：高大、巍峨、权威。而把这种认识应用到汉语成语中，含"山"字的部分成语就象征着力量，能与"山"相对抗的人或物一定具有超乎常人的力量。如：

拔地摇山　拔山超海　拔山盖世　拔山扛鼎　倒山倾海　覆海移山
回山倒海　举鼎拔山　力可拔山　排山倒海　山摇地动　移山倒海
愚公移山　拔山举鼎　荡海拔山　扛鼎拔山　海沸山裂　海沸山崩
海沸山摇　回山转海　移山拔海　移山填海　移山造海　众煦飘山
众煦山动　移山竭海　移山跨海　人心齐，泰山移

上述成语都是表示人或某种事物具有巨大的力量，能给人带来某种震撼。"拔地摇山"是一个十分形象的成语，把"山"和"地"当作对抗的对象，既显示了超人的勇气，也显示了巨大的力量。"移山填海"从成语表面的意思来看，这也是一项巨大的工程，需要超人的力量。

（二）"山"用来形容数量繁多

"山"首先给人的感觉是巨大、多石，所以山在人们眼中往往代表数量繁多，成语中"山"的此类用法也有很多，如：

漫山遍野　积土成山　人山人海　肉山脯林　连山排海　满山遍野
千山万壑　千山万山　崇山峻岭　重山复岭　重山复水　重山峻岭
堆积如山　堆山积海　积甲山齐　积土为山　累土至山　尸山血海
山积波委　漫山塞野

上面的例子中，"积土成山"意思是累土可以堆成山，比喻积少成多，

"山"在这里是指多的意思。"人山人海"是指人群如山似海，形容人聚集得非常多，"山"用来形容人群数量多、密集。"山积波委"是指堆积如山高，如波涛重叠，也是形容数量极多的意思。"积甲齐山"是指兵甲堆叠如山，极言其多。

（三）"山"喻指屏障、靠山

在汉语成语中，"山"由于其高大、威武的原因，通常又被人当作是屏障、靠山，让人有安全、敬畏之感，如：

背山起楼　表里山河　冰山难靠　被山靠河　泰山磐石　铁壁铜山

银山铁壁　枕山臂江　枕山负海　阻山带河　铁桶江山

靠山吃山，靠水吃水

上述成语中，"山"都是屏障、依靠的意思，"背山起楼""枕山负海""阻山带河"等成语都是把山当作依靠。而"表里山河"意思是外有大河，内有高山，指有山河天险作为屏障，其中山、河都是屏障的意思。"山"具有屏障、依靠的意思是由其自身的特点决定的，但却具有形象性、针对性。

二、河流

"从历史上看，江河是人类早期文明的源头，水又被称作'生命之源'，中国人称黄河是'母亲河'"。可见汉民族对河流的情感是丰富的。在中国，河流的称谓很多，江、河、川、水都可以称为河流，它们常常也作为文学意象在许多文学作品中出现。这类词语出现在文学作品中都有其独特的文化含义。同样，在汉语成语中，此类词语的应用也具有其文化蕴含。

（一）"江""河""川""水"指代障碍，比喻困难

在中国古代，统治者是十分看重河流的，一方面，河流具有军事防御作用，在两国交战中具有战略地位；另一方面，河流在农业生产方面至关重要，农业灌溉主要来自河流。所以，中国古代的城市都依水而建，统治者一般都很看重这两个方面的因素。在汉语成语中，河流类的词语也有这方面的应用，一般指障碍，也用来比喻遇到的困难。"江""河""川""水"四个全都有这方面的用法，下面选取了一部分成语来说明，如：

暴虎冯河	楚河汉界	过河拆桥	过河卒子	济河焚舟	泥船渡河
担雪填河	邈若河山	山河表里	一虎不河	过河之鲫	翻江搅海
跋履山川	跋山涉川	跋涉山川	口壅若川	跋山涉水	抽刀断水
逆水行舟	千山万水	穷山恶水	水火之中	餐风宿水	登山涉水
如蹈水火	遇水叠桥	三兽渡河	兵来将挡，水来土掩
不到黄河心不死

在上面的成语中，有些是用"江""河""川""水"单独表示障碍、困难，如"暴虎冯河""楚河汉界""过河卒子""一虎不河"等成语，有些是与"山""火"连用来表示困难，如"水火之中""如蹈水火""跋山涉水"。在这种成语中，一般会在障碍物前面加上一个动作词，用以表现要跨越障碍的艰巨性、困难度，"过""跋""涉""蹈""渡"都是这类动词的代表。

（二）"江"特指长江，"河"特指黄河

在河流类词语中，"江""河"这两个词语一般具有特指的意义，在现代汉语和古代汉语中，它们的用法有差别。在古代汉语中，"江"一般特指长江，"河"一般特指黄河，语言发展到现代后，"江""河"的词汇意义范围扩大了，可以泛指任何河流。但是，在汉语成语中，"江""河"保留了这种古代汉语中的用法，因为部分成语源出古代典籍，所以它们的意义还是没有发生改变，依旧是特指的用法，如：

长江天堑	大江东去	大江南北	江东父老	河汉江淮	文江学海
饮马长江	海晏河清	河清海晏	河清难俟	河山带砺	黄河水清
砺山带河	带砺河山	负石赴河	河清人寿	河清云庆	河不出图
河汾门下	河清海竭	砺带河山	鱼烂河决

上述成语中，"江"是特指长江，"长江天堑"是指长江为天然的坑堑、险要，旧时形容长江地势险要，不可逾越。"大江东去"是指长江的水往东奔流而去，后借用为词牌名，多表示陈迹消逝，历史向前发展，这是出自宋代著名词人苏东坡《赤壁怀古》："大江东去，浪淘尽，千古风流人物"。"饮马长江"意思是在长江边给战马喝水，指渡江南下进行征伐。而"河"是特指黄河，"鱼烂河决"是指鱼肉腐烂，黄河溃决，比喻因自身原因溃败灭亡而不

可挽救，这在《史记·秦始皇本纪》中有记载："河决不可复壅，鱼烂不可复全。""负石赴河"是指背着石头跳进黄河，比喻人以死明志，这也是一个典故。以上的成语中，"江""河"都是特指，所以，在学习成语的过程中，一定要了解成语的来源，清楚成语中包含的小故事。

"成语是一个特殊的词汇群体，它的特殊性，不仅因为它是相沿习用的具有书面色彩的一般是四字格的固定短语，而且还因为它是语言文化的精华，是语言文化的活化石和全息块。同一般的词汇相比，它同文化关系更为密切，其中的文化蕴含也更加典型、更加系统、更加丰富。"① 日月星等天体类词语、风雨雷电等气象类词语、春和秋等季节类词语以及山川河流，虽然都是使用频率很高、我们非常熟悉的词汇，但是它们一旦进入到汉语成语，就并不像一般词汇那样简单，我们必须联系汉民族的历史和文化等因素，结合词汇本身的意义和特点做出正确的理解。

---

① 莫彭龄. 试论成语的文化研究［J］. 扬州大学学报（人文社会科学版），2000（3）

中　篇

着眼成语语义的文化观照

第五章
汉语成语传输的中华民族思维

"成语是语言的精华，也是文化的精华。因此，它集中地、典型地反映了该民族文化的特征。"① 在内容上，成语所选用的素材和民族的历史以及风俗习惯是息息相关的；在形式上，成语所使用的表现手段和结构方式也都浸透着民族语言的特征。所以汉语成语作为汉语中一种重要的固定词组，作为语言中的"活化石"，不可避免地要在一定程度上反映汉民族独特的思维方式。

第一节　汉语成语与汉民族的取象思维

"取象思维是以具体事物为载体，靠想象去推知抽象事理的直接推论的逻辑方式。它是原始先民认识外部世界、把握自然规律以服务于自身生活和生产活动的开始，是一种独具中国特色思维方式。"② 由《周易·系辞上》"仰则观于天文，俯以察于地理，是故知幽明之故"一句浓缩而成的"仰观俯察"

---

① 莫彭龄.汉语成语与汉文化［M］.南京：江苏教育出版社，2001
② 宁佐权.《周易》成语与中华民族思维方式［N］.人民日报，2010-07-16（7）

这条成语，正是这种思维方式的具体概括。用取象思维方式构成的汉语成语非常多，这类成语所取之"象"与其所表达的事物之间，或形象相似，或情境相关，通过比喻和象征的方式，从而激起不同的联想。

（一）比喻式

比喻作为一种艺术表现手法，关键是它的喻体和本体要有相同的契合点。比喻式意象用实在的物象喻指精深复杂的情感，情景交融，生动直观而又不拘泥于原有的物象。例如：

"枯杨生稊"语出《周易·大过》九二爻辞："枯杨生稊，老夫得女妻，无不利。"该爻辞将自然界的枯老的杨树生长出嫩芽与人间的老夫娶少妻联系起来，取其相似点，进行想象，然后比附推论出"无不利"的结论，意在告诉求卦者，所占问之事将大吉大利。后来就形成"枯杨生稊"这条成语，用以比喻老夫娶少妻或老年得子。

"口蜜腹剑"据《资治通鉴·唐纪三十一》记载："李林甫为相，凡才望功业出己右及为上所厚而势位逼己者，必百计去之。其人尤忌文学之士。或阳与之善，啖以甘言，而阴陷之。世谓李林甫'口有蜜，腹有剑'。"后来就形成了"口蜜腹剑"这条成语，用以比喻嘴甜心毒。该成语"把'口中含甜蜜哄骗人'与'腹内藏利剑伤害人'两件截然对立的事物并提，形成口与腹、明与暗、外与内的强烈反衬与对比，用比喻突出了李林甫式坏人的险恶狠毒，从而强化了成语的贬义色彩"。①

"竭泽而渔"语出《吕氏春秋·卷十四·义赏》："竭泽而渔，岂不获得？而明年无鱼。"该成语比喻取之不留余地，只图眼前利益，不做长远打算，将导致"明年无鱼"的严重后果。

通过比喻式意象来表达意义的成语还有很多，如："归心似箭""空中楼阁""星罗棋布""枯木逢春""惊弓之鸟""画龙点睛""杀鸡取卵""两袖清风""落花流水""疾风劲草""立竿见影""白驹过隙""如虎添翼""心急如焚""解铃系铃""风声鹤唳""门可罗雀"等等。

---

① 唐莉莉. 汉语成语的文化观照 [D]. 曲阜：曲阜师范大学，2003

（二）象征式

象征是一种语言手段，也是一种思维方式。"所谓象征式取象思维，是指用具体事物或直观表象表示某种抽象概念、思想感情或意境的思维方式。"①在汉语成语中，以下几种类型的象征式意象是经常见到的：

1. 动物类象征式意象

在汉语成语中，"取材于动物的成语数目十分庞大。有些动物形象及其象征性内涵，是汉文化中独有的"②。例如：

"龙"是汉民族十分敬重崇拜的神兽，也是汉民族的图腾。一直以来，我们中华民族都称自己是龙的传人，并引以为豪。传说中，龙神通广大，能腾云驾雾，布云施雨，降甘霖于大地，施福泽于百姓。可以说，"龙"是祥瑞、皇权、神圣、威猛的象征。汉语成语中含有"龙"的成语有不少，如"龙腾虎跃""龙马精神""龙飞凤舞""龙盘虎踞""龙章凤姿""龙德在田"，等等，均具有这类象征意义。

在汉文化中，凤也是汉民族所构想出来的神鸟，凤是鸟中最美丽最高贵的，相传凤为"百鸟之王"，人们多以"凤凰来仪"为祥瑞之兆，所以称凤为"仪禽"。相对应于龙以其神圣、勇猛、刚强、善良等特点深受人们的尊敬崇拜，还成为帝王的自称，成为皇权的象征；凤则以其高贵、美丽、优雅成为帝后的象征。在汉语成语中，常常将"龙""凤"并举，如"龙凤呈祥""龙飞凤舞""龙跃凤鸣""龙驹凤雏""龙章凤姿""伏龙凤雏""龙眉凤目""龙盘凤舞"，等等，龙、凤也就成为一对象征高贵的神物。

在动物界中，有一些动物如龟和鹤是十分长寿的，人们在了解了这些动物的生命特性之后，往往将其与人类自身渴望长寿的心理结合起来，并逐渐地将龟、鹤这两种动物的生物特性升华成为一种文化心理，使它们成为寿文化的重要象征。喻示长寿的成语有不少就是将龟、鹤并举，如"龟鹤遐寿""龟龄鹤算""龟年鹤寿""龟鹤延年""龟鹤遐龄"，等等，都是形容或比喻

---

① 唐莉莉. 汉语成语的文化观照 ［D］. 曲阜：曲阜师范大学，2003

② 李大农. 成语与中国文化 ［J］. 南开学报，1994（06）

人长寿的，而且常常被用作吉祥的祝寿之辞。龟、鹤这两种长寿动物也就成为中华民族长寿文化中独具特色的组成部分。

2. 植物类象征式意象

在汉语成语中，以植物作为象征式意象的也不少，其中最著名的莫过于"兰花"。兰，多年生草本植物，叶子丛生修长，春季开花，花色素雅，香气清纯，给人以清新脱俗之感。《孔子家语·在厄》云："芝兰生于深林，不以无人而不芳；君子修道立德，不为穷困而改节。""空谷幽兰""芳兰竟体""蕙心兰质""芝兰玉树""兰桂齐芳""兰摧玉折""兰艾不分""兰艾同焚"等成语，均是以兰花喻人，或用"兰"象征人具有良好的修养而气质不俗，或用"兰"象征优秀子弟，或用"兰"的遭遇象征贤能或纯美的人物的被埋没、被摧残。

松柏一年四季常青，树龄可长达千年，在汉民族的精神文化中常常是作为长寿的象征。汉语成语中就有很多是含有这些植物，并喻人长寿的，例如，"松鹤延年""松龄鹤寿""松鹤长春""松柏之寿""松柏之茂""松乔之寿"等成语，人们将自己对生命永恒的期盼寄托在松柏身上了。万物依四季变迁而历经荣枯变化，但是松柏傲霜斗雪，坚毅不屈，却始终不改其苍劲挺拔。人们从松柏的特质中发现了相对应的人的理想品格，将松柏看作高洁的人格和品性的象征。"松柏之志""松风水月""松筠之节""松贞劲柏""松贞玉刚"等成语，就是对这种理想品格的赞颂。

竹子由于具有高耸挺拔，质地坚硬，中空有节等品性，容易使人联想到谦逊好学的品质，以及虚心自持、坚守节操的崇高品格，所以在汉民族的精神文化中，很早就被人们作为一种人格精神的象征加以推崇，成语"高风亮节"就是对这种人格精神的肯定和赞美。

3. 自然现象类象征式意象

在汉语成语中，以自然现象作为象征式意象的也特别多。我们以"风""雨""风雨""云雨"等词为例来加以说明。

春风送暖、春风化雨带来的都是较好的自然天气，所以人们对它有所偏爱。"中国人比较喜爱东风，因而古代诗人也常常用其来形容生机盎然的春天。"① 在汉语成语中，有一部分成语中的"风"就是指春风，用来形容春天，象征美好的事物。如："春风风人""春风化雨""春风雨露""桃李春风""东风浩荡""春风夏雨""如坐春风""春风得意"等。

在汉语成语中，也用"雨"象征珍贵或美好的东西。在中国古代农业社会，雨水对于农业生产至关重要，所以，在人们看来，"雨"是珍贵而美好的东西。部分汉语成语中"雨"的运用也体现了人们"爱雨"这一传统观念，如"春风雨露""东风化雨""沛雨甘霖""春风化雨""雨露之恩""风调雨顺""春风夏雨""春雨如油""枯苗望雨"等等。

在汉语成语中，还用"风雨"象征恶劣的环境和所经历的挫折。这种用法的成语常常是"风""雨"对举或连用。例如"风雨不测""风雨不改""风雨交加""风雨飘摇""风雨凄凄""风雨如晦""风雨如磐""凄风苦雨""腥风血雨""饱经风雨"等等。

在汉语成语中，"云"和"雨"同现的成语还有一个比较隐晦的意义，即象征男女欢合。成语"巫山云雨"就是这个意义的典型代表。"巫山云雨"本是长江三峡自然景观。"巫山云雨"成为一个成语，并以此代称男女欢合，源于春秋战国时期的《高唐赋》："妾在巫山之阳，高丘之阻。旦为朝云，暮为行雨，朝朝暮暮，阳台之下。""此后，'云雨'一词也越来越多地见于各种诗文辞赋，久而久之，'云雨'的文化象征意义渐渐地被人们所接受。人们认为用'云雨'一词形容男欢女爱既生动形象，又文雅贴切。"② 汉语中有许多"云""雨"同现的成语，均与男女幽会、情爱等意义相关，如"携云握雨""云期雨信""雨约云期""云朝雨暮""云情雨意""云尤雨殢""雨沾云惹""雨踪云迹""雨歇云收"等。

---

① 曾微. 英汉自然现象词汇的文化比较 [J]. 广西大学学报（哲学社会科学版），2006（10）

② 陈壹. 何谓云雨？[EB/OL]. http://blog.sina.com，2009-03-12/2016-04-21

第二节　汉语成语与汉民族的辩证思维

中国也具有非常悠久的辩证思维传统，而《周易》应该是其最初的源头。"《易经》试图用两个具有对立性质的原理以及它们之间的排列组合来概括自然界和人类社会的种种现象，这是以理性思维方式掌握世界的开始，其中就包含着许多朴素的辩证思维因素。《易传》则把潜藏于《易经》中朴素的辩证思维因素揭示出来，孕育成了汉民族辩证逻辑的雏形。"①《周易》中有许多成语蕴含着这种辩证思维的方式，体现了我们民族的高超智慧。例如"否极泰来""日中则昃，月满则亏""无平不陂，无往不复""居安思危"等成语，把"否"和"泰"、"满"和"亏"、"平"和"陂"、"往"和"复"、"安"和"危"等互相对立的概念联系起来，指出了对立面的互相转化，这是从自然变迁和人类生活中总结出来的哲理智慧。《周易》中蕴含着这种辩证思维方式的成语还有不少，如"拔茅连茹""防患未然""革故鼎新""穷则思变""周而复始""触类旁通""数往知来""履霜之戒"等成语，或从事物发展的趋势，或从事物发展变化的形态，或从事物数量变化的状态，体现了事物相互联系、相互依存、既对立又统一的辩证思维方式。②

正是因为《周易》"所蕴含的思维模式构成了中国传统文化价值取向的内核，并逐渐渗透到民众的深层意识层面，由自觉的思维活动变成不自觉的思维惯性，成为在社会实践和日常生活中对整个中华民族都普遍起作用的思维定式"③，影响所及，后世辩证思维方式构成的成语也就特别丰富。例如：

"自相矛盾"出自《韩非子·难一》，说的是古时候一个卖长矛和盾牌的人。他常自夸说自己的矛能够刺穿任何坚固的东西，自己的盾牌能够抵挡所有锋利的利器。结果有人问他："拿你的矛去刺你的盾，那将怎么样呢？"根

---

① 宁佐权.《周易》成语与中华民族思维方式 [N]. 人民日报，2010-07-16（7）
② 宁佐权.《周易》成语与中华民族思维方式 [N]. 人民日报，2010-07-16（7）
③ 王月清，管国兴. 影响中国文化的十大经典 [M]. 南京：江苏人民出版社，2008

据这个故事，人们引申出"自相矛盾"这个成语，比喻一个人说话、办事前后抵触。体现的是任何事物都是相互联系、相互依存、既对立又统一的辩证关系。

"欲速则不达"这个成语，出自《论语·子路》篇，是从子夏向老师孔子问政的故事中而来，它告诉人们要想到达目的地或者获取成功，就不能操之过急，过于求快、求速，结果反而达不到目的。这条成语表现的就是一种快与慢既对立又统一的辩证思维。

"不入虎穴，焉得虎子"出自《后汉书·班超传》，是用来说明如果做事不下决心，不敢冒风险，就不能取得大的成果。也用来比喻不经过艰苦的实践，就不能取得真知。这说明风险与收益是并存的，要达到目的，必须承担与之相应的风险与困难。这表现的是风险与收益既对立又统一的辩证关系。

"一则以喜，一则以忧"出自《论语·里仁》，里面说到"父母之年，不可知也。一则以喜，一则以忧"。朱熹注："常知父母之年，则既喜其寿，又惧其衰。"说的是知道了父母的年龄，既因为父母的高寿而高兴，又因为父母的衰老而忧虑。这就体现了喜与忧也是一对矛盾的统一体。

"失之东隅，收之桑榆"这个成语，出自《后汉书·冯异传》，说的是汉光武帝刘秀对于派去镇压起义军的冯异的评语："始虽垂翅回谿，终能奋翼渑池。可谓失之东隅，收之桑榆。"这个成语是当时人们用来比喻在这里失败了，在那里却得到了胜利。体现了失败与成功相互转化的辩证关系。

"唇亡齿寒"出自《左传·僖公五年》。春秋前期的时候，晋国想灭掉虢国，但到虢国去必须要经过虞国。晋国只好派遣使者向虞国借道。虞国大夫宫之奇听说了极力反对，他对虞公说："虢国和虞国是相互依存的近邻，如果虢国灭亡了，虞国也难以自保。虢国和虞国的关系就像'辅车相依，唇亡齿寒'。"但虞公不听，借道与晋，最后晋国消灭了虢国，又顺道消灭了虞国。后来用来比喻两者之间关系密切，相互依存，生死与共。这个成语体现了邻国之间相互依存的辩证关系。

"居安思危"来源于《周易·系辞下》"是故君子安而不忘危，存而不忘亡，治而不忘乱，是以身安而国家可保也"一语，意思是告诉人们处在安逸之中，要经常考虑可能出现的危难，说明安逸与危难是互为存在的辩证关系。

语本《左传·昭公四年》"邻国之难，不可虞也。或多难以固其国，启其疆土；或无难以丧其国，失其守宇"的"多难兴邦"这条成语，意思是国家多灾多难，在一定条件下可以激励人民奋发图强，使国家强盛起来。它表现的则是"国之难"与"国之兴"这对矛盾相互转化的辩证关系。

第三节　汉语成语与汉民族的中和思维

中华民族具有非常悠久的中和思维传统。"所谓中和思维，是指观察、分析和处理问题时注重事物发展过程中各种矛盾关系的和谐、协调、平衡，不偏执、不过激的思维方式。"① 汉语中的许多成语就蕴含着中和思维的方式，"体现了我们民族对和谐、协调、平衡的向往与维护"②。例如由《周易·系辞上》"圣人设卦观象，系辞焉而明吉凶，刚柔相推而生变化"形成的成语"刚柔相济"，意思是刚强的与柔和的事物互相调剂补充，使之恰到好处。由《周易·谦》"君子以裒多益寡，称物平施"一语形成了"裒多益寡"和"称物平施"两条成语，前者的意思是从多的一方取出一部分，加之于少的一方；后者的意思是称一称东西的轻重，平均分配于人。

具有这种思维方式的汉语成语还有很多，其中最具特色的是运用"不 A 不 B"格式，"A"与"B"指一组相对立的两事物，这种格式表示既不 A，又不 B。例如：

不丰不杀　不疾不徐　不亢不卑　不即不离　不阴不阳

"不丰不杀"原指不奢侈，也不节省，后比喻不增不减。"不疾不徐"指处事能掌握适度的节律，不太快或太慢。"不亢不卑"亦作"不卑不亢"，指既不高傲，也不自卑。"不即不离"本是佛教用语，后用来指对人的关系或态

① 宁佐权.《周易》成语与中华民族思维方式 [N]. 人民日报，2010-07-16（7）
② 宁佐权.《周易》成语与中华民族思维方式 [N]. 人民日报，2010-07-16（7）

度既不亲近，也不疏远。"不阴不阳"比喻态度不明朗，模棱两可。这类汉语成语表示不偏向于 A 与 B 这相对立的两事物的任何一端，而取其中间状态来维持平衡。这种以汉语成语的书面语形式表达中华民族传统文化的中庸之道的模式，完美地运用了中华民族的中和思维方式。

在汉语成语中，最为突出地体现中华民族中和思维方式的要算"九五之尊"这一条。由《周易·乾》"九五，飞龙在天，利见大人"一语形成的成语"九五之尊"（亦作"九五之位"），指的是帝王的尊位。其中的"九五"是卦爻位名："九"是阳数的最高位，"五"是阳数的最中位。"九五之位"虽高，但居中，是典型的中正之位，故为"尊"。《易经》作者认为，得此位者，能"与天地合其德，与日月合其明，与四时合其序，与鬼神合其吉凶"。可见这条成语非常突出地反映了中华民族对"刚健得中、不偏不倚"的和谐境界的追求。

另外，有不少包含数词的汉语成语，也很好地折射出中华民族崇尚和谐、协调和平衡。"由于汉民族在古代对语言灵物的崇拜，同样引起对数词的灵物崇拜，认为有些数词能给人们带来幸福和财富，有些数词则会给人们带来灾难和不幸，因此，数词便有吉凶褒贬的神秘意义色彩。""古人把十以内的数分成两大数列。认为奇数一、三、五、七、九为阳，具有为天、为刚、为夫的象征意义；偶数二、四、六、八、十为阴，具有为地、为柔、为妻的象征意义。"① "按照阳尊阴卑的观念，在成语中则体现出大多数奇数在前，偶数在后。"② 例如："低三下四""五光十色""九牛二虎""五花八门""七零八落""七拼八凑""五湖四海""七情六欲""五颜六色""七手八脚"等等。这类含数词的汉语成语于形式上运用了奇数与偶数相结合的模式，如"低三下四"中的"三"和"四"是阳数和阴数相结合，"九牛二虎"中的"九"和"二"是阳数和阴数相结合，"五光十色"中的"五"和"十"也是阳数和阴数相结合，折射出古人对宇宙万物阴阳协调的平衡状态的认可。

---

① 丁秀菊. 数词成语的文化阐释 [J]. 齐鲁学刊，2003（09）
② 孙志伟. 中国传统文化中的"尊卑"思想与并列式成语的语义构词原则 [J]. 连云港师范高等专科学校学报，2005（03）

第四节 汉语成语与汉民族的人本思维

人本思维是指"在观察世界万物及其关系时，始终以人类的需要为出发点和落脚点"①，在认知上把一切"人化"，以人自身的感受来体会宇宙万物的思维方式。这种思维方式同样发端于《周易》。"《易经》卦画系统的创立及其推演始终体现着对人类自身的关注。六十四卦的绝大多数卦辞直接说明着人类社会的生产、生活和政治活动，都体现着人本立场，表现着对人事凶吉的看重。"②受人本思维的影响，许多汉语成语均是借自然界动植物的活动，来演绎人类的社会生活。例如：

汉语成语"螳螂捕蝉，黄雀在后"语本《庄子·山木》："睹一蝉，方得美荫而忘其身，螳螂执翳而搏之，见得而忘其形；异鹊从而利之，见利而忘其真。"刘向《说苑·正谏》亦有类似之语："园中有树，其上有蝉，蝉高居悲鸣、饮露，不知螳螂在其后也；螳螂委身曲附，欲取蝉，不知黄雀在其旁也；黄雀延颈，欲啄螳螂，而不知弹丸在其下也。此三者皆务欲得其前利，而不顾其后之有患也。""螳螂捕蝉，黄雀在后"这条成语，就是借动物世界里各类生物之间为生存而斗智斗勇的计谋策略来表现人类社会处世为人之道，实际上也是以人的角色代替故事中"螳螂""蝉"和"黄雀"的角色，它表现的也是人在考虑问题、处理事情时，要深思熟虑，不能只顾追求眼前的利益，而不顾身后隐藏的祸患。

汉语成语"鹬蚌相争，渔翁得利"也是如此。《战国策·燕策二》：（赵且伐燕，苏代为燕谓惠王曰）"今者臣来，过易水，蚌方出曝，而鹬啄其肉，蚌合而拑其喙。鹬曰：'今日不雨，明日不雨，即有死蚌。'蚌亦谓鹬曰：'今

---

① 冯立鳌. 思辨之宗，大道之源——《易经》的思维智慧 [N]. 光明日报，2014-05-24（10）
② 冯立鳌. 思辨之宗，大道之源——《易经》的思维智慧 [N]. 光明日报，2014-05-24（10）

日不出，明日不出，即有死鹬。'两者不肯相舍，渔者得而并擒之。今赵且伐燕，燕、赵久相攻，以敝大众，臣恐强秦之为渔父也。故愿王之熟计之也。"这则成语以生动有趣的故事情节来模拟人类因双方相持不下结果两败俱伤却让第三者得利的场景，这便是以"人"的思想来揣摩物的思想，以人的规律来取代物的规律。

此外，像"覆巢毁卵""撼树蚍蜉""鹦鹉学舌""黔驴技穷"等成语，无一不是借物喻人，用自然界动植物的活动，来演绎人类的社会生活，体现着对人类自身的关注。

语言是民族文化的"镜子"。汉语成语是中华民族博大精深文化的沉淀和结晶，折射出了取象思维、辩证思维、中和思维和人本思维等独具中华民族特色的思维方式。研究汉语成语传输的中华民族思维方式，无论是对于更深刻地认识和掌握相关的汉语成语，还是更好地认识和传承中华传统文化，都将起到积极的推动作用。

第六章
汉语成语蕴含的中华民族精神

"民族精神是一个民族赖以生存和发展的精神支撑。一个民族，没有振奋的精神和高尚的品格，不可能自立于世界民族之林。在五千多年的发展中，中华民族形成了以爱国主义为核心的团结统一、爱好和平、勤劳勇敢、自强不息的伟大民族精神。"① 汉语成语作为中华文化的重要组成部分，保存了大量中国古代社会的人文信息，蕴含着极其丰富的中华民族精神。

第一节　汉语成语与中华民族爱国主义的民族情怀

爱国主义是指一个国家的人民在千百年来的社会实践中形成的一种对祖国的最深厚感情。笔者根据《中国成语大辞典》等成语工具书做了一个粗略统计，表现爱国主义的汉语成语应在 200 条之上。这些成语，有的表现治国强国之策，有的表现忧国忧民之情，有的表现救国报国之行。

---

① 选自十六大报告。

一、表现治国强国之策

汉语成语真实记录了中华民族历史上有作为的帝王将相、文武百官"安邦治国""扶危定倾""富国强兵"的治国强国之策，其中有不少足以垂范后世的感人事迹，是我们今天进行爱国主义教育的生动教材。"生聚教训""卧薪尝胆"这两条成语讲的是越王勾践的故事。公元前496年，吴王阖闾派兵攻打越国，但被越国击败，阖闾也伤重身亡。两年后阖闾的儿子夫差率兵击败越国，越王勾践被押送到吴国做奴隶，勾践忍辱负重伺候吴王三年后，夫差才对他消除戒心并把他送回越国。其实勾践并没有放弃复仇之心，他表面上对吴王服从，暗中却在国内鼓励生殖人口、训练精兵，强政励治并等待时机反击。勾践害怕自己贪图眼前的安逸，消磨报仇雪耻的意志，就为自己安排艰苦的生活环境。晚上睡觉不用褥，只铺些柴草（古时叫薪），又在屋里挂了一只苦胆，不时尝尝苦胆的味道，为的就是不忘过去的耻辱。勾践还带领王后与人民一起参加生产劳动，在越人同心协力之下越国迅速强大起来，最后勾践找到时机，灭了吴国。后来就用"生聚教训"表示失败后刻苦积蓄力量的富国强兵之道；用"卧薪尝胆"比喻刻苦自励，奋发图强。

汉语中表现治国强国之策的成语还有"立国安邦""济世匡时""禁暴诛乱""济世安民""富国强兵""励精图治""强本节用""治国安民""拨乱兴治"等等。这些成语大多通俗易懂，主要是肯定、赞扬历史上帝王将相和文武百官在治国强国方面的作为。对于那些不关心国家前途命运的行为，汉民族历来是持否定和批判态度的，这在成语中也有所表现。如"怀宝迷邦"就是批判怀才秉德却让国家迷乱的行为。

二、表现忧国忧民之情

如果说，治国强国之策主要反映历史上帝王将相和文武百官的作为的话；那么，忧国忧民之情所反映的主体则更为宽泛。宋代诗人陆游说过："位卑未敢忘忧国。"汉语成语真实记录了中华民族历史上面对内忧外患时，上至帝王将相、下到黎民百姓在内的众多人物"忧国忧民""黎不恤纬"的爱国情怀。

　　"忧国忧民"作为一条成语，语出范仲淹《谢转礼部侍郎表》："进则尽忧国忧民之诚，退则处乐天乐道之分。"意谓忧虑国家前途和人民疾苦。后来就用这条成语来表示担忧国家和人民的前途、命运。范仲淹是中国历史上一位很有作为也很有影响的宰相，他的"忧国忧民"之情在其爱国主义名篇《岳阳楼记》中也得到了很好的诠释："居庙堂之高，则忧其民；处江湖之远，则忧其君。是进亦忧，退亦忧。然则何时而乐耶？其必曰：'先天下之忧而忧，后天下之乐而乐'乎！"

　　"忧国忧民"记录的是一位宰相之忧，这条成语借助于范仲淹的显著地位、高尚人格以及他的千古名篇《岳阳楼记》而众所周知。相比之下，语出《左传·昭公二十四年》的"嫠不恤纬"却没有什么知名度，常人一般也很少提及。其中的"嫠"指的是寡妇。该成语意谓寡妇不怕纬纱少织不成布，只怕亡国，比喻忧国忘家。织布的寡妇代表的自然是社会的弱势群体，这种弱势群体的忧国忘家当然也就显得更加感人至深，其教育意义更是不可低估。

　　在汉语中表现忧国忧民的爱国情怀的成语还有不少。例如"忧国忘家""忧公忘私""忧国哀民""忧国恤民""忧国如家"等等。

三、表现救国报国之行

　　救国报国之行是指在国家、民族面临危机的时刻，民族的英雄豪杰、志士仁人勇于承担起历史的责任，甚至不惜牺牲个人的一切来救亡图存的爱国行为。"中华民族过去每一次遭受磨难之日，往往就是爱国主义主旋律高扬之时。"[①] 明末清初著名思想家、学者顾炎武指出："天下兴亡，匹夫有责。"古往今来，在爱国主义旗帜下，多少英雄豪杰坚贞不屈、前赴后继；无数志士仁人头枕青山、血洒疆场。汉语成语真实记录了中华民族历史上上至帝王将相、下到黎民百姓的中华优秀儿女在国难当头之时"尽瘁事国""禁暴诛乱""救民水火""抗御外辱""以身殉国"的伟大壮举。这类成语，几乎每一条

---

　　① 宁佐权. 在班级管理中培育大学生的民族精神 [J]. 邵阳学院学报（社会科学版），2008-12-20

都连接着一个感人肺腑的爱国故事。

据《左传·庄公三十年》记载：公元前 664 年，楚成王在平息一起宫廷内乱中，任用子文为令尹。子文为解决财政困难，拿出自己的家产，"自毁其家，以纾楚国之难"。这就是"毁家纾难"（亦作"毁家纾国"）这条成语的来历。像这种用以表现"牺牲家庭利益以解救国家危难"的成语还有"输财助边"（亦作"助边输财"）、"破家为国"等等。

"鞠躬尽瘁，死而后已"记录的是三国时期伟大的政治家和军事家诸葛亮对于自己国家蜀国的忠诚。诸葛亮先是辅佐汉主刘备，刘备死后又辅佐后主刘禅，励精图治，尽瘁效国，为蜀国立下了不朽功勋，被后人传为佳话。"鞠躬尽瘁，死而后已"是诸葛亮在最后一次北伐前夕写给后主刘禅的《后出师表》中所表达的一种情怀。这种对国家事业无限忠诚的情怀，使诸葛亮美名传千古，成为后世爱国主义的楷模。

"精忠报国"记录的则是南宋著名军事家岳飞及其母亲姚氏的爱国事迹。1126 年金兵大举入侵中原，岳飞率部迎击。临走时，其母姚氏在他背上刺了"精忠报国"四个大字，这成为岳飞终生遵奉的信条。后来岳飞虽然因"莫须有"的罪名含冤死在投降派的屠刀下，但他"精忠报国"的业绩是不可磨灭的。

汉语中还有一些成语本身虽然不是直接表现爱国主义的，但其产生的过程却与救国报国密切相连，"负荆请罪"当属此类。这条成语的意思是"背上荆条请对方责罚"，表示向人认错赔罪。它的来源却连接着一个非常感人的爱国主义故事。《史记·廉颇蔺相如列传》载：赵国大将廉颇与上卿蔺相如不和，蔺相如为了国家利益处处退让。"相如曰：'夫以秦王之威，而相如廷叱之，辱其群臣。相如虽驽，独畏廉将军哉？顾吾念之，强秦之所以不敢加兵于赵者，徒以吾两人在也。今两虎共斗，其势不俱生。吾所以为此者，以先国家之急而后私仇也。'廉颇闻之，肉袒负荆，因宾客至蔺相如门谢罪，曰：'鄙贱之人，不知将军宽之至此也！'卒相与欢，为刎颈之交。"

汉语中表现救国报国之行的成语，就数量来说也是最为丰富的。"临危效命""护国佑民""以身殉国""赤心报国""捐躯殒首""枕戈待旦""枕戈泣血""投笔请缨""碧血丹心"等成语均是表现这方面内容的。

需要指出的是，在我国古代，爱国往往是与忠于国君、心向朝廷联系在一起的，这在成语中也有着清晰的反映。例如"心在魏阙"中的"魏阙"指古代天子及诸侯宫门外筑有巍峨高耸的楼观，其下两旁颁布法令，因而为朝廷的代称。意思是指臣民忠君，关心国事。"乃心王室"中的"乃"指你，"王室"指朝廷，整个意思也是指忠君爱国。而另一条成语"忠君爱国"则把"忠君"与"爱国"直接并举了。

综上所述，汉语成语作为中华文化的载体，确实蕴含着非常丰富的爱国主义思想因素。它清楚地表明：爱国主义已经流淌在我们民族的血液之中，已经成为我们民族最可宝贵的性格。在新的历史条件下建设社会主义核心价值体系，弘扬和培育爱国精神，我们应当充分利用好汉语成语这个载体。

第二节　汉语成语与中华民族团结统一的价值取向

团结统一是指一个民族为了实现共同的理想和目标，凝聚全民族的意志、智慧和力量，同心同德、维护统一的互助合作精神。以爱国主义的民族情怀为基础，中华民族一向对团结统一有着深刻的认识，自古就有"和则一，一则多力，多力则强，强则胜物"（《荀子·王制篇》）和"天时不如地利，地利不如人和"（《孟子·公孙丑下》）的思想，"认为只要内部和谐团结，上下齐心合力，力量就会增大，就能无往而不胜。"① 这在汉语成语中主要表现为团结一致的价值准则和维护统一的整体观念。

一、汉语成语与团结一致的价值准则

中华民族在长期的实践过程中，形成了团结一致的价值准则。这在汉语

---

① 宁佐权. 在班级管理中培育大学生的民族精神 [J]. 邵阳学院学报（社会科学版），2008-12-20

成语中有着突出的表现。

"万众一心"语本《后汉书·朱㑺传》："万人一心，犹不可当，况十万乎！"意思是千万人一条心。形容团结一致。

"同心断金"语出《周易·系辞上》："二人同心，其利断金。"后以"同心断金"形容齐心力量大。

"成城断金"语出《国语·周语下》："故谚曰：'众心成城，众口铄金。'"成城，团结得像城堡一样坚固；断金，力量大得能折断金属。指万众一心，力量无比强大。

"众心成城"语出《国语·周语下》："众心成城，众口铄金。"韦昭注："众心所好，莫之能败，其固如城也。"谓万众一心，如坚固城堡。比喻众人团结一致，力量无比强大。

"和衷共济"语本《国语·鲁语下》："夫若鲍不材于人；共济而已。"又《尚书·皋陶谟》："同寅协恭和衷哉。"衷：内心；济：渡。大家一条心，共同渡过江河。比喻同心协力，克服困难。

"同心协力"语出汉·贾谊《过秦论》："且天下尝同心并力攻秦矣，然困于险阻而不能进者，岂勇力智慧不足哉？"亦作"齐心合力""齐心协力"，意思是团结一致，共同努力。

"戮力同心"语出《左传·成公十三年》："昔逮我献公及穆公相好；戮力同心；申之以盟誓；重之以婚姻。"戮力：并力；同心：齐心。指齐心合力。

"风雨同舟"《孙子·九地》："夫吴人与越人相恶也；当其同舟而济；遇风；其相救如也；左右手。"是说在狂风暴雨中同乘一条船，一起与风雨搏斗。比喻共同经历患难。

"兰友瓜戚"语出清·孔尚任《桃花扇·媚坐》："吾辈得施为，正好谈心花底；兰友瓜戚，门外不须倒屣。"兰友：意气相投的挚友；瓜戚：瓜葛相连的亲戚。形容亲戚、朋友关系亲近。

表现团结的成语还有许多，如"群策群力""患难与共""煮粥焚须""解衣推食""民胞物与""情同手足""四海之内皆兄弟"等等。

二、汉语成语与维护统一的整体观念

中华民族自古就有强烈的整体观念，并在此基础上形成了向往与维护统一的自觉意识。许多汉语成语集中反映了这种观念。

"囊括四海"语出贾谊《过秦论》："秦孝公据崤函之固，拥雍州之地，君臣固守以窥周室，有席卷天下，包举宇内，囊括四海之意，并吞八荒之心。"意思是指统一全国各地。

"奄有四海"语出《尚书·大禹谟》"奄有四海，为天下君"一语，亦作"奄有四方"，古代指中国有四海之内的广阔地域。

"邦畿千里"语出《诗经·商颂·玄鸟》"邦畿千里，维民所止"一语，形容国家所属的疆域辽阔。

语本《公羊传·隐公元年》"何言乎王正月，大一统也"的"一统天下"，是指统一全国。

"四方攸同"语出《诗经·大雅·文王有声》"四方攸同，王后维翰"一语，是指四方各国都统一起来了。

语本《礼记·中庸》"今天下车同轨，书同文"的"同文共轨"，意思是统一文字，统一车辙。比喻国家政令统一。

语本《晋书·苻坚载记》上"一轨九州，同风天下"的"一轨同风"，意思是车轨相同，风俗一致。比喻国家统一。

"天下一家"语出《晋书·刘弘传》"天下一家，彼此无异。"也是指全国统一。

可以说，追求和维护统一，是中华民族不变的主题。上述成语均很好地从正面体现了这一特点，而"四分五裂""一国三公""九州幅裂""东南半壁""偏安一隅""分崩离析""瓜剖豆分""残山剩水"等成语，则从反面诠释了国家统一的极度重要性。

"四分五裂"语出西汉·刘向《战国策·魏策一》："张仪为秦连横，说魏王曰：'……魏南与楚而不与齐，则齐攻其东；东与齐而不与赵，则赵攻其北；不合于韩，是韩攻其西；不亲于楚，则楚攻其南；此所谓四分五裂之道

也！"该成语后用于形容分散，极不统一。

"一国三公"语出《左传·僖公五年》："一国三公，吾谁适从？"公：古代诸侯国君的通称。一个国家有三个主持政事的人。比喻事权不统一，使人不知道听谁的话好。

"九州幅裂"语出汉·应劭《风俗通序》："今王室大坏，九州幅裂。"指国家内部分裂。

"东南半壁"语出元·施君美《幽闺记·虎狼扰乱》："金朝那解番狼将，血溅东南半壁天。"指长江中下游及其以东、以南的半边江山。

"偏安一隅"语本晋·陈寿《三国志·蜀志·诸葛亮传》裴松之注引《汉晋春秋》："先帝虑汉贼不两立，王业不偏安，故托臣以讨贼也。"意思是在残存的一片土地上苟且偷安。指封建王朝不能统治全国，苟且安于仅存的部分领土。

"分崩离析"语出《论语·季氏》："远人不服而不能来也，邦分崩离析而不能守也。"形容国家或集团分裂瓦解。

"瓜剖豆分"语本南朝·宋·鲍照《芜城赋》："出入三代，五百余载，竟瓜剖而豆分。"也作"豆剖瓜分"。意思是像瓜被剖开，豆从荚里裂出一样。比喻国土被人分割。

"残山剩水"语本唐·杜甫《陪郑广文游何将军山林》诗之五："剩水沧江破，残山碣石开。绿垂风折笋，红绽雨肥梅。银甲弹筝用，金鱼换酒来。兴移无洒扫，随意坐莓苔。"意思是残破的山河，原指人工开凿的池塘和堆砌的假山，也指呈现残破凋零的山水。现指国土分裂后残余的河山。

"中华民族团结统一的精神，无论在国家顺利发展、兴旺发达的时期，还是在祖国面临危难、生死存亡的关头，都迸发出强大的精神力量。"当前，继承和发扬这种传统，对于实现国家统一、民族团结、社会稳定和力量凝聚，都具有十分重要的意义。

第三节　汉语成语与中华民族爱好和平的文化基因

"爱好和平是指一个民族在同其他民族的交往中，平等相待，友好相处，求同存异，团结合作，为了维护世界和平，促进共同发展而努力奉献的精神。"中华民族是一个爱好和平的民族。表现这类主题的汉语成语就数量来说虽然不是太多，但却很好地体现出了中华民族"协和万邦""亲仁善邻"的文化基因和"和为贵""和而不同"的外交原则。

一、汉语成语与中华民族"协和万邦""亲仁善邻"的文化基因

"协和万邦"作为一条成语，语出《尚书·尧典》："克明俊德，以亲九族。九族既睦，平章百姓。百姓昭明，协和万邦，黎民于变时雍。"意思是说，首先把自己的宗族和国家治理好，然后把各国团结起来，让天下万国的各族人民和睦相处。《尚书·尧典》中记载，帝尧家族内部关系融洽后，又先后在各部落以及更远的外邦间次第推行德治与仁爱，使各部落以及外部邦国和平有序。显然，儒家把"和"看作处理本国与外国关系的思想准则。《礼记·中庸》有"和也者，天下之达道也"之语，也就是说，"和"是天下通行的道理，是天下各安其所的交往方式。而"和"的本质是"仁"，这是儒家所倡导的"忠恕"之道。孔子的思想核心是"仁"。"仁"不仅适用于人际关系，也适合于国家间的关系。孔子从"仁"的普遍伦理确立的"己欲立而立人，己欲达而达人"（《论语·雍也》）和"己所不欲，勿施于人"（《论语·卫灵公》）这两条人际关系的原则，就是要求自尊和尊人，把自我与他人同等看待，承认他人与自我的相同心理需求。这个"推己及人"的过程，体现了一种崇高的宽容和尊重精神。《左传》作者曾将这种"仁"推及国家间的关系，认为"亲仁善邻，国之宝也"（《左传·隐公六年》）。后来"亲仁善邻"也常常作为成语使用，意思是与邻者亲近，与邻邦友好。

二、汉语成语与中华民族"和为贵""和而不同"的外交原则

"和为贵"典出《论语·学而》。原句是"礼之用，和为贵。先王之道斯为美。"原本是主张借礼的作用来保持人与人之间的和谐关系。"和而不同"语出《论语·子路》："君子和而不同，小人同而不和。"原本是说君子追求和谐，不但承认差异，而且尊重并容许有差异；而小人却是强求一致而造成相互之间不和谐。这两条成语运用在处理国家间的关系上，就是要追求和谐，要允许、承认并尊重各国间的文化、信仰和制度的不同，求同存异，从而达到和谐共处。前者是目的，后者是达到目的的重要途径。

表达对外关系交往的成语还有"讲信修睦""修好结援""万国咸宁""以大事小"和"以小事大"等等。

"讲信修睦"出自西汉戴圣《礼记·礼运》："选贤与能，讲信修睦。"意为人与人之间，国与国之间，讲究信用，谋求和睦。

"修好结援"语本《国语·晋语七》："四年，诸侯会于鸡丘，于是乎布令、结援、修好、申盟而还。"意思是修旧好，结外援。

"万国咸宁"语出自《易传·乾·彖》："首出庶物，万国咸宁。"万方都得到了安宁，有"天下太平"之义。

"以大事小"和"以小事大"这两条成语同出于《孟子·梁惠王下》："惟仁者为能以大事小，是故汤事葛，文王事昆夷；惟智者为能以小事大，故太王事獯鬻，勾践事吴。以大事小者，乐天者也；以小事大者，畏天者也。乐天者保天下，畏天者保其国。"前一条是指以自己大国的身份去抚恤别的小国，需要仁德；后一条是指以自己小国的身份去侍奉别的大国，需要智慧。二者均是以实现"和为贵"为明确指向。

"协和万邦""亲仁善邻""和为贵""和而不同"等和谐共处、友好互助的精神，既是中国人民自古以来处理人际关系和民族关系的基本价值取向，同时也是中华民族为实现大同之道而铺就的对外关系的基石。可以说，爱好和平是中华文化的内在基因，以和谐取代对立是中华民族处理国内外一切争端的基本情感倾向。

第四节 汉语成语与中华民族勤劳勇敢的内在品格

"勤劳勇敢是指一个民族在改造客观世界的实践中表现出来的不惧艰难的精神。"这种精神奠定了中华民族坚不可摧的立业根基。

一、勤劳精神

勤劳是中华民族精神的一个突出的表现。中华民族素以"刻苦耐劳著称于世"(《毛泽东选集·第二卷》),盘古开天辟地、神农遍尝百草、虞舜勤劳躬耕等古代的神话、传说,就突出地反映了中华民族的勤劳品格。从某种意义上说,没有勤劳,就不会创出灿烂辉煌的华夏文明。汉语成语真实记录了中华民族历史上上至帝王将相、下到黎民百姓的众多优秀人物"日理万机""晨兴夜寐"的勤劳品格。

"日理万机"语出《尚书·皋陶谟》:"兢兢业业,一日二日万机。"《汉书·百官公卿表上》:"相国、丞相,皆秦官,金印紫绶,掌丞天子助理万机。"理:处理,办理;万机:种种事务。形容政务繁忙,工作辛苦。

"宵旰图治"语出清·张廷玉等《明史·罗侨传》:"愿陛下慎逸游,屏玩好,放弃小人,召还旧德,与在廷臣工,宵旰图治,并敕法司慎守成律。"旰:天色晚,晚上;宵旰:宵衣旰食,天不亮就穿衣起来,天亮了才吃饭。形容勤于政务,设法治理好国家。

"宵旰焦劳"与"宵旰图治"意思相近,意为从早到晚(为政务)十分辛劳。

"宵旰忧劳"指宵衣旰食,非常劳苦。形容勤于政事。该成语出自《明史·吴时来传》:"若不去嵩父子,陛下虽宵旰忧劳,边事终不可为也。"

"一日万机"出自《尚书·皋陶谟》:"兢兢业业,一日二日万机。"其中的"一日万机"指帝王政务繁忙,每天要处理成千上万的事情。

"夙夜在公"语出《诗经·召南·采蘩》:"被之僮僮,夙夜在公。"指从早到晚，勤于公务。

"旰食宵衣"语出南朝陈徐陵《陈文皇帝哀册文》："勤民听政，旰食宵衣。"入夜才吃晚饭，天不亮就穿衣起床。指勤于政务。

"晨兴夜寐"语出《三国志·吴书·韦曜传》："故勉精历操，晨兴夜寐不遑宁息，经之以岁月，累之以日力。"早起晚睡。形容勤劳辛苦。

"克勤克俭"语本《尚书·大禹谟》："帝（舜）曰：'来，禹！克勤于邦，克俭于家，不自满假，惟汝贤。'乐勤克俭，无怠无慌。"克：能够。这个成语的意思是既能勤劳，又能节俭。

"胼手胝足"一词，《韩非子·外储说左上》中有"胼手胝足，面目黧黑，劳有功者也。"《荀子·子道》中也有"有人于此，夙兴夜寐，耕耘树艺，手足胼胝，以养其亲，然而无孝之名，何也？"这个成语指手掌或脚掌上生满老茧。形容经常辛勤劳动。

"炙肤皲足"语出明代宋濂《阅江楼记》："耕人有炙肤皲足之烦，农女有将桑行馌之勤。"指皮肤晒焦，足部冻裂。形容农民耕作的辛苦。

"晨炊星饭"语本《旧唐书·张廷珪传》："又役鬼不可，唯人是营，通计工匠，率多贫窭，朝驱暮役，劳筋苦骨，箪食瓢饮，晨炊星饭，饥渴所致，疾疹交集。"指清晨烧早饭，入夜才吃晚饭。形容早出晚归，整日辛勤劳苦。

"披星戴月"出自元代无名氏《怨家债主》第一折："这大的孩儿，披星戴月，早起晚眠。"意思是身披星星，头戴月亮。形容连夜奔波或早出晚归，十分辛苦。

汉语成语在赞美勤劳的同时，也对懒惰和懒散的行为进行了否定和批判。例如：

"一曝十寒"语出《孟子·告子上》："虽有天下易生之物也，一日暴之，十日寒之，未有能生者也。"暴：晒。晒一天，冻十天。比喻做事无恒心，努力少，懈怠多。

"饱食终日"语出《论语·阳货》："饱食终日，无所用心，难矣哉！"指吃饱了饭整天什么事都不做。

"不劳而获"语出《孔子家语·入官》："所求于迩，故不劳而得也。"指自己不劳动而占有别人的劳动成果。

"肠肥脑满"出自《北齐书·琅邪王俨传》："琅邪王年少，肠肥脑满，轻为举措。"中的"肥肠脑满"形容不劳而食的人吃得饱饱的，养得胖胖的。其中，肠肥：指身体胖，肚子大；脑满：指肥头大耳。

"好逸恶劳"语出《后汉书·郭玉传》："其为疗也；有四难焉：自用意而不任臣，一难也；将身不谨，二难也；骨节不强，不能使药，三难也；好逸恶劳，四难也。"逸：安逸；恶：讨厌、憎恨。贪图安逸，厌恶劳动。

二、勇敢精神

勇敢精神也是中华民族的优良传统。女娲补天、大禹治水、后羿射日、精卫填海、愚公移山等，这些中国古代的传说和神话，让我们看到的都是英雄的形象、勇敢的化身。许多汉语成语为我们展现了中华民族古代英雄"奋不顾身""视死如归"和"临危不惧"的壮观场面，"赴汤蹈火""冲锋陷阵"和"搴旗取将"的伟大壮举。

"贲育之勇"语本东汉·班固《汉书·司马相如传下》："力称乌获，捷言庆忌，勇期贲育。"还见于明·罗贯中《三国演义》第五十三回："愿抑贲育之勇，怀王霸之计。"形容像古时孟贲与夏育那样的勇士。贲：孟贲，战国时勇士，能生拔牛角；育：夏育，战国时勇士，能举千钧。

"不入虎穴，焉得虎子"语本南朝·宋·范晔《后汉书·班超传》："超曰：'不入虎穴，不得虎子。当今之计，独有因夜以火攻虏，使彼不知我多少，必大震怖，可殄尽也。'"《三国志·吕蒙传》："不入虎穴，焉得虎子。"意思是不进老虎窝，怎能捉到小老虎。比喻不亲历险境就不能获得成功。

"奋不顾身"语出汉·司马迁《报任少卿书》："常思奋不顾身；以徇国家之急。"《文选·奏弹曹景宗》："故司州刺史蔡道恭率顾义勇；奋不顾命。"指奋勇向前，不考虑个人安危。

"赴汤蹈火"语出晋·嵇康《与山巨源绝交书》："长而见羁；则狂顾顿缨；赴汤蹈火。"赴：走往；汤：热水；蹈：踩。沸水敢蹚，烈火敢踏。比喻不避艰险，奋勇向前。

"临危不惧"语本《邓析子·无厚》："死生有命；贫富有时。怨夭折者，不知命也；怨贫贱者，不知时也。故临难不惧。"指遇到危难的时候，一点也不怕。

"视死如归"语出《韩非子·外储说左下》："三军既成阵，使士视死如归，臣不如公子成父。"《吕氏春秋·勿躬》："三军之士，视死如归。"意思是把死看得像回家一样平常。形容不怕牺牲生命。

"据水断桥"出自晋·陈寿《三国志·蜀志·张飞传》，原文是：飞据水断桥，瞋目横矛曰："某是张益德也，可来共决死！"意思是，依靠河道阻断桥梁。形容胆识过人，勇敢善战。

"摧锋陷阵"语本《晋书·景帝纪》："乃与骁骑十余摧锋陷阵，所向披靡，遂引去。"摧：击溃；锋：锋芒，引申为精锐；陷：攻入。攻入并摧毁敌军的阵地。

"冲锋陷阵"语出《北齐书·崔暹传》："冲锋陷阵；大有其人。"陷：攻破，深入。不顾一切，攻入敌人阵地。形容作战勇猛。

"勇冠三军"语出汉·李陵《答苏武书》："陵先将军功略盖天地，义勇冠三军。"冠：位居第一；三军：军队的统称。指勇敢或勇猛是全军第一。

"摧坚获丑"语出宋·曾巩《折克行彭保专官制》："开通道途，收复贼聚，摧坚获丑，尔功居多。"摧坚：击溃敌精锐部队。丑：众，指敌人。挫败敌方精锐的军队，俘获敌寇。形容作战十分英勇。

"搴旗取将"语本《吴子·料敌》："然则一军之中必有虎贲之士，力轻扛鼎，足轻戎马，搴旗取将，必有能者。"指拔取敌旗，斩杀敌将。形容勇猛善战。

"搴旗斩馘"语本唐·陈子昂《为建安王誓众词》："今日之伐，须如雷霆之震，虎豹之系，搴旗斩馘，扫孽除凶。"搴：拔；馘：首。拔取敌方旗帜，斩获敌人首级。比喻勇猛善战。

"死不旋踵"作为一个成语，最早出现在《战国策·中山策》："当此之时，秦中士卒，以军中为家，将帅为父母，不约而亲，不谋而信，一心同功，死不旋踵。"旋踵：旋转足跟，即后退。比喻不畏艰险，坚决向前。亦比喻极短时间内即死去。

　　勤劳勇敢是中华民族的优良传统，是中华民族精神的重要内容，是走向成功的必备素质，是战胜困难的锐利武器。研究汉语成语中蕴含的中华民族勤劳勇敢的内在品格，有利于更好地把这种优良传统发扬光大。

第五节　汉语成语与中华民族自强不息的进取意识

　　"自强不息是指一个民族所具有的独立自主、奋发向上、不断进取的精神。"在历代中国人民的创业实践中，自强不息精神逐渐积淀为中华民族的内在气质，成为鞭策中华儿女不断开拓进取的永恒的精神力量。

　　自强不息的进取意识是中华民族精神的核心内容之一。汉语中表现自强不息的进取精神的成语特别多，而提倡拼搏精神、提升道德境界、增进学识才能、培育革新观念又是其中非常突出的几个方面。

一、提倡拼搏精神

　　刚健、进取的拼搏精神自古以来就是中华儿女所追求的主体性格，许多汉语成语真实记录了中华民族的这种追求。

　　"百尺竿头，更进一步"语出宋·释道原《景德传灯录》卷十："师示一偈曰'百丈竿头不动人，虽然得入未为真。百尺竿头须进步，十方世界是全身。'"百尺竿头，百尺高的竿子顶端，指极高处。佛教语用来比喻道行修养达到极高的境界。现喻指学问、成绩等达到很高程度后仍须继续努力，争取更大进步。

　　"勃然奋励"语出北齐·颜之推《颜氏家训·勉学》："勃然奋励，不可恐慑也。"勃然：奋发的样子；奋：奋发；励：激励。奋发起来，激励自己。

　　"跛鳖千里"语出《荀子·修身》："故跬步而不休，跛鳖千里，累土而不辍，丘山崇成。"意思是跛脚的鳖只要不停爬行，也能走千里。比喻只要坚持不懈，即使条件很差，也能成功。

　　"乘风破浪"语出《宋书·宗悫传》："悫年少时，炳问其志，悫曰：'愿乘长风破万里浪。'"意思是船只乘着风势破浪前进。常常用于比喻斗志昂扬，或志向远大，不怕困难，奋勇向前。

　　"驽马十驾"语出先秦荀况《荀子·劝学》："骐骥一跃，不能十步；驽马十驾，功在不舍。"原意是骏马一天的路程，驽马虽慢，但努力不懈，走十天也可以到达。比喻资质低的人只要刻苦学习，也能追上资质高的人。

　　"锲而不舍"语出《荀子·劝学》："锲而舍之，朽木不折；锲而不舍，金石可镂。"锲：镂刻；舍：停止。不断地镂刻。比喻有恒心，有毅力。

　　"勇猛精进"语出《无量寿经》卷上："勇猛精进，志愿无倦。"原意是勤奋修行。现指勇敢有力地向前进。

　　"朝乾夕惕"语本《周易·乾》："君子终日乾乾，夕惕若厉，无咎。"乾：乾乾，即自强不息；惕：小心谨慎。形容一天到晚勤奋谨慎，没有一点疏忽懈怠。

　　"人一己百"语本西汉·戴圣《礼记·中庸》："人一能之，己百之；人十能之，己千之。果能此道矣，虽愚必明，虽柔必强。"指别人一次就做好或学会的，自己做一百次，学一百次。比喻以百倍的努力赶上别人。

　　汉语中表现刚健有为的拼搏精神的成语还有许多，例如"奋起直追""见贤思齐""力争上游""知难而进""争先恐后""再接再厉""一往无前""跬步千里""更上一层楼""后来者居上"，等等。可以说，在中国历史上，这种精神曾激发了中华民族拼搏进取、艰苦奋斗、奋发图强。

二、提升道德境界

　　自强不息的进取意识也体现为提升道德境界的崇高追求。在中国历史上，中华民族的仁人志士赋予道德情操以极高的地位。语本《论语》"朝闻道，夕死可矣"的"朝闻夕死"、语出《论语》"志士仁人，无求生以害仁，有杀身以成仁"的"杀身成仁"以及语本《孟子·告子上》"生，亦我所欲也，义，亦我所欲也。二者不可得兼，舍生而取义者也"的"舍生取义"等成语，就体现出中国古代志士仁人对道德的渴求重于对生命的珍爱的价值取向。

语出汉代张衡《应闲》"君子不患位之不尊，而患德之不崇；不耻禄之不夥，而耻智之不博"的"不患位之不尊，而患德之不崇"这条成语，意思是不要担心职位不够高，而应该想想自己的道德是不是完善。出自大科学家张衡之口的这条成语，代表了传统文化中经典的"政德观"。张衡不慕名利，特作《应闲》表明心迹，认为道德比职位更为重要。

"不为五斗米折腰"语出《晋书·陶潜传》："（陶潜）素简贵，不私事上官。郡遣督邮至，县吏白应束带见之，潜叹曰：吾不能为五斗米折腰，拳拳事乡里小人邪！"这条成语表现的是一代文豪陶渊明不为俸禄和官位而向恶势力低头的风骨。"一代高风"语出牟融《司马迁墓》："一代高风留异国，百年遗迹剩残碑。"该成语赞美的是司马迁高尚的人格和操守。

"高情远致"语出《晋书·孙绰传》："绰与询一时名流，或爱询高迈，则鄙于绰，或爱绰才藻，而无取于询。沙门支遁试问绰：'君何如许？'答曰：'高情远致，弟子早已伏膺；然一咏一吟，许将北面矣。'"该成语赞美的是孙绰高尚的情操和深远的志趣。

而"坐怀不乱"和"缩屋称贞"这两条成语则记录了古代贤士柳下惠和颜叔子在两性关系方面情操高尚，作风正派。

"坐怀不乱"语本《荀子·大略》"柳下惠与后门者同衣而不见疑，非一日之闻也"的记载。故事在中国历代广为人知，柳下惠也因此被认为是遵守传统道德的典范。

"缩屋称贞"语本《诗·小雅·巷伯》"哆兮侈兮，成是南箕。"《北齐书·废帝纪》也有"颜子缩屋称贞，柳下妪而不乱"的记载。后以"缩屋称贞"颂扬对危难中的妇女不加侵侮的美德，颜叔子也因此被认为是在处理两性关系方面情操高尚的楷模。

三、增进学识才能

自强不息的进取意识还体现在为增进学识才能的不懈努力方面。许多汉语成语真实记录了中华民族古代先贤在这方面足以垂范后世的感人事迹。

"韦编三绝"语出汉代司马迁《史记·孔子世家》："孔子晚而喜

《易》……读《易》，韦编三绝。"韦：熟牛皮；韦编：古人的古籍是用刀刻于竹简之上，然后用熟牛皮串联起来，称为韦编；绝：折断；三绝：指多次折断。这条成语记录的是万世师表孔子勤奋学习的典型事迹。孔子正是凭着这种勤奋，"发愤忘食，乐以忘忧，不知老之将至"，从而奠定了他在中国历史上作为伟大的思想家、教育家和儒家学派创始人的崇高地位。

"牛角挂书"这个成语出自宋·欧阳修、宋祁《新唐书·李密传》。该书记载："密以薄鞴乘牛，挂《汉书》一帙角上，行且读。越国公杨素适见于道，按辔蹑其后，曰：'何书生勤如此？'密识素，下拜。问所读，曰：'《项羽传》。'因与语，奇之。归谓子玄感曰：'吾观密识度，非若等辈。'玄感遂倾心结纳。大业九年，玄感举兵黎阳，遣人入关迎密。"这条成语记录的是李密勤奋好学的故事。李密正是凭着这种勤奋，终于学有所成，成为隋唐时期的群雄之一。

"牧豕听经"语本《后汉书·承宫传》。书中记载："（承宫）少孤，年八岁为人牧豕。乡里徐子盛者，以《春秋经》授诸生数百人，宫过息庐下，乐其业，因就听经，遂请留门下，为诸生拾薪。"该成语记录的是承宫一面放猪、一面努力求学的感人事迹。

"断齑画粥"语本宋代释文莹《湘山野录》"范仲淹少贫，读书长白山僧舍，作粥一器，经宿遂凝，以刀画为四块，早晚取两块，断齑数十茎啖之，如此者三年。"这个成语记录的是宋代文学家范仲淹不怕生活艰苦，仍然坚持刻苦学习的故事。范仲淹一生大起大落，父亲很早过世，母亲改嫁，范仲淹七八岁就独居了。他虽然生活十分清贫，食物粗简微薄，却仍然勤学不辍。范仲淹苦读及第，后来成为北宋杰出的思想家、政治家、文学家。他所倡导的"先天下之忧而忧，后天下之乐而乐"思想和仁人志士节操，对后世影响深远。

"悬梁刺股"语本西汉·刘向《战国策·秦策一》和东汉·班固《汉书》。《战国策·秦策一》有"（苏秦）读书欲睡，引锥自刺其股，血流至足"的记载，《汉书》有"孙敬，字文宝，好学，晨夕不休。及至眠睡疲寝，以绳系头，悬屋梁。后为当世大儒"之语。这两个故事后引申出"悬梁刺股"这个成语。苏秦和孙敬正是凭着这种精神，孜孜不倦地勤奋学习，双双成为历史上赫赫有名的政治家。

"凿壁偷光"语本汉·刘歆《西京杂记》："（匡衡）勤学而无烛，邻舍有烛而不逮，衡乃穿壁引其光，以书映光而读之。"该成语记录的是匡衡家贫而刻苦学习的故事。匡衡孜孜以读，因而成为一代经学大师，元帝时官至丞相。

"燃松读书"语本《南史·顾欢传》："乡中有学舍，欢贫无以受业，于舍壁后倚听，无遗忘者。夕则然（燃）松节读书，或然糠自照。"亦作"然糠照薪"。《太平广记》卷一七五《李琪》有"明年，丁母忧，因流寓青、齐间，然糠照薪，俾夜作昼，览书数千卷"的记载。这两条成语记录的是南朝·齐·顾欢勤学苦读的故事。顾欢夕间点燃柴火，借其亮光，或烧糠照明，勤奋学习，后成为南朝·齐著名道教学者。

"囊萤照读"语本《晋书·车胤传》："车胤恭勤不倦，博学多通，家贫不常得油，夏月则练囊盛数十萤火以照书，以夜继日焉。"该成语记录的是车胤家贫而刻苦学习的故事。车胤用口袋装萤火虫照着读书，夜以继日，后成为东晋大臣，官拜吏部尚书。

"映雪读书"语出《宋齐语》："孙康，家贫，常映雪读书。"该成语记录的是出身贫寒的孙康利用雪的反光刻苦读书的感人事迹。功夫不负有心人，孙康砥砺求进，学有所成，终于成为一位很有名望的学者，后官至御史大夫。

"圆木警枕"语本宋代范祖禹《司马温公布衾铭记》："以圆木为警枕，小睡则枕转而觉，乃起读书。"该成语记录的是司马光用圆木做枕头刻苦读书的感人事迹。司马光正是利用"警枕"在睡着时容易把人惊醒的特点博览群书，从而成为北宋杰出的政治家、史学家和文学家。

"焚膏继晷"语本唐代韩愈《进学解》："焚膏油以继晷，恒兀兀以穷年。"意思是点上油灯接替太阳照明。形容夜以继日地用功读书或努力工作。该成语表达的是唐代著名文学家韩愈对待学习和工作的态度与追求。

"闻鸡起舞"语出《晋书·祖逖传》："（祖逖）与司空刘琨具为司州主簿，情好绸缪，共被同寝。中夜闻荒鸡鸣，蹴琨觉曰：'此非恶声也。'因起舞。"祖逖立志为国效力，与刘琨互相勉励，所以半夜听到鸡叫就起床舞剑。

后以"闻鸡起舞"为有志者及时奋发的典故。

而"映月读书"（语本《南史·江泌传》："泌少贫，昼日斫屦为业，夜读书随月光，光斜则握卷升屋，睡极堕地则更登。"）、"折节读书"（语本《后汉书·段颎传》："颎少便习弓马，尚游侠，轻财贿，长乃折节好古学。"）和"然获读书"（语本北齐·颜之推《颜氏家训·勉学》："梁世彭城刘绮，交州刺史勃之孙，早孤家贫，灯烛难办，常买获尺寸折之，然明夜读。"）等成语，均连着一个个感人肺腑、引人深思、催人奋进的故事，都是进行自强不息的进取意识教育的生动教材。

四、培育革新观念

自强不息的进取意识还具有除旧布新的深刻内涵，许多汉语成语也真实记录了中华民族精神中革故鼎新的发展观念。

"革故鼎新"语本《周易·杂卦》："革，去故也，鼎，取新也。"革：改变、革除；故：旧的；鼎：树立。旧指朝政变革或改朝换代。现泛指除去旧的，建立新的。

"除旧布新"语本《左传·昭公十七年》："彗，所以除旧布新也。"意思是废除旧的，建立新的。

"不主故常"语出《庄子·天运》："其声能短能长，能柔能刚，变化齐一，不主故常。"故常：旧的常规、习惯。该成语后用来指不拘泥于常规俗套。

"不期修古"语出《韩非子·五蠹》："是以圣人不期修古，不法常可。"期：希望；修：遵循。意思是不要照搬老办法，应根据实际情况实行变革。

"自我作故"语出唐·刘知己《史通·称谓》："唯魏收远不师古，近非因俗，自我作故，无所宪章。"作故：创始。意思是由我开创一个先例，不沿袭前人。

"吐故纳新"语出《庄子·刻意》："吹呴呼吸，吐故纳新。"指人呼吸的时候吐出浑浊的气体，吸取新鲜的空气，后比喻扬弃旧的、不好的，不断进行整顿和更新。

"继往开来"语本宋·朱熹《隆兴府学濂溪先生祠记》："此先生之教，所以继往圣，开来学，有功于斯世也。"继承前人的事业，开辟未来的道路。

"别开生面"语本杜甫的《丹青引》："凌烟功臣少颜色，将军下笔开生面。"别：另外；开：开辟、开创；生面：新的面目。原指画像经重新绘制，面目一新。后比喻另外开辟一种新局面或创造出一种新的风格式样。

汉语中反映革故鼎新的发展观念的成语还有许多，例如"不法常可""吸新吐故""前无古人""光前绝后""咸与维新""便国不必法古"等等。

汉语成语在赞美革故鼎新的发展观念的同时，对因循守旧的思想意识则予以贬斥。例如"抱残守缺""步人后尘""陈陈相因""蹈常袭故""固步自封""墨守成规""清规戒律""率由旧章""四平八稳""循规蹈矩""一仍旧贯""亦步亦趋""因循坐误""因循守旧"等等。

可以说，革故鼎新的发展观念，在中华民族精神中具有悠久的传统。这种传统，在汉语成语中得到了深刻的反映。它推动了中华民族社会的变迁，使中华民族得以突破旧有的桎梏，不断超越自身，不断发展完善，以更加高昂的姿态走向未来。

总之，自强不息的进取意识作为一种精神，它是中华民族生生不息、强盛不衰的精神力量，也是中国人民薪火相传、继往开来的精神动力。

第七章
汉语成语反映的中华传统美德

"道德是指依靠社会舆论、传统习俗和内心信念来实现的调整人与人之间、个人与社会之间相互关系的行为规范的总和。"汉族人特别重视人与人之间的"道",以及遵循这种道而形成的"德",并以德性作为人兽之分的根本。中共中央办公厅、国务院办公厅《关于实施中华优秀传统文化传承发展工程的意见》指出:"中华优秀传统文化蕴含着丰富的道德理念和规范……体现着评判是非曲直的价值标准,潜移默化地影响着中国人的行为方式。传承发展中华优秀传统文化,就要大力弘扬中华传统美德。"汉语成语作为中华传统文化最重要的载体,蕴含着极其丰富的中华民族传统美德。

第一节　汉语成语与中华民族的孝悌之德

一、汉语成语与中华民族的"孝"德

百善孝为先。孝是子女感恩父母应尽的义务和责任,是炎黄子孙做人的重要标准。《诗经》云:"父兮生我!母兮鞠我!拊我蓄我,长我育我,顾我复我,出入腹我。欲报之德,昊天罔极!""孝"被认为是子女对父母最起码

而又最高尚的敬重。汉语成语真实记录了中华民族重"孝"德的文化传统。

"孝感动天"语出《全相二十四孝诗选》中的第一个故事。该故事讲述虞舜那份不计较仇恨地孝顺父亲、后母和慈爱其弟而感动上苍的故事。后人有诗赞曰："队队春耕象，纷纷耘草禽。嗣尧登宝位，孝感动天心。"舜是中国著名的传说中的古代帝王，是中国的五帝之一，姓姚，史称虞舜。据传舜曾经屡次遭到其父瞽叟、其后母和其弟象的残害：他们蓄意安排舜去修理谷仓的仓顶，等舜上到仓顶时就在谷仓底下纵火，舜冒险从谷仓顶跳下才得以脱逃；尔后又让舜去掘井，瞽叟和象却下土填井，舜挖地道艰难逃脱。舜在这些事发生后并没有怀恨于心，依然对其父亲毕恭毕敬，对其弟弟关爱有加。他的孝行让天帝感动。舜在历山耕田种地时还得到了许多动物的帮助，鸟儿代他锄草，大象帮他种田。后来舜的孝顺为帝尧所知，帝尧认为他有治国理政的才能，把自己的女儿娥皇和女英许配给了他，后来舜经受住帝尧的各种考验，被选作了帝位继承人。舜登上了帝位之后，对其父一如既往地孝顺，对其弟也是依然非常照顾，把象封为了诸侯。

"孝思不匮"这一成语出自《诗经·大雅·既醉》："孝子不匮，永锡尔类。"指对父母尽孝的心思时刻铭记。

"寸草春晖"语本唐代孟郊《游子吟》："慈母手中线；游子身上衣；临行密密缝；意恐迟迟归；谁言寸草心；报得三春晖?"寸草：形容儿女的心力像小草那样微弱。春晖：象征母亲的慈爱。小草微薄的心意报答不了春日阳光的深情。比喻父母的恩情沉重，难以报答。

"孝"德作为中华民族的传统美德之一，其内容主要涵盖了"养老"和"送终"两个大的方面。语出西汉戴圣《礼记·礼运》"所以养生送死，事鬼神之大端也"一语的"养生送死"这条成语，意思是指子女对父母的赡养和殡葬。可以说，该成语是对"孝"德两大主要内容的高度概括。

表现"养老"的成语有：

"冬温夏清"语本西汉·戴圣《礼记·曲礼上》："凡为人子之礼，冬温而夏清。"北魏《张猛龙碑》："冬温夏清，晓夕承奉。"意思是冬天使父母温暖，夏天使父母凉爽。指子女孝顺。

　　"问安视膳"语本《礼记·文王世子》："文王之为世子,朝于王季日三。鸡初鸣而衣服,至于寝门外,问内竖之御者曰:'今日安否何如?'……食上,必在视寒暖之节,食下,问所膳。"意思是每日必问安,每餐必在左。指古代诸侯、王室子弟侍奉父母的孝礼。

　　"乌鸟私情"语出李密《陈情表》:"乌鸟私情,愿乞终养。"唐·白居易《谢官状》有:"乌鸟私情,得尽欢於展养;犬马微力,誓効死以酬恩。"乌鸟即乌鸦,人类很看重其反哺生母之情,故有"乌鸟私情"一词,喻传于民间。比喻侍奉尊亲的孝心。

　　"甘馨之费"语出唐·白居易《谢官状》:"况于官禄之间,岂敢有所选择。但以位卑俸薄,家贫亲老,养阙甘馨之费,病乏药石之资,人子之心,有所不足。"阙:通"缺"。旧以"甘馨之费"为奉养父母的费用。

　　"养老"不仅要从物质层面满足父母衣食住行所需,而且要从精神层面关注父母的喜怒哀乐。成语"彩衣娱亲"亦作"莱子斑衣",讲的是春秋时期楚国隐士老莱子非常孝顺父母,想尽一切办法讨父母欢心,使他们健康长寿的故事。该成语典故出自汉·刘向《列女传》:"老莱子孝养二亲,行年七十,婴儿自娱,着五色彩衣,尝取浆上堂,跌仆,因卧地为小儿蹄,或弄乌鸟于亲侧。"

　　表现"送终"的成语有:

　　"寝苫枕块"语出《仪礼·既夕礼》:"居倚庐,寝苫枕块。"苫:草荐。睡在草荐上,头枕着土块。古时宗法所规定的居父母丧的礼节。

　　"慎终追远"语出《论语·学而》:"曾子曰:'慎终追远,民德归厚矣。'"终:人死;远:指祖先。旧指慎重地办理父母丧事,虔诚地祭祀远代祖先。后也指谨慎从事,追念前贤。

　　"手泽之遗"语本《礼记·玉藻》:"父没而不能读父之书,手泽存焉尔。"手泽:为手汗所沾润。该成语是指父死以后孝子捧读遗书而动哀思,也指先人遗物。

　　"杯圈之思"语本《礼记·玉藻》:"母没而杯圈不能饮焉,口泽之气存焉尔。"圈:不加雕饰的杯具。指思念亡故的母亲。

"春露秋霜"语本南朝·梁·刘勰《文心雕龙·诏策》："眚灾肆赦，则文有春露之滋；明罚敕法，则辞有秋霜之烈。"原指子孙在春秋二季因感于时令而祭祀祖先。后比喻恩泽与威严。也用于怀念先人。

除表现"养老"和"送终"以外，还有一些成语表现游子远在他乡对父母的思念之情，也是"孝"德的重要体现。例如：

"白云孤飞"语出《新唐书·狄仁杰传》："荐授并州法曹参军，亲在河阳。仁杰登太行山，反顾，见白云孤飞，谓左右曰：'吾亲舍其下。'瞻怅久之。云移，乃得去。"亦作"白云亲舍"，比喻客居他乡，思念父母。

"陟岵陟屺"语本《诗经·魏风·陟岵》："陟彼岵兮，瞻望父兮……陟彼屺兮，瞻望母兮。"陟：登、升；岵：有草木的山；屺：无草木的山。指久役在外的人想念父母。

体现"孝"德的汉语成语还有许多。一方面，这些成语是中华民族重视"孝"德的真实记录；另一方面，又对"孝"德的弘扬做出了不可磨灭的贡献。

二、汉语成语与中华民族的"悌"德

"悌"德是指敬爱兄长、顺从兄长，是人文序礼文化。如果家庭没有兄弟姐妹的序礼，家就不成体统，也就没有社会的序礼。在孔子、孟子等先秦思想家的著作中，均对"悌"德提出过明确要求。《论语》中提出："弟子入则孝，出则悌。"《孟子》中也有"谨庠序之教，申之以孝悌之义"之语。由此可见中华传统文化对于"悌"德的重视。表现"悌"德的汉语成语就数量来说确实不多，但由于这些成语均是"孝"与"悌"并列，自然也就彰显了"悌"德在中华传统文化中的突出地位。

"首孝悌，次谨信"语出《弟子规》："弟子规，圣人训，首孝悌，次谨信。"意思是对父母的孝顺和对兄长的尊重要先于求谨慎和讲诚信。可见先秦圣人对"孝悌"之德的看重。

"孝悌力田"语本《汉书·文帝纪》："其遣谒者劳赐三老、孝者帛人五匹，悌者、力田二匹……以户口率置三老、孝悌、力田常员。"指孝顺父母，尊敬兄长，努力务农。

"入孝出悌"语本《论语·学而》："弟子入则孝，出则悌。"该成语运用了互文的手法，意思是无论在家还是在外都要孝敬父母、敬爱兄长。

"孝悌忠信"语出明·周楫《西湖二集·祖统制显灵救驾》："凡遇人，只劝人以'孝悌忠信'四字。"指孝顺父母，尊敬兄长，忠于君主，取信于朋友的道德标准。

"悌"德同"孝"德相辅相成，尊重长辈、敬爱兄弟姐妹的优秀品行始终为中华文化所推崇，从而成为维护社会和谐稳定的重要道德支撑。

第二节　汉语成语与中华民族的忠贞之德

忠贞既是一种操守，也是一种气节。在中国古代，它主要是指对君主、对国家、对民族的忠诚。它是中华民族的一个传统美德，世代相传。古语云："君使臣以礼，臣事君以忠。""忠"的思想在历朝历代都发挥着重要的价值引领作用，忠于君主、忠于国家、忠于民族的思想成为流淌在中华民族骨子里的血液。"忠贞"这种君臣之间的道德规范，大约从战国时期到秦汉，逐步移植到夫妻之间。"忠臣不事二主，贞女不更二夫"，在长期的历史发展过程中，"忠贞不渝"后来演变为夫妻之间的一种美德。"生死不渝，忠贞不贰"是人们对夫妻关系的理想追求。汉语成语对于"忠"的思想有丰富的记载，且以忠于君主、忠于国家、忠于民族的内容居多。

"精忠报国"语出《北史·颜之仪传》："公等备受朝恩，当尽忠报国。"意思是为了国家而尽忠职守，可以牺牲自己的一切。岳飞是"精忠报国"首屈一指的人物。他的《满江红·怒发冲冠》"怒发冲冠，凭栏处、潇潇雨歇……靖康耻，犹未雪。臣子恨，何时灭！……待从头、收拾旧山河，朝天阙。"豪情激昂，表达出浓浓的爱国情怀。他为南宋征战四方，收复郑州、洛阳等地，又于郾城、颍昌大败金军。虽然后遭秦桧等人的诬陷，以"莫须有"的"谋反"罪名而入狱，以死刑悲剧收场，但作为一位民族英雄却流芳百世。

　　"竭智尽忠"语出战国·屈原《卜居》："屈原既放，三年不得复见，竭智尽忠。"屈原主张任用贤明之士，修改法令，极力主张联合齐国来抗击秦国。这一系列于国有利的主张，却令他遭腐朽软弱的楚国贵族的联合排挤，落得流放沅江的悲惨下场。屈原一生为楚国竭智尽忠，成为忠贞爱国的典型，在民间广受尊敬。

　　"鞠躬尽瘁"语本三国·蜀·诸葛亮《后出师表》："臣鞠躬尽力，死而后已。"指恭敬谨慎，竭尽心力去效劳。表示小心谨慎，不辞劳苦，为国事而竭尽全力。诸葛亮对国家事业无限忠诚的情怀，使他美名传千古，成为后世爱国主义的楷模。

　　"忠言逆耳"出自西汉·司马迁《史记·留侯世家》："且忠言逆耳利于行，良药苦口利于病。"公元前207年，刘邦率大军攻占咸阳，在秦宫里见到不计其数的美女和奇珍异宝。这让刘邦产生了长居秦宫享受奢华生活的念头，其部下樊哙直言劝说他放弃这样的奢华淫乱的生活，以国家社稷为重，而引起刘邦的不满。谋士张良说这些诱人的美女和珠宝是导致秦朝灭亡的东西，并说出了忠言逆耳利于行的箴言。刘邦最终听从劝告退兵驻军至灞上等待项羽的到来。

　　"一寸丹心"语本唐·杜甫《郑驸马池台喜遇郑广文同饮》诗："白发千茎雪，丹心一寸灰。"宋·杨万里《诚斋集·新除广东常平之节感恩抒怀》诗："向来百炼今绕指，一寸丹心向日明。"明代于谦《立春日感怀》："一寸丹心图报国，两行清泪为思亲。"丹心：赤心，忠心。一片赤诚的心。

　　"匪躬之节"语本《周易·蹇》："王臣蹇蹇，匪躬之故。"蹇蹇：济蹇之时又遇蹇难，指想帮助别人渡险阻，没想到也遇到了险阻。匪：同非。躬：自身。意思是臣子为了解救君王的困境努力奔走在危难之中。

　　"忠心耿耿"语出清·李汝珍《镜花缘》："当日令尊伯伯为国捐躯，虽大事未成，然忠心耿耿，自能名垂不朽。"耿耿：忠诚的样子。形容非常忠诚。

　　"法家拂士"语出《孟子·告子下》："入则无法家拂士，出则无敌国外患者，国恒亡。"拂：通"弼"。法家：明法度的大臣；拂士：辅弼之士。指忠臣贤士。

"忠贯日月"语出《新唐书·郭子仪传赞》："子仪自朔方提孤军，转战逐北，谊不还顾……虽唐命方永，亦有忠贯日月，神明扶持者哉！"是指忠诚之心可以贯通日月。形容忠诚至极。

"进思尽忠，退思补过"语出《左传·宣公十二年》："林父之事君也，进思尽忠，退思补过，社稷之卫也，若之何杀之？"在朝廷做官，就忠心耿耿报效君主；辞官隐退时，就反省自己，以弥补过失。

"尽忠拂过"语出《史记·秦始皇本纪》："当此时也，世非无深虑知化之士也，然所以不敢尽忠拂过者，秦俗多异违之禁，忠言未卒于口而身为戮没矣。"拂：通"弼"，匡正。旧指竭尽忠心，帮助君王改正错误。

"忠"和"孝"是两种相关相类的品行。在这两个方面都做得好的人物可以称之为"忠孝两全"的优秀之士。能够做到"忠孝两全"是处理好"忠""孝"的关系的最高境界，因而古代思想家大力提倡"求忠出孝"，即寻求忠臣必于孝子之门，这是很有道理的。因为一个对父母、对亲人都不"孝"的人，又怎么能够做到对君主、对朝廷、对国家、对民族的"忠"呢？但很多情况下，"忠"和"孝"又实在难以两全，最为典型的例子莫过于晋·李密遭遇的为了对 96 岁的祖母尽"孝"而无法服务朝廷的艰难处境。当"忠"和"孝"发生冲突时，古代思想家提倡"移孝作忠"，要求"孝"服从于"忠"，即把对父母、对亲人的"孝"转为对君主、对朝廷、对国家、对民族的"忠"。时代发展到当今的民主社会，但忠于国家、忠于民族的情感却仍然是中华民族忠贞之德永恒不变的主题。

第三节　汉语成语与中华民族的谦虚之德

"谦虚"也是中华民族大力提倡的美德之一，《周易》六十四卦中的"谦卦"，便是专门论述人应该具备谦虚美德的。《周易·谦》云："谦，亨。天道下济而光明，地道卑而上行。天道亏盈而益谦，地道变盈而流谦，鬼神害盈而福谦，人道恶盈而好谦。谦尊而光，卑而不可逾。君子之终也。"这个卦辞表明，谦虚之德美善可行。汉语中涉及谦虚美德的成语，不仅数量庞大，而且内涵丰富。

有的成语或直接褒扬"位高不自傲，才高不自诩，德高不自夸，功高不自吹"的君子风范，或描述"谦谦君子"在为人处世方面礼让、谦虚、谨慎的行为和态度，或表达谦虚美德对于成就功业、辉煌人生的重要意义。例如：

"三人行必有我师"语出《论语·述而》："三人行，必有我师焉，择其善者而从之，其不善者而改之。"指几个人一起走路，其中必有值得我学习的老师。这表达了一种极为谦虚的学习态度。

"谦谦君子"和"卑以自牧"同出于《周易·谦》："谦谦君子，卑以自牧也。""谦谦君子"指谦虚谨慎、能严格要求自己、品格高尚的人；"卑以自牧"则意谓以保持谦虚的态度来提高自己的修养。

"大而能谦"语出《周易·序》："有大者，不可以盈，有大而能谦必豫。"后用来指既有一定的知识、名望、地位或财产等，又能够谦虚待人的人。

"虚怀若谷"语本《老子》："敦兮其若朴，旷兮其若谷。"意指胸怀像山谷那样深而且宽广，形容十分谦虚。

"不矜不伐"语本《尚书·大禹谟》："汝惟不矜，天下莫与汝争能；汝惟不伐，天下莫与汝争功。"不自夸了不起，不为自己吹嘘。形容谦逊。

"谦虚谨慎"可见于毛泽东《在中国共产党第七届中央委员会议上的报告》："务必使同志们继续保持谦虚、谨慎、不骄不躁的作风。"形容人虚心礼让，小心谨慎。

"多闻阙疑"语出《论语·为政》："多闻阙疑，慎言其余，则寡尤。"虽然见多识广，有不懂之处，还应存有疑问。指谦虚谨慎的治学态度。

"一谦四益"语本《汉书·艺文志》："一谦而四益，此其所长也。"意思是谦虚能使人得到好些益处。

"满而不溢"语出《吕氏春秋·察微》："高而不危，所以长守贵也，满而不溢，所以长守富也。"器物已满盈但不溢出。比喻有资财而不滥用，有才能而不自炫。

"满招损，谦受益"语出《尚书·大禹谟》："满招损，谦受益，时乃天道。"谓自满招致损失，谦虚得到益处。

"终身让路，不枉百步"语出《新唐书·朱敬则传》："敬则兄仁轨……尝诲子弟曰：'终身让路，不枉百步；终身让畔，不失一段。'"一辈子给人让路，也不会多走一百步冤枉路。比喻对人谦让不会有什么损失。

"不耻下问"语出《论语·公冶长》，子曰："敏而好学，不耻下问，是以谓之文也。"比喻谦虚好学，不介意句不及自己的人请教。

汉语中还有不少成语是适应各种不同交际场合的自谦之词。"自我谦虚意味着对别人的敬重，所以古人在言语交际或书信往来中，需要提到自己或自己的事情时，往往委婉其辞，采取谦退自贬的说法。"① 在人际交往中，这类成语的恰当运用，对于树立起"谦谦君子"的良好形象，往往会起到非常好的效果。例如：

"备位充数"语本东汉·班固《汉书·萧望之传》："吾尝备位将相，年逾六十矣。"备位：如同尸位，意即徒在其位，不能尽职；充数：用不够格的人来凑足数额。是自谦不能做事的话。

"备位将相"亦语出东汉·班固《汉书·萧望之传》："吾尝备位将相，年逾六十矣。"表示徒在其位，只是凑数而已的自谦语。

"不弃草昧"语本《周易·屯》："天造草昧，宜建侯而不宁。"草昧：原始，未开化。不嫌弃蒙昧无知的人。用作谦词。

"不胜其任"语出《周易·系辞下》："鼎折足，覆公餗，其形渥，凶。言不胜其任也。"没有能力担当那项重任。用作谦词。

"德薄才疏"语本明·施耐庵《水浒全传》第六十八回："小弟德疏才薄，怎敢承当此位！若得居末，尚自过分。"品行和才能都很差。常作谦辞。

"菲才寡学"语出清·吴敬梓《儒林外史》第三十三回："小侄菲才寡学，大人误采虚名。"指才能小，学识浅。用于自谦。

---

① 郭锡良，李玲璞. 古代汉语（下）[M]. 北京：语文出版社，1996

　　"附骥尾"语出王褒《四子讲德论》："附骥尾则涉千里，攀鸿翮则翔四海。"意思是附着在千里马的尾巴上。比喻仰仗别人而成名。常作谦词。

　　"功薄蝉翼"语出汉·蔡邕《让高阳乡侯章》："臣事轻葭莩，功薄蝉翼。"功劳像蝉的翅膀那样微薄。形容功劳很小。常用作谦词。

　　"见笑大方"语出《庄子·秋水》："吾非至于子之门则殆矣，吾长见笑于大方之家。"被见识广博的人所笑话；也指让内行人笑话。常用作谦词。

　　"峻阪盐车"语本《战国策·楚策四》："夫骥之齿至矣，服盐车而上太行，蹄申膝折，尾湛胕溃，漉汁洒地，白汗交流，中阪迁延，负辕不能上，伯乐遭之，下车攀而哭之，解纻衣以幕之。"比喻能人老迈，难负重任。常用作谦词。

　　"末学肤受"语出汉·张衡《东都赋》："若客所谓末学肤受，贵耳而贱目者也。"是指学问没有从根本上下工夫，只学到一点皮毛。常用作谦词。

　　"任重才轻"语出三国·蜀·诸葛亮《与参军掾属教》："任重才轻，故多阙漏。"责任重大，才能薄弱。表示力不胜任。常作谦词。

　　"摄官承乏"语出春秋·鲁·左丘明《左传·成公二年》："敢告不敏，摄官承乏。"摄：代理；承乏：指官位空着无人出任，暂且由自己承担。旧时常用作官场自谦语。

　　"竖子成名"语出《晋书·阮籍传》："（阮籍）尝登广武，观楚汉战处，叹曰：'时无英雄，使竖子成名。'"指无能者侥幸得以成名。常用作谦词。

　　"忝陪末座"可见于邹韬奋《患难余生记》第一章："每次参加者有蔡先生、孙夫人……胡愈之诸先生，我也忝陪末座。"忝：辱，愧。惭愧地坐在末座作陪。原指在宴会中，因辈分小或地位低，而坐在最后面的座位。后比喻在比赛或竞赛中为最后一名。常用作谦词。

　　汉语成语在褒扬谦虚美德的同时，也对"不可一世""盛气凌人""好为人师""妄自尊大"等骄傲甚至狂妄的行为给予贬斥。例如：

　　"不可一世"语出宋·罗大经《鹤林玉露补遗》第十五卷："王荆公少年；不可一世士。"认为当代的人都不行。形容目空一切、狂妄自大到了极点。

"盛气凌人"语出清·曾国藩《求阙斋语》："今日我以盛气凌人；预想他日人亦以盛气凌我。"以骄横的气势压人。形容傲慢自大，气势逼人。

"刚愎自用"语本《左传·宣公十二年》："刚愎不仁；未肯用命。"形容一个人过分自信，完全听取不了别人的意见，十分固执。

"好为人师"语出《孟子·离娄上》："人之患在好为人师。"形容不谦虚，自以为是。

"骄傲自满"语出宋·王明清《挥麈后录》第八卷："（徐师川）既登宥密；颇骄傲自满。"看不起别人，满足于自己已有的成绩。

"骄奢淫逸"语出《左传·隐公三年》："骄、奢、淫、逸；所自邪也。"原指骄横、奢侈、荒淫、放荡四种恶习。后形容生活放纵奢侈，荒淫无度。

"妄自尊大"语出《后汉书·马援传》："子阳井底蛙耳；而妄自尊大；不如专意东方。"形容狂妄自大，不把别人放眼里。

"颐指气使"语出唐·元稹《追封李逊母崔氏博陵郡太君》："今逊等有地千里；有禄万钟；颐指气使；无不殖顺；所不足者；其唯风树寒泉之思乎！"形容有权势的人指挥别人的傲慢态度。

"招摇过市"语本《史记·孔子世家》："居卫月余，灵公与夫人同车，宦者雍渠参乘，出，使孔子为次乘，招摇市过之。"指在公开场合大摇大摆显示声势，引人注意。

"趾高气扬"语本《左传·桓公十三年》："楚屈瑕伐罗，斗伯比送之，还，谓其御曰：'莫敖必败，举趾高，心不固矣。'"形容骄傲自满，得意忘形的样子。

"自吹自擂"可见于茅盾《联系实际，学习鲁迅》："就这样，清朝统治集团所自吹自擂的'中兴大业'，转眼间已成一场春梦。"自己吹喇叭，自己打鼓。比喻骄傲自大，自我吹嘘。

中华民族是崇尚诚信的民族，也是崇尚谦虚的民族。在求生存、求发展的历史长河中，中华民族视诚信和谦虚为做人、立业和处世之本。当前，传承和发扬中华民族诚信和谦虚的美德，对于提升个人修养，促进社会和谐，实现民族复兴，均具有十分重要的意义。

第四节　汉语成语与中华民族的廉洁之德

《管子·牧民》云："国有四维，一维绝则倾，二维绝则危，三维绝则覆，四维绝则灭……何谓四维。一曰礼，二曰义，三曰廉，四曰耻，礼不愈节，义不自进，廉不蔽恶，耻不从枉。故不逾节则上位安，不自进则民无巧诈，不蔽恶则行自全，不从枉则邪事不生。"汉语成语"礼义廉耻"即出于此。古人认为礼定贵贱尊卑，义为行动准绳，廉为廉洁方正，耻为有知耻之心。这些都是中国古代社会重要的道德标准和价值观念，对于规范人们的行为起着重要的导向作用。因为"礼"和"义"常常与"仁""智""信"一起，作为中国古代社会的核心价值观念，并称"五常"，所以我们准备把这两项内容放在"汉语成语与中国古代的核心价值观"一节来谈。本章只准备分两节讨论"四维"当中的"廉"和"耻"。

广义的"廉"应该是指个人尊严，成语"寡廉鲜耻"便可印证，它指的就是不知羞耻的人。而狭义的"廉"则通常是指廉洁、廉正、廉明，是中国古代对官员的道德要求，指那些身居官位但能做到有气节不苟取的人。关于"廉"的成语大多表达的是这个意思。

"廉泉让水"语本《南史·胡谐之传》："帝言次及广州贪泉，因问柏年：'卿州复有此水不？'答曰：'梁州唯有文川、武乡、廉泉、让水。'"原比喻为官廉洁，后也比喻风土淳美。

"廉明公正"出自明·余继登《典故纪闻》第十一卷："以尔廉平公正，命长郡治。"就是指为官应不贪污受贿，清明公正。

"俭以养廉"语出诸葛亮《诫子书》："夫君子之行，静以修身，俭以养德，非淡泊无以明志，非宁静无以致远。"阐述的是俭朴可以培养廉洁的作风。

"一廉如水"语出元·柯丹丘《荆钗记·民戴》："老爷自到任以来，一廉如水。百姓今喜高升，小老人具礼远送。"是典型的歌颂古代官员为政清廉的成语。

"廉可寄财"语本《孔丛子·陈士义》："仁可与托孤，廉可以寄财者。"意思是能够以钱财相托。指十分廉洁的人。

"一琴一鹤"语出宋·沈括《梦溪笔谈》卷九："赵阅道为成都转运史，出行部内，唯携一琴一鹤，坐则看鹤鼓琴。"原指宋朝赵抃去四川做官，随身携带的东西仅有一张琴和一只鹤。形容行装简少，也比喻为官清廉。

"牙管一双"语出《南史·范岫传》："每所居官，恒以廉洁著称。为长城令时，有梓材巾箱，至数十年，经贵遂不改易，在晋陵唯作牙管笔一双，犹以为费。"后以"牙管一双"比喻为官廉洁。

"洗手奉职"语出唐·韩愈《唐故中散大夫少府监胡良公墓神道碑》："建中四年，侍郎赵赞为度支使，荐公为监察御史，主馈给渭桥以东军，洗手奉职，不以一钱假人。"比喻忠于职守，廉洁奉公。

"脂膏不润"语出《东观汉记·孔奋》："直脂膏中，亦不能润。"比喻为人廉洁，不贪财物。

"不贪为宝"语出《左传·襄公十五年》："宋人或得玉，献诸子罕。子罕弗受。献玉者曰：'以示玉人，玉人以为宝也，故敢献之。'子罕曰：'我以不贪为宝；尔以玉为宝，若以与我，皆丧宝也，不若人有其宝。'"意思是以不贪为可贵、崇高，也表示廉洁奉公。

"水火无交"语出《隋书·循吏传·赵轨》："别驾在官，水火不与百姓交，是以不敢以壶酒相送。"说的是隋代赵轨任齐州别驾四年，没有吃过别人一点东西。意思是没有财物牵涉。形容为官清正廉洁。亦作"水米无交"。

"贪官污吏"语出元·无名氏《鸳鸯被》第四折："一应贪官污吏，准许先斩后闻。"指贪赃枉法的官吏。

"贪赃枉法"语出元·无名氏《陈州粜米》："谁想那两个到的陈州，贪赃坏法，饮酒非为。"意思是贪污受贿，违犯法纪。

"巴蛇吞象"语出《山海经·海内南经》："巴蛇食象，三岁而出其骨。"意思是巴蛇吞吃大象。比喻贪心极大，不知满足。

"出山泉水"语出唐·杜甫《佳人》诗："在山泉水清，出山泉水浊。"

出山：比喻出仕。旧指做了官的人，就不像未做官时那样清白了。

"雁过拔毛"可见于《儿女英雄传》第三十一回："他既没那雁过拔毛的本事，就该悄悄儿走，怎么好好儿的把人家拆了个稀烂。"大雁飞过时也能拔下毛来。原形容武艺高超。后比喻人爱占便宜，见有好处就要乘机捞一把。

"狼贪鼠窃"语出于谦《出塞》诗："瓦剌穷胡真犬豕，敢向边疆挠赤子。狼贪鼠窃去复来，不解偷生求速死。"如狼那样贪狠；似鼠那样惯窃，指贪婪成性。

"规求无度"出自《左传·昭公二十六年》："侵欲无厌，规求无度。"指一味贪求，没有限度，形容贪得无厌。

"不知纪极"语出《左传·文公十八年》："缙云氏有不才子，贪于饮食，冒于货贿，侵欲崇侈，不可盈厌；聚敛积实，不知纪极；不分孤寡，不恤穷匮，天下之民，以比三凶，谓之饕餮。"纪极：终极，限度。形容贪得无厌。

"贪墨成风"出自《左传·昭公十四年》："贪以败官为墨。"意思是官吏贪污受贿的风气盛行。形容吏治腐败。

第五节　汉语成语与中华民族的知耻之德

中华文化自古以来就把"知耻"作为为人处世的最后的道德底线。不知耻者，无所不为，不可救药。常人心生愧疚，不自觉地会面红耳赤，这是由于人性本善。知耻之心是人之天性。孟子曰："耻之于人大矣。"试想，起一恶念，便生羞耻之心；行一恶事，便感愧恐，又耻又恐，自必速止其恶。可以说知耻是保全心念、步履不离正道的护栏。表现"耻"感文化的汉语成语也不少。例如：

"羞恶之心"语出《孟子·告子上》："恻隐之心，人皆有之；羞恶之心，人皆有之；恭敬之心，人皆有之；是非之心，人皆有之。"意思是对自己犯了错误觉得羞耻和对别人干了坏事感到憎恶的心情。

"自惭形秽"语本南朝·宋·刘义庆《世说新语·容止》："骠骑王武于；

是卫玠之舅，隽爽有风姿，见玠叹曰："珠玉在侧，觉我形秽。'"清·李绿园《歧路灯》第七十二回亦有"绍闻在娄朴面前，不免自惭形秽"之语。意思是因为自己不如别人而感到惭愧。形秽，形态丑陋，引申为缺点。

"自愧不如"语本春秋·鲁·左丘明《战国策·齐策一》："明日徐公来，熟视之，自以为不如。"也作"自愧弗如"。弗：不。自己认为不如别人，感到十分惭愧。

"惭凫企鹤"语出《庄子·骈拇》："是故凫胫虽短，续之则忧；鹤胫虽长，断之则悲。故性长非所断，性短非所续，无所去忧也。"后以"惭凫企鹤"喻对自己的短处感到惭愧，而羡慕别人的长处。另见南朝·梁·刘勰《文心雕龙·养气》："若夫器分有限，智用无涯，或惭凫企鹤，沥辞镌思。"

"寄颜无所"语出《晋书·蔡谟传》："〔蔡谟〕迁侍中、司徒，上疏让曰：'伏自惟省，惜阶谬恩……上亏圣朝栋隆之举，下增微臣覆𫗧之衅，惶惧战灼，寄颜无所。'"意思是脸面没有地方放。犹言无地自容。

"羞面见人"意为因感到羞耻而怕见人。出处《南齐书·刘祥传》："司徒褚渊入朝，以腰扇鄣日。祥从侧过，曰：'作如此举止，羞面见人，扇鄣何益？'"

"卑陬失色"语出《庄子·天地篇》"子贡卑陬失色，顼顼然不自得，行三十里而后愈。"卑陬：惭愧的样子。表示十分惭愧，面失常态。

表现"耻"感文化的成语还有"睠然而惭""愧汗淋漓""无地自容""无颜见江东父老""耻与哙伍""耻居下人""耻言人过"等等。

汉语中还有一类成语抨击"耻"感的缺失，传递的是中华传统文化对于不知羞耻之人的鄙视。例如：

"厚颜无耻"出自《诗·小雅·巧言》："巧言如簧，颜之厚矣。"南朝·齐·孔稚圭《北山移文》亦有"岂可使芳杜厚颜，薛荔蒙耻"之语。指人脸皮厚，不知羞耻。

"无耻之尤"出自清·王士禛《分甘余话》："二子可谓失其本心，无耻之尤者也。"形容人无耻至极。

"卑鄙无耻"出自清·李宝嘉《官场现形记》第三十五回："办你个'胆

大钻营，卑鄙无耻！'下去候着吧。"形容品质恶劣，不知羞耻。常用作形容坏人通过不正当手段谋取私利。

"恬不知耻"语本唐·冯贽《云仙杂记》卷八："倪芳饮后，必有狂怪，恬然不耻。"宋·吕祖谦《左氏博议·卫礼至为铭》亦有"卫礼至行险，侥幸而取其国，恬不知耻，反勒其功于铭，以章示后"之语。指做了坏事却毫不在乎，不感到羞耻。

第八章
汉语成语折射的中华民族观念

　　文化是人类创造的物质文明和精神文明的总和。众所周知，语言与文化的密切关系与生俱有。语言是文化的载体，文化通过语言得以记录、表现和传播；同时，语言离开了其承载的词面意义和深层的文化意义，则会变得一无所有。本章试图主要通过对汉语成语折射的汉民族观念文化的透析，探寻古代汉族人民的文化心理状态，以求更深入地把握汉民族的文化，更深入地理解汉语成语。

第一节　汉语成语与汉民族的伦理观

　　伦理即社会人际关系的秩序和行为准则。中国经历了长期的封建社会，形成了传统的封建伦理观念，其中包括皇权至上观念、男尊女卑观念、血缘亲疏观念和正统排异观念、等等。这些观念在汉语成语中有着比较突出的反映。我们应在马克思主义的指导下，注重从历史和文化延续性的视角去把握和分析传统文化，按照毛泽东同志所要求的，"取其精华，去其糟粕"。

一、皇权至上观念

封建帝王是最高统治者，他们处在权力的金字塔尖。"九五之尊""君权神授""真龙天子""称孤道寡"等成语就是对皇权至上观念的反映。

"九五之尊"语本《周易·乾》"九五，飞龙在天，利见大人"一语，亦作"九五之位"，指的是帝王的尊位。其中的"九五"是卦爻位名："九"是阳数的最高位，"五"是阳数的最中位。"九五之位"虽高，但居中，是典型的中正之位，故为"尊"。《易经》作者认为：得此位者，能"与天地合其德，与日月合其明，与四时合其序，与鬼神合其吉凶"。该成语突出强调了帝王之位的至高至尊。

"君权神授"亦称"王权神授"，是封建君主专制制度的一种政治理论。夏代奴隶主已经开始假借宗教迷信进行统治。《尚书·召诰》说："有夏服天命。"这是君权神授最早的记载。中国在奴隶社会的周王朝时，就称武王是"受命于天"，自称周天子，一切"礼乐征伐自天子出"。考古学从殷周的金文、甲骨文的大量卜辞中发现，当时统治阶级利用劳动人民对自然力量的迷信和崇拜，把自己的意志假托为上天的命令，称之为"天命"。周王朝的政治结构的核心是王权，所以周人集中论述了君主权力的起源是天神。认为王权是神授的，神圣不可侵犯。中国历代封建帝王也都自命为"真龙天子"，并大肆宣扬自己是天意的代理人，而天意又是不可违抗的。

"称孤道寡"语出元·关汉卿《关大王独赴单刀会》第三折："俺哥哥称孤道寡世无双，我关某走马单刀镇荆襄。"意为称帝称王，比喻自封为王，或以首脑自居。该成语也是突出君主权力的至高无上。

二、男尊女卑观念

封建伦理观念中，重男轻女、男尊女卑的思想在汉语成语中有着突出的反映，主要表现在三个方面：

一是成语内容直接表现重男轻女、男尊女卑的思想。例如：

"男尊女卑"语出《列子·天瑞》："男女之别，男尊女卑，故以男为贵。"其渊源可追溯到《周易》。《周易·系辞上》云："天尊地卑，乾坤定矣。卑高以陈，贵贱位矣……乾道成男，坤道成女。"原意本是倡导自然和谐，主张阴阳各安其位。《周易》根据男性和女性各自的性别特质，要求男性效法上天做到高尚、正直，让人敬重；要求女性效法大地做到谦和、包容，使人亲近。可见《周易》原意只是讲男女在人生与婚姻中应该如何摆正各自的位置，做到和谐生活的道理，并无男女不平等的内涵。但后世所说的"男尊女卑"确实偏离了《周易》原意，演变为男女不平等的意思。

"三从四德"既是古时候为妇女设立的道德标准，也是男性选择妻子的标准。《仪礼·丧服·子夏传》："妇人有三从之义，无专用之道。故未嫁从父，既嫁从夫，夫死从子。"《周礼·天官·九嫔》："九嫔掌妇学之法，以九教御：妇德、妇言、妇容、妇功。"内所蕴含的重男轻女思想非常明显。

"从一而终"语出《周易·恒》："妇人贞吉，从一而终也。"指丈夫死了不再嫁人，这是旧时束缚妇女的封建礼教。

"嫁鸡随鸡，嫁狗随狗"语本宋·欧阳修《代鸠妇言》："人言嫁鸡逐鸡飞，安知嫁鸠被鸠逐。"古礼认为女子出嫁后，不论遇到何种情况，都要与丈夫和谐共处，朴朴实实，恪守妇道。

"守身如玉"语本《孟子·离娄上》："孰不为守？守身，守之本也。"意思是保持节操，像玉一样洁白无瑕。也泛指爱护自己的身体。这条成语虽然不是专用于女性，但多数情况下是对女性的要求。

"女流之辈"语出清·李宝嘉《官场现形记》第五十一回："好在张太太是女流之辈，尽着由他哄骗。"妇女之流，明显带轻视的说法。

二是成语内容虽不直接表现重男轻女、男尊女卑的思想，但以女性来形容或比喻，从而实现成语的贬义色彩。列如：

"妇人之仁"出自《史记·淮阴侯列传》："项王见人，恭敬慈爱，言语呕呕，人有疾病，涕泣分食饮，至使人有功，当封爵者，印刓弊，忍不能予，此所谓妇人之仁也。"旧指处事姑息优柔，不识大体，形容妇女的软心肠。该成语中的"妇人"就与"姑息优柔，不识大体"的处事特征联系在一起。

"妇人之见"意思是妇女的见解。由于旧时轻视妇女，故用来比喻平庸的见解。该成语中的"妇人"则代表平庸。

"妇孺皆知"语本《战国策》："今秦妇人、婴儿皆言商君之法。"意思就是妇女和小孩都知道，指某件事物众所周知，流传得很广。该成语中的"妇"和"孺"都是没有见识的代名词。

"婆婆妈妈"语出清·曹雪芹《红楼梦》第七十七回："你也太婆婆妈妈的了。这样的话，自是你读书的人说的?"形容人动作琐细，言语啰唆。也形容人感情脆弱。该成语对女性的贬低也显而易见。

三是成语结构中的"男先女后""雄先雌后"语序。例如：

夫贵妻荣　夫唱妇随　男耕女织　男婚女嫁　痴男怨女　男盗女娼

男欢女爱　男媒女妁　才子佳人　金童玉女　男才女貌　儿女情长

善男信女　男尊女卑　龙章凤姿　龙凤呈祥　龙跃凤鸣　攀龙附凤

孤鸾寡鹄

孙汝建先生根据《成语词典》（江苏人民出版社，1980 年第 1 版）做了一个统计：按照"男先女后"与"雄先雌后"的语序构成的成语占 88％，按照"女先男后"与"雌先雄后"的语序构成的成语只占 12％。孙先生认为，这种语序规则"是'男尊女卑'的观念在成语构词中的反映"①。

三、血缘亲疏观念

中国两千年的历史中，整个社会的组织结构、国家制度以及确保它们得以维系的伦理道德，都是以"家族"为本位的。家族内的人际关系以血缘为纽带，血缘宗亲贯穿在整个封建社会，成为组织国家的基础。它渗透到各种社会关系和政治关系中，逐渐发展为封建社会以"三纲五常"为核心的伦理政治一体化——君权和父权交互为用，家与国彼此相通。这在汉语成语中有着清晰的反映。例如：

"一人得道，鸡犬升天"语本汉·王充《论衡·道虚》："招会天下有道

---

① 孙汝建. 汉语的性别歧视与性别差异 ［M］. 武汉：华中师范大学出版社，2010.

之人，倾一国之尊，下道术之士，是以道术之士并会淮南，奇方异术，莫不争出。王遂得道，举家升天，畜产皆仙，犬吠于天上，鸡鸣于云中。"意思是一个人得道成仙，全家连鸡、狗也都随之升天。比喻一个人做了官，和他有关系的人也都跟着得势。

"任人唯亲"可见于毛泽东《中国共产党在民族战争中的地位》："过去张国焘的干部政策与此相反，实行'任人唯亲'，拉拢私党，组织小派别。"是指用人不问人的德才，只选跟自己关系亲密的人。"任人唯亲"正是古代因血缘亲疏观念在用人方面遗留下来的不良风气。

"株连九族"源于《尚书》。是古代刑罚族诛的一种，就是一人犯死罪而连带家族成员共同承担刑事责任的刑罚制度。这种违背人性、情理以及古代统治者津津乐道的暴虐刑制，在中国古代长盛不衰。

"朋坐族诛"语出孙中山《讨袁檄文》："头会箕敛，欲壑靡穷，朋坐族诛，淫刑以逞；矿产鬻而国财空，民党戮而元气尽。"该成语是指有点朋友关系的人被判罪，整个家族都被杀掉。指株连治罪，残酷镇压。

四、正统排异观念

中国古代有"非我族类，其心必异"① 的观念，汉民族总是视自己为正统，而对异邦、异族则往往取歧视、排斥的态度。秦汉以前，对华夏以外的民族称为"夷""戎""蛮""狄"等；秦汉以后，对异族更加排斥和歧视，将域外少数民族称为"胡人"。这种正统排异观念反映在汉语成语中，就是含"蛮""胡"等语素的汉语成语几乎全是贬义色彩的。例如：

"胡搅蛮缠"语本明·杨尔曾《韩湘子全集》第二十八回："我两个是惯弄障眼法儿的，你们快去投别人做师父，莫在此胡缠乱搅。"在古代"胡"本指北方人，"蛮"本指南方人，各有粗野和蛮横之处。在汉人看来，胡人喜欢搅和，蛮人喜欢纠缠。"胡搅蛮缠"作为成语，今指行为粗野、不讲道理，纠缠不放。

———————————

① 《左传·成公四年》。

"胡言乱语"可见于元·无名氏《渔樵记》第二折："你则管哩便胡言乱语，将我厮花白。"指没有根据、不符实际地瞎说，或说胡话。

"胡作非为"可见于清·李汝珍《镜花缘》第十二回："或诬好吃懒做，或诬胡作非为。"意思是不顾法纪或舆论，毫无顾忌地做坏事。

"瘴雨蛮烟"语出宋·辛弃疾《满江红》词："瘴雨蛮烟，十年梦，尊前休说。"指南方有瘴气的烟雨。也泛指十分荒凉的地方。

这类成语还有"蛮打横冲""蛮不讲理""胡思乱想""胡说八道""胡编乱造""胡喊乱叫""胡拼乱凑""胡歌野调"，等等。

第二节　汉语成语与汉民族的审美观

语言像一面镜子，客观事物通过语言的折射，成为人们头脑中的一种镜像。审美观念是抽象的，而当它以语言为媒介与客观事物联系起来时，又是具体的。透过汉语成语，我们可以探寻到汉民族以"圆"为美、以"正"为美和以"对称"为美等许多审美观念。

一、汉语成语与汉民族以"圆"为美的审美观

圆本是一种普通的几何图形。"天圆地方"是我们祖先以朴素的直观心理观察世界得出的结论。《淮南子·本经训》说："戴圆履方，抱表怀绳，内能治身，外能得人。"所谓"戴圆履方"，字面意思就是人类头顶圆的天，脚踏方的地。由于"天"是人力所不能及的，具有至高无上的地位，所以古人极端崇敬天。由此爱屋及乌，对于天的直观形状"圆"也就极力推崇，因而"圆"便成为汉民族传统文化中的一种美的几何形状，汉民族便有了"以圆为美"的审美观。含"圆"的成语绝大多数是褒义词，刚好说明了汉民族自古以来就存在以"圆"为美的审美情趣。例如：

"字正腔圆"可见于高阳《胡雪岩全传·平步青云》："接着便也说了这一句谚语，字正腔圆，果然是道地的无锡话。"表示发音吐字准确、优雅。

"自圆其说"语出清·方玉润《星烈日记》第七十回："以世俗之情遇意外之事，实难自圆其说。"意思是把自己的说法表达得周全、圆满，没有一点破绽。

"破镜重圆"有一个典故。唐·孟棨《本事诗·情感》载："南朝陈太子舍人徐德言与妻乐昌公主恐国破后两人不能相保，因破一铜镜，各执其半，约于他年正月望日卖破镜于都市，冀得相见。后陈亡，公主没入越国公杨素家。德言依期至京，见有苍头卖半镜，出其半相合。德言题诗云：'镜与人俱去，镜归人不归；无复嫦娥影，空留明月辉。'公主得诗，悲泣不食。素知之，即召德言，以公主还之，偕归江南终老。"后以"破镜重圆"喻夫妻离散或决裂后重又团聚或和好。

"功德圆满"语出唐·陈集原《龙龛道场铭》："更于道场之南造释迦尊像一座，遂得不日而成，功德圆满。"比喻功业和德行完美无缺。

"八面圆通"语出清·李宝嘉《官场现形记》第三十八回："第二要嘴巴会说，见人说人话，见鬼说鬼话，见了官场说官场上的话，见了生意人说生意场中的话，真正要八面圆通，十二分周到，方能当得此任。"形容为人处事圆滑，处处应付周全。

"花好月圆"语出宋·张先《木兰花》词："人意共怜花月满，花好月圆人又散。欢情去逐远云空，往事过如幽梦断。"花儿正盛开，月亮正圆满。比喻美好圆满的家庭生活。多用于祝贺人新婚。

二、汉语成语与汉民族以"正"为美的审美观

"正"本是一种空间位置，一种状态。在汉民族的审美观念中，"正"是一种空间美，符合汉民族的欣赏习惯，故而"正"由审美意识上的标准衍化为行为规范中的准则。"正"在儒家言论里是美好有积极意义的行为规范，体现出儒家的道德追求。如"名不正，而言不顺"，"其身正，不令而行；其身不正，虽令不从。"① 在以"正"为美的汉民族审美观念的支配下，由"正"

---

① 语出孔子《论语》。

构成的成语中存在大量的褒义词。例如：

"正直无私"语本《左传·庄公三十二年》："神，聪明正直而壹者也。"孔颖达疏："襄七年传曰：'正直为正，正曲为直。'言正者能自正，直者能正人曲，而壹者言其一心不二也。"意思是公正而无私心。

"正声雅音"语出唐·皮日休《通玄子栖宾亭记》："其正声雅音，笙师之吹竽，邠人之鼓籥，不能过也。"意思是指纯真优雅的音乐。

"名正言顺"语本《论语·子路》："名不正则言不顺，言不顺则事不利。"原指名分正当，说话合理。后多指做某事名义正当，道理也说得通。

"正人君子"出自《旧唐书·崔胤传》："胤所悦者阘茸下辈，所恶者正人君子。人人悚惧，朝不保夕。"旧时指品行端正的人。现也有讽刺的用法，指假装正经的人。

"正色敢言"语出《明史·王竑传》："十一年授户科给事中，豪迈负气节，正色敢言。"又《刘健传》："健学问深粹，正色敢言，以身任天下之重。"意谓态度严肃，敢于直言。

"正身明法"语出《晋书·元帝纪》："二千石令长当祗奉旧宪，正身明法，抑齐豪强，存恤孤独，隐实户口，劝课农桑。"意谓端正己身，严明法纪。

以上这些含"正"的成语都是褒义色彩的。含"正"的褒义成语还有不少，例如：

中正无私　正义凛然　正本溯源　正大光明　正心诚意　平易正直
字正腔圆　心正气和　方正贤良　一本正经　浩然正气　光明正大
反邪归正　质朴守正　搅乱反正　大公至正　神清气正　邪不敌正

三、汉语成语与汉民族以"对称"为美的审美观

对称是将物质材料按其组合规律组织起来而形成的一种形式美。对称是美学的基本原则之一，也是汉族人民的一种重要的审美标准。可以说，以对称为美的观念成为汉民族的文化基因，深深根植于汉民族的意识领域，成为汉民族审美心理的深层内容。

汉民族崇尚与追求对称美，有着深层次的思想渊源。《周易·系辞上》："是故易有太极，是生两仪，两仪生四象，四象生八卦，八卦定吉凶，吉凶生大业。"汉民族古老而生命力极强的二元辩证哲学观念以及儒家追求的均衡平和、不偏不倚的中庸观念，正好与对称的形式以及这种形式给人的稳定、均衡的心理感受相吻合，使得均衡对称的审美意识在汉民族文化生活之中表现得特别显现和突出。

汉民族"以对称为美"的审美观念在汉语成语上得到了很好的表现。

首先，汉语成语在结构形式上，具有匀称和谐、庄重典雅、整齐一律的美感。汉语成语以四字格为主。周荐先生对《中国成语大辞典》（上海辞书出版社，1987年）做过统计，该书共收条目总数为17934个，其中四字格的有17140个，约占总数的95.57%。（周荐：《论成语的经典性》，《南开学报》1997年第2期）这还不包括双四字格式的形式，如"智者千里，必有一失"。可以说，四个字，不长不短，整齐划一，给人一种和谐对称的感觉。

其次，汉语成语在排列组合上，两两相对，具有对称和谐的特征，从视觉上给人对称的平衡感。如金枝/玉叶，悲欢/离合，天高/地厚，人杰/地灵，此起/彼伏，等等。

再次，部分数字成语在数字选用上也体现出均衡对称美。例如，一朝一夕，一清二白，一刀两断，一日三秋，一言九鼎，一目十行，三头六臂，三教九流，四面八方，四平八稳，四通八达，五光十色，三亲六故，三回九转，三贞九烈，十全十美，千姿百态，千秋万代，等等。

第三节　汉语成语与汉民族的核心价值观

价值观是基于人的一定的思维感官之上而做出的认知、理解、判断或抉择，也就是人认定事物、辩别是非的一种思维或价值取向。价值观的内容，一方面表现为价值取向、价值追求，凝结为一定的价值目标；另一方面表现为价值尺度和准则，成为人们判断事物有无价值及价值大小的评价标准。思考价值问题并形成一定的价值观，是人们使自己的认识和实践活动达到自觉的重要标志。"要概括古代中华文化中所包含的核心价值思想绝非容易的事情。但大体上可以用'仁义礼智信'这五个核心价值思想来说明其丰富内涵。因为'仁义礼智信'始终是我国传统核心价值观和道德精神最基本、最重要的范畴，是个人思想道德修养中最主要的内容。"这些内容，在汉语成语中均有着深刻的反映。

一、汉语成语与"仁"

"仁"是中华传统文化首要的核心价值观念和道德情感。汉语成语反映这一价值观念和道德情感的内容非常丰富，主要包括仁爱思想、人道原则与和谐理念。

（一）仁爱思想

具有仁爱思想的人必然道德高尚，能够为崇高的事业奉献。"仁人君子"语出《晋书·刑法志》："刑之则止，而加之斩戮，戮过其罪，死不可生，纵虐于此，岁以巨计，此乃仁人君子所不忍闻，而况行之之政乎?"该成语就是指道德、人品高尚的人。"仁人志士"语出《论语·卫灵公》："志士仁人，无求生以害仁，有杀身以成仁。"原指仁爱而有节操，能为正义牺牲生命的人，现在泛指爱国而为革命事业出力的人。

具有仁爱思想的人也必然与人为善，爱惜生灵。"仁民爱物"语本《孟子·尽心上》："君子之于物也，爱之而弗仁；于民也，仁之而弗亲，亲亲而仁民，仁民而爱物。"指对人亲善，进而对生物爱护。"好生之德"出自《尚书·大禹谟》："与其杀不辜，宁失不经，好生之德，洽于民心。"意思是指有爱惜生灵，不事杀戮的品德。"暴殄天物"语出《尚书·武成》："今商王受无道，暴殄天物，害虐烝民。"指不按礼制规矩打猎，滥加捕杀，残虐杀害各种生物。"暴殄天物"被看作"无道"的表现。

仁爱思想是"中国固有的精神"。古之学者历来大力提倡统治者"发政施仁""止戈兴仁"，普通人"观过知仁""积德累仁"，极力反对"为富不仁""求生害仁"，并在此基础上建立和谐的人际关系。

（二）人道原则

成语"己所不欲，勿施于人"语出《论语·颜渊》："仲弓问仁。子曰：'出门如见大宾，使民如承大祭；己所不欲，勿施于人；在邦无怨，在家无怨。'"意思是如果自己都不希望被人这般对待，推己及人，自己也不要那般待人。按照这一原则为人处世，就是不要把自己不想做的事强加给别人，而要把自己想做的事、想达到的目的，想办法也让别人达到。

"得饶人处且饶人"语出《唾玉集·常谈出处》："蔡州褒信县有道人式棋，常饶人先，其诗曰：'自出洞来无敌手，得饶人处且饶人。'"指要宽容、体谅别人，尽量宽恕别人。还指做事不要做绝，须留有余地。

"犯而不校"语出《论语·泰伯》："以能问与不能，以多问于寡；有若无，实若虚，犯而不校。"就是指别人触犯了自己也不计较。

还有"人非圣贤孰能无过""宽大为怀""不计前嫌""不念旧恶"等汉语成语，都是提倡宽恕等人道原则的。

（三）和谐理念

成语"地利人和"出自《孟子·公孙丑下》："天时不如地利，地利不如人和。"原意是指在战争中获胜的各种因素中，"地利"与"人和"的因素至关重要。后表示优越的地理条件和良好的群众关系。

"求同存异"语本《礼记·乐记》："乐者为同，礼者为异。同则相亲，异则相敬，乐胜则流，礼胜则离。"意思是找出共同点，保留不同意见。因为存在共同性，所以能够增加彼此之间的亲切感，接受相异性，是一种道德的宽容，可以增进彼此之间的相互尊重。

"和而不同"语出《论语·子路》："君子和而不同，小人同而不和。"意思是和睦地相处，但不随便附和。

"同心协力"亦作"同心并力"，语出汉·贾谊《过秦论》："且天下尝同心并力攻秦矣，然困于险阻而不能进者，岂勇力智慧不足哉？"意思是团结一致，共同努力。

"同舟共济"亦作"风雨同舟"，语出《孙子·九地》："夫吴人与越人相恶也，当其同舟而济，遇风，其相救也如左右手。"大家同坐一条船过河，比喻同心协力共渡难关。

"同心同德"语出《尚书·泰誓》："受有亿兆夷人,离心离德。予有乱臣十人,同心同德。"指思想统一,信念一致。

"二人同心,其利断金"语出《周易·系辞上》："二人同心,其利断金;同心之言,其臭如兰。"两个人同心合意,其锋利程度能把金属切开。这里用的是比喻。比喻只要两个人一条心,就能发挥很大的力量。

"众志成城"语出《国语·周语下》："众心成城,众口铄金。"意思是大家同心协力,就像城墙一样牢固。比喻大家团结一致,就能克服困难。

"和衷共济"出自两个典故。《尚书·皋陶谟》:"同寅协恭和衷哉。"《国语·鲁语下》:"夫苦匏不材于人,共济而已。"比喻同心协力,克服困难。

"四海之内皆兄弟"语出《论语·颜渊》:"君子敬而无失,与人恭而有礼,四海之内,皆兄弟也。"四海:指天下。天下的人民都像兄弟一样。

"和睦相处"语本《左传·成公六年》:"上下和睦;周旋不逆。"指邻国或邻居之间和平友好地相交往。

二、汉语成语与"义"

"义"是中华文化传统核心价值观和道德精神的精蕴,是传统核心价值观对人的价值和品质问题的伦理思考与本质揭示。中华民族传统核心价值观把"义"看作人的根本价值追求,即人的立身之本和基本道德规范,基本的含义是判断是非、辨别善恶的标准,是人之为人的根据。

"见利思义"语出《论语·宪问》:"见利思义,见危授命,久要不忘平生之言,亦可以为成人矣。"意思是看到货财,要想到道义。也就是在利益面前,首先考虑是否应该、合理等问题。这一思想并不否定人们对个人利益的追求,只是以"义"作为衡量行为的标准。

"取义成仁"语本《论语·卫灵公》:"志士仁人,无求生以害仁,有杀身以成仁。"指为正义而牺牲生命。

"舍生取义"语出《孟子·告子上》:"生,亦我所欲也;义,亦我所欲也。二者不可得兼,舍生取义也。"意为为了正义事业不怕牺牲。常用于赞扬别人难能可贵的精神。孟子把"义"看得比生命还重要，认为在生命和道义发生冲突，二者不能兼顾时，应舍弃生命而取道义。这种价值取向，曾激励了历代无数仁人志士为正义事业而艰苦奋斗，甚至献出宝贵的生命。

以孔子和孟子为代表的儒家思想表现了"重义轻利"的价值倾向。当梁惠王问孟子有什么对强国有利的方法时，孟子说："王何必曰利，亦有仁义而已矣。"（《孟子·梁惠王上》）宋代理学家继承重义轻利的观念，认为"义"为根本，"得义则重，失义则轻，由义为荣，背义为耻"，一切荣辱都以符合"义"与否为标准，其余一切名利都不值一提。

"重义轻利"的价值观念占主导地位有深刻社会经济原因。古代汉族人民长期处于小农经济自给自足的环境，生产中占支配地位的是使用价值，而不是通过生产与交换来营利。所以，不言利乃至耻言利，不仅是经济活动的指导原则，也是维护封建社会秩序的一般规范。这样，"重义轻利"的价值观念，就深入到了汉民族的文化心理。儒家"耻言财利"，法家"抑制工商"，追求"重道轻技"，佛家倡言物质生活的寂灭，都是以追求货利为禁忌，对内在德行的自我完善，超越了对外在功利的追求。

儒家传统观念所包含的"见利思义""义以为上"等思想需要我们很好地继承和弘扬，"见利忘义"的观念自然应得到批评和唾弃。

三、汉语成语与"礼"

中国素以礼仪之邦著称。在中国古代社会，"礼"是仁义道德的载体，仁义道德无礼不成。"礼"同时也是用于维系调整人与人之间的各种社会关系和权利义务的制度和民俗。可以说，"礼"的价值观念在汉民族人们的心目中根深蒂固。汉语成语反映"礼"文化的内容非常丰富，具体表现在三个方面。

（一）提倡"礼尚往来"的交往原则

中国人重视礼仪，在礼节上看重有来有往，重视人与人、国与国之间的礼仪交往，讲求"礼尚往来"。这条成语出自《礼记·曲礼上》："太上贵德，其次务施报，礼尚往来，往而不来，非礼也；来而不往，亦非礼也。"借指用对方对待自身的态度和方法去对待对方。"礼尚往来"已经成为中国人际交往的基本规则。

"礼无不答"语出《礼记·燕义》："君举旅于宾，及君所赐爵，皆降再拜稽首，升成败，明臣礼也。君答拜之，礼无不答，明君上之礼也。"释义为双方的往来之中若是有其中一方对他人礼数周全相待，受礼的一方就不能不以同样的礼数去回报。体现了一种为人处世的原则，即交往之中不可不回报他人之礼，也不能轻易受别人的礼。

（二）推行"礼乐教化"的道德伦理

礼乐是中国古代社会的典章制度和道德伦理，礼乐教化在春秋时代盛行天下。"礼乐文化"的内涵和意旨是人要学会修身养性、体悟天道、谦恭有礼、威仪有序，这也是古代圣贤推行礼乐的本意所在。《礼记·乐记》中说："乐者，天地之和也；礼者，天地之序也。和故百物皆化，序故群物皆别。"礼在古代被认为是天经地义的，是天地间最重要的规则和秩序；乐是人世间最美之声，乃道德之彰显，礼序乾坤，乐和天地，调和着世间的生活秩序。故有"大乐与天地同和，大礼与天地同节"一说。礼乐制度倍受先秦圣人推崇，儒家用礼乐来管束自己，力求事事均归于"礼"。要达到"仁"的境界，修养方法是"克己复礼"。这条成语出自《论语·颜渊》："颜渊问仁。子曰：'克己复礼为仁。一日克己复礼，天下归仁焉！为仁由己，而由人乎哉？'"成语"礼崩乐坏"表现出古人唯恐礼乐制度遭到破坏。《论语·阳货》："三年之丧，期已久矣。君子三年不为礼，礼必坏；三年不为乐，乐必崩。"表述礼乐教化的成语还有"礼废乐坏""礼坏乐崩""礼坏乐缺""礼乐刑放"等等。

"礼废乐崩"同"礼坏乐崩""礼坏乐缺"，其出处大约可以追溯到汉·公孙弘《请为博士置弟子员议》之中，原文语句为："今礼废乐崩，朕甚闵焉"。古代的礼制是作为社会之中道德和行为的一种规范准则而存在的。故用这几个成语来形容社会时局动荡不安，纲常崩坏，秩序紊乱。

（三）主张"适可而止"的用礼规范

"礼"作为仁义道德的载体非常重要，儒家强调"非礼勿视，非礼勿听，非礼勿言，非礼勿动"，就是突出"礼"的重要性。成语"礼失则昏"语出

《史记》："夫子之言曰：'礼失则昏，名失则衍矢志为昏，失所为衍。'"意思是社会一旦失去礼义的约束必将陷入混乱，该成语体现出了社会中"礼"的地位和它存在的必要性，这说明社会不可无礼。

但是，凡事得适可而止，因为中国有句古语叫"过犹不及"。与"礼"相关的一些成语也体现了这个观点。例如"礼烦则不庄"语出《吕氏春秋·适威》："礼烦则不庄，业烦则无功。"意指礼仪太过于繁杂，流于表面反而显得轻浮、不庄重。与之近似的"礼烦则乱"语出《尚书·说命》，指礼节过于繁杂琐碎，细节沉冗则容易乱。"礼胜则离"语出《乐记》："乐者为同，礼者为异。同则相亲，异则相敬。乐胜则流，礼胜则离。合情饰貌者，礼乐之事也。"该成语阐述了如果这个社会上只剩下"礼"，那必定会导致各个阶级彼此离心离德，最终整体走向分崩离析的道理。"礼奢宁俭"语本《论语·八佾》："林放问礼之本。子曰：大哉问。礼，与其奢也，宁俭。"意思是礼义过多会显得麻烦，不如俭约些。

汉语成语有关"礼"文化的内容远不止此。这些成语既是中华民族知礼、懂礼、达礼的道德风俗的真实记录，同时又推动了中国的道德教化。

四、汉语成语与"智"

"智"是中华民族传统核心价值观的基本价值理念之一。"中国传统文化认为，道德离不开智慧，道德本身就是最高的智慧，也是智慧思考的结果，是一种认识境界，表现为对自然天道、社会公道正义和人生价值的大彻大悟，对是非、善恶、美丑的理性把握。"理性、求真和创新是"智"这一价值观念的本质特点。

理性。就是不走极端，不感情用事，不盲目跟风。"格物致知"语出《礼记·大学》："致知在格物，物格而后知至。""所谓致知在格物者，言欲致吾之知，在即物而穷其理也。"即探究事物原理，而从中获得智慧。语出《论语》的"过犹不及"，这条成语讲的就是事情做得过头，就跟做得不够一样，都是不合适的。"不夷不惠"语出汉·扬雄《法言·渊骞》"不夷不惠，可否之间也。"意思是指不做伯夷也不学柳下惠。比喻折中而不偏激。这些成语强调的就是有理性地对待一切事物。

求真。"抱诚守真"语出鲁迅《摩罗诗力说》："上述诸人，其为品性言行思惟，虽以种族有殊，外缘多别，因现种种状，而实统于一宗；无不刚健不挠，抱诚守真。"意思是志在真诚，恪守不违。指坚守真理。"返朴归真"语本《战国策·齐策》："触知足矣，归真返璞，则终身不辱。"谓还其原始的淳朴本真状态。

创新。创新无论是对于个人还是对于民族，都是得以突破旧有桎梏，不断超越自身，不断发展完善，以更加高昂的姿态走向未来的动力。"不法常可"语出《韩非子·五蠹》："是以圣人不期修古，不法常可，论世之事，因为之备。"就是指不把常规惯例当作永远不变的模式。"吸新吐故"语出汉·王吉《谏昌邑王疏》："吸新吐故以练臧，专意积精以适神，于以养生，岂不长哉！"意思是吸进新气，吐出浊气。"前无古人"语本唐·陈子昂《登幽州台歌》："前不见古人，后不见来者。"指以前的人从来没有做过的，也指空前的。"咸与维新"语出《书·胤征》："天吏逸德，烈于猛火，歼厥渠魁，胁从罔治。旧染污俗，咸与惟新。"指一切除旧更新。

五、汉语成语与"信"

"信"作为价值理念和道德规范，其核心内涵就是对某种信念、原则和语言出自内心地忠诚，不欺骗、不失言、不妄语；就是要人们尽到对他人、社会和国家的责任和义务，满善于心，言行一致；就是诚实守信用。它是中华民族大力提倡的核心价值观念之一，也是中华民族精神一个极其重要的方面，一直被视为做人的根本。《周易》六十四卦中的"中孚卦"，便是专门论述人应该具备诚信价值观念的。"孚"是"诚信"的意思。"在《周易》四百五十句卦爻辞中，就有二十六次提到了'孚'，由此可见《周易》对诚信的重视程度。"① 汉语中有大量反映诚信这一核心价值观念的成语。

"立木为信"亦作"徙木为信"，语本司马迁《史记·商君列传》："令既

---

① 余心悦，游牧.《周易》与生活 [M]. 北京：人民邮电出版社，2011. 147

具，未布，恐民之不信己，乃立三丈之木于国都市南门，募民有能徙置北门者予十金。民怪之，莫敢徙。复曰：'能徙者予五十金。'有一人徙之，辄予五十金，以明不欺。卒下令。"该成语记录的是大政治家商鞅讲信用的事迹。商鞅懂得，要想变法成功，必先取信于民。商鞅这一举动，取得了百姓的信任，而商鞅的变法也就很快在秦国推广开了。新法使秦国渐渐强盛，最终统一了中国。可见，"诚信"对一个国家的兴衰存亡都起着非常重要的作用。

"一诺千金"语本《史记·季布栾布列传》："得黄金百，不如得季布一诺。"意思是许下的一个诺言有千金的价值；比喻说话算数，极有信用度。秦末有个叫季布的人，一向说话算数，信誉非常高，许多人都同他建立起了深厚的友情。当时流传着这样的谚语："得黄金百斤，不如得季布一诺。"一个人诚实有信，自然得道多助，能获得大家的尊重和友谊。

"退避三舍"语本《左传·僖公二十三年》"遇于中原，其避君三舍"之语。古时行军以三十里为一舍。后用该成语比喻不与人相争或主动让步。史载：（重耳）及楚，楚子飨之，曰："公子若返晋国，则何以报不穀？"对曰："子女玉帛，则君有之；羽毛齿革，则君地生焉；其波及晋国者，君之馀也。其何以报君？"曰："虽然，何以报我？"对曰："若以君之灵，得反晋国，晋、楚治兵，遇于中原，其避君三舍；若不获命，其左执鞭弭，右属橐鞬，以与君周旋。"四年后，重耳回到晋国当了国君，这就是历史上有名的晋文公。公元前633年，晋、楚城濮之战，两军阵前，晋文公果然命令晋军后退九十里，兑现了当年对楚成王许下的诺言。这条成语表现的是春秋战国时期的政治家晋文公言出必行、信守诺言的君子风范。

"剑挂冢树"语本《史记·吴太伯世家》："季札之初使，北过徐君。徐君好季札剑，口弗敢言。季札心知之，为使上国，未献。还至徐，徐君已死，于是乃解其宝剑，系之徐君冢树而去。从者曰：'徐君已死，尚谁予乎？'季子曰：'不然。始吾心已许之，岂以死倍吾心哉！'"后就用这条成语比喻人恪守信义而生死不渝的高贵品质。

"一言既出，驷马难追"语本《论语·颜渊》："夫子之说君子也，驷不及舌。"《邓析子·转辞》亦有"一言而非，驷马不能追；一言而急，驷马不能及"之语。意思是一句话说出了口，就是套上四匹马拉的车也难追上；指话说出口，就不能再收回，一定要算数。

"信及豚鱼"语出《周易·中孚》："豚鱼吉，信及豚鱼也。"意思是信用及于小猪和鱼那样微贱的东西；比喻信用非常好。

"言而有信"语出《论语·学而》第七章，子夏曰："贤贤易色；事父母能竭其力；事君，能致其身；与朋友交，言而有信。虽曰未学，吾必谓之学矣。"意思是说话靠得住，有信用。

"言之不渝"语出晋·陆机《遂志赋》："任穷达以逝止，亦进仕而退耕；庶斯言之不渝，抱耿介以成名。"意思是说出的话绝不改变。

"金石不渝"语出宋·欧阳修《除许怀德制》："享爵禄之崇高，荷宠灵之优渥，挺金石不渝之操。"意思是像金石那样不可改变；形容坚守盟约、节操而不改变。

"抱柱之信"亦作"尾生之信"，语本《庄子·盗跖》："尾生与女子期于梁下，女子不来，水至不去，抱梁柱而死。"《史记·苏秦列传》："信如尾生，与女子期于梁下，女子不来，水至不去，抱柱而死。"该成语用以表示坚守信约。

"讲信修睦"语出《礼记·礼运》："选贤与能，讲信修睦。"意思是指人与人之间，国与国之间，讲究信用，谋求和睦。

"坚持不渝"则是指坚持到底，绝不改变；多指坚守诺言，态度始终如一。

汉语成语在赞美诚实守信价值观念的同时，也对"违信背约""言不践行""行不顾言"等不讲信用的行为给予贬斥。

"违信背约"语出《周书·武帝纪下》："伪齐违信背约，恶稔祸盈。"谓不守信用，违背共同制定的条约。

"背信弃义"语本《北史·周纪下·高祖武帝》："背惠怒邻，弃信忘义。"意思是违背诺言，不讲道义，多指朋友间出卖友谊。

"轻诺寡信"语本《老子》六十三章："夫轻诺必寡信，多易必多难。"意思是轻易答应人家要求的，一定很少守信用。

"临期失误"语出明·李昌祺《剪灯余话·泰山御史传》："却乃连日酣酢，临期失误，使百辟仓皇骇愕以失色。"意谓到了预先约定的时间却失约了；指不守诺言。

"言不践行"语出清·吴趼人《二十年目睹之怪现状》第二十回："此刻害我做了个言不践行的人，我气的就是这一点。"意思是说了却不能实行。

"行不顾言"语出《孟子·尽心下》："言不顾行，行不顾言。"是指做事不守信用。

"大车无輗"语出《论语·为政》："人而无信，不知其可也。大车无輗，小车无軏，其何以行之哉？"比喻人如果无信，则难以立足社会。

"口血未干"语出《左传·襄公九年》："与大国盟，口血未干而背之，可乎？"古时订立盟约，要在嘴上涂上牲口的血；指订约不久就毁约。

第九章
汉语成语和中国古代政治

现代语言学家李行健先生主编的《现代汉语规范词典》把"政治"定义为"阶级、政党、社会团体或个人参与的国内外的斗争和活动。主要是夺取、建立、巩固国家政权的斗争，以及运用政权治理国家和社会的活动。"依据这个理解，本章研究汉语成语与中国古代政治，则将"中国古代政治"定位于"中国古代君主和各级官吏维护统治、治理国家的活动"。

第一节　汉语成语涉及的古代政治人物

中国古代政治对汉语成语的一个重要影响是，帝王将相、文武百官等大量的中国古代政治人物及其活动进入到汉语成语当中。

一、汉语成语所涉及的帝王将相和文武百官

中国封建社会历史漫长，一部《二十四史》基本上就是帝王将相的历史。自然而然，与帝王将相有关的汉语成语也就特别多。

"黄袍加身"语本《宋史·太祖本纪》："诸校露刃列于庭曰：'诸军无主，愿策太尉为天子。'未及对，有以黄衣加太祖身，众皆罗拜呼万岁。"该

成语涉及宋代皇帝赵匡胤。五代后周时，赵匡胤在陈桥兵变，部下诸将给他披上黄袍，拥立为天子。后比喻发动政变获得成功。

"烛影斧声"是宋太祖去世之前，太宗入宫的一段传说。该成语涉及宋代太祖和太宗两代皇帝。宋·文莹《续湘山野录》："急传宫钥开端门，召开封王，即太宗也。延入大寝，酌酒对饮，宦官宫女悉屏之。但遥见烛影下，太宗时或避席，有不可胜之状……顾太宗曰：'好做好做。'遂解带就寝，鼻息如雷霆。是夕太宗留宿禁内。将五鼓，周庐者寂无所闻，帝已崩矣。"《续资治通鉴长编》及明·柯维骐《宋史新编》等亦均有类似记述。后人因有以"烛影斧声"指太宗杀兄夺位；但亦有称其诬者，明·程敏政《宋纪终受考》辩驳尤详。

"周公吐哺"语本《史记·鲁周公世家》："周公戒伯禽曰：'我文王之子，武王之弟，成王之叔父，我于天亦不贱矣。然我一沐三捉发，一饭三吐哺，起以待士，犹恐失天下之贤人。子之鲁，慎无以国骄人'。"后遂以"周公吐哺"指在位者礼贤下士之典实。

"晋惠闻蟆"语出《晋书·惠帝纪》："帝又尝在华林园。闻虾蟆声，谓左右曰：'此鸣者为害胡，私乎？'或对曰：'在官地为官，在私地为私。'及天下荒乱，百姓饿死，帝曰：'何不食肉麋？'其蒙蔽皆此类也。"借以讽喻封建统治者的昏庸。

"秦穆杀三良"语出《左传·文公六年》："秦伯任好卒，以子车氏之三子奄息，仲行、针虎为殉，皆秦之良也，国人哀之，为之赋《黄鸟》。"借以讽喻封建统治者残暴的行为。

"卫瓘抚床"典出《晋书·卫瓘传》："惠帝之为太子也，朝臣咸谓纯质，不亲政事。瓘每欲陈启废之，而未敢发。后会宴陵云台，瓘托醉，因跪帝床前曰：'臣欲有所启。'帝曰：'公何所言耶？'瓘欲言而止者三，因以手抚床曰：'此座可惜！'帝意乃悟，因谬曰：'公真大醉耶？'瓘于此不复有言。"后成为臣子巧谏帝王的典故。

"乞食饭牛"典出《汉书·邹阳传》："百里奚乞食于道路，缪公委之以政；宁戚饭牛车下，桓公任之以国。此二人者，岂素宦于朝。借誉于左右，然后二主用之哉。"说的是百里奚和宁戚二人。春秋时百里奚一路乞食前往秦国，宁戚为出身微贱但怀有大志的饲牛农人，后二人分别被秦穆公和齐桓公委以执掌国政。

"指鹿为马"典出《史记·秦始皇本纪》："赵高欲为乱，恐群臣不听，乃先设验，持鹿献于二世，曰：'马也。'二世笑曰：'丞相误邪？谓鹿为马。'问左右，左右或默，或言马以阿顺赵高，或言鹿，高因暗中诸言鹿者以法。后群臣皆畏高。"赵高故意颠倒是非，成为以权势欺压众臣的典型。

"三顾茅庐"语本三国·蜀·诸葛亮《出师表》："先帝不以臣卑鄙，猥自枉屈，三顾臣于草庐之中。"原为汉末刘备访聘诸葛亮的故事。此后常用来比喻真心诚意，一再邀请、拜访有专长的贤人。

"乐不思蜀"出自《三国志·蜀书·后主传》。《三国志·蜀书·后主传》裴松之注引《汉晋春秋》："问禅曰：'颇思蜀否？'禅曰：'此间乐，不思蜀。'"蜀：三国时期的蜀汉，始于昭烈帝刘备，终于汉怀帝（刘渊追谥）刘禅。"乐不思蜀"原义指蜀后主刘禅甘心为虏不思复国。后比喻在新环境中得到乐趣，不再想回到原来环境中去。

"卧薪尝胆"语本《史记·越王勾践世家》："越王勾践反国，乃苦身焦思，置胆于坐，坐卧即仰胆，饮食亦尝胆也。"春秋时越王勾践战败，睡在柴草上，经常尝一尝苦胆来激励自己雪耻。形容人刻苦自励，发奋图强。

"鞠躬尽瘁"出自三国·蜀·诸葛亮《出师表》："鞠躬尽瘁，死而后已。"指勤勤恳恳，竭尽心力，到死为止。

"萧规曹随"语本《史记·曹相国世家》："参代何为汉相国，举事无所变更，一遵萧何约束。"汉代扬雄《解嘲》亦有"夫萧规曹随，留侯画策"之语。比喻按照前人的成规办事。

"口蜜腹剑"语本宋代司马光《资治通鉴·唐玄宗天宝元年》："李林甫为相，凡才望功业出己右，及为上所厚而势位逼己者，必百计去之。其人尤忌文学之士。或阳与之善，啖以甘言，而阴陷之。世谓李林甫'口有蜜，腹有剑。'"意思为嘴上甜，心里狠。形容两面派的狡猾阴险，多指蛇蝎心肠的人。

"请君入瓮"语本《太平广记》卷一二一。该卷引唐张鷟《朝野佥载·周兴》："唐秋官侍郎周兴，与来俊臣对推事。俊臣别奉进止鞫兴，兴不之知也。及同食，谓兴曰：'囚多不肯承，若为作法？'兴曰：'甚易也。取大瓮，以炭四面炙之，令囚人处之其中，何事不吐！'即索大瓮，以火围之，起谓兴曰：'有内状勘老兄，请兄入此瓮。'兴惶恐叩头，咸即款伏。"后用"请君入瓮"谓以其人之道还治其人之身。也借指设计好圈套引人上当（《现代汉语词典（第六版）》）。

"五月披裘"语出晋·皇甫谧《高士传·披裘公》："披裘公者，吴人也。延陵季子出游，见道中有遗金，顾披裘公曰：'取彼金。'公投镰瞋目，拂手而言曰：'何子处之高而视人之卑？五月披裘而负薪，岂取金者哉？'"比喻廉洁，孤高自赏。

"吟诗免税"这条成语说的是：唐代李皋，曾任刺史、节度使等职，在职时筑堤防灾，兴修水利，造福于民。并以爱才而小有名气。任地方官时，当地百姓何仲举，年仅十三岁，因未遵守政府规定纳税，按当时法律，系枷坐牢。有人告李皋说，何仲举能吟诗，李皋把他叫到堂前面试。何立即吟咏五言诗四句："似玉来投狱，抛家去就枷，可怜两片木，却夹一枝花。"诗中的玉和狱、家和枷同音，含义则完全相反：作者把自己比成一枝花，却被两片木枷夹往，颇有风趣。李皋大为赞赏，马上开枷释放，待之以礼。这种奇特的免税方式至今仍是前无古人，后无来者的壮举。

"两袖清风"出自明朝民族英雄于谦《入京》诗："清风两袖朝天去，免得闾阎话短长。"后成为对廉洁官吏的赞扬。

二、与韩信有关的成语典故

韩信是西汉的开国功臣，是中国历史上伟大的战略家、战术家、统帅和军事理论家，中国军事思想"谋战"派代表人物。韩信用兵讲究出奇制胜，被后人奉为兵仙、战神。与韩信有关的成语故事约有三十个。下文十个常见的成语可以串联起韩信的一生。

1. 胯下之辱

韩信未成名时，在街头碰到一个恶少，恶少看见韩信背着剑，就挡住韩信的去路对韩信说：要么砍我，要么就从我胯下钻过去。韩信便从容地从恶少的胯下钻过去了。这个故事其实还有续集：后来韩信衣锦还乡，找到那个恶少，恶少吓得魂不附体，韩信一笑置之，还赏了他个小官做。"胯下之辱"是韩信不与小人计较，一心谋大事的写照。

2. 一饭千金

还是在韩信未成名之前，韩信生活困苦，常常吃了上顿没下顿，一个在河边洗衣服的老太太就经常给韩信分点带来的饭吃。韩信非常感激，说："将来我一定要重重报答你。"老太太说："一个男人都不能自食其力，我还能指望上你的报答吗？"韩信听了非常惭愧。这个故事的后续是：韩信后来衣锦还乡，找到这位当年的恩人，赏赐千金。"一饭千金"是韩信知恩图报的表现。

3. 推陈出新

韩信初投刘邦，刘邦不太喜欢韩信这个胯下之徒，安排他去管理粮仓。韩信对于粮仓管理提出了"推陈出新"的管理理念，把粮仓前后开两个门，前门进新粮，后门出旧粮，一方面粮仓通风，更重要的是粮仓的新旧粮食更科学地循环，不易造成霉变。是金子到哪里都能发光。韩信管理粮仓，进行了一次伟大的仓储管理革命。直到现在，"前进后出，推陈出新"，仍然是仓储管理的重要方法。

4. 明修栈道，暗度陈仓

韩信第一次从汉中出兵时，一方面命令大将修栈道迷惑敌军，另一方面自己悄悄率军从陈仓小道杀出，出其不意，取得了军事上的胜利。"明修栈道，暗度陈仓"是韩信的首次用兵，非常成功。韩信也因此取得了上到刘邦、下到军士的初步信任。"明修栈道，暗度陈仓"成了军事史上的经典战例。

5. 背水一战

韩信率领军队攻打赵国，命令将士背靠大河摆开阵势，与敌军交战。韩信以前临大敌、后无退路的处境来坚定将士拼死求胜的决心，结果大破赵军。"背水一战"就是置之死地而后生，跟破釜沉舟差不多，也是军事史上的经典战例。

6. 十面埋伏

对于项羽这样的盖世英雄来说，遇到韩信，真是有种"既生瑜、何生亮"的感觉，"十面埋伏"之下，四面楚歌，韩信就这样把项羽逼上了霸王别姬的英雄末路。"十面埋伏"是韩信高超指挥艺术的最后一战，是项羽英雄悲壮的最后谢幕。

7. 功高震主

楚汉僵持的时候，有人劝韩信："你功劳太大了，将来皇帝难免猜忌你，不如就此自立为王，三分天下。"韩信却想着平常刘邦对自己不错，不忍心背叛刘邦。没想到后来一语成谶，果然应验。

8. 多多益善

韩信被贬淮阴侯后，一次刘邦和他闲聊，问起各位大将的带兵能力，韩信都说了具体哪个大将能带兵多少，刘邦问："那我能带兵多少?"韩信说："大王能带十万。"刘邦又问："那你能带多少?"韩信说："多多益善。"刘邦："那你怎么还被我抓住了?"韩信："你带兵虽然不如我，但你会带将，这却是天生的本领。""多多益善"的确是韩信的带兵能力，从对话中却也看出了韩信说话挺直率，不作假，竟敢当面说皇帝带兵不如自己，幸好在刘邦的逼问下后面又圆了回来。

9. 鸟尽弓藏

韩信被刘邦捉拿捆绑后，说道："果若人言，'狡兔死，良狗烹；高鸟尽，良弓藏；敌国破，谋臣亡。'天下已定，我固当烹!"狡兔死掉，猎狗就被煮吃了；飞鸟打完了，弓就被藏起来了，敌国破了，谋士就得死了。古往今来，这样的事有很多，如越王勾践对于文种，吴王夫差对于伍子胥，都是如此。

10. 成也萧何，败也萧何

韩信其实后期很谨慎，怕被陷害，经常托病不出门。直到后来萧何邀请他一起入宫，韩信推不掉萧何的面子，又想有萧何在，想必很安全，就和萧何一起入宫。刚入宫，萧何就不见了，韩信接着就被吕后抓起来，在未央宫处死，年仅三十三岁。萧何曾经月下追韩信，对韩信有知遇之恩、保荐之功，但韩信的死却也是他利用了韩信对他的信任。所以说，韩信其实是个很感恩的人，刘邦猜忌韩信是没道理的。"生死一知己，存亡两妇人"是韩信墓前祠堂中的对联，一知己是萧何，两妇人是当年给他饭吃的漂母和后来的吕后，这就是韩信的一生概括。

一个人能有这么多成语故事，充分说明了他的影响非同寻常。

第二节　汉语成语用到的中国古代职官名称

中国古代政治对汉语成语的另一个重要影响是，王、侯、将、相、公、卿、太守、司马等大量的中国古代职官名称进入到汉语成语当中。

一、汉语成语用到的国君称谓

国君是君主国家的最高统治者。"帝"本是至上神的称号，"皇"本义是"大"，原本是形容帝的。传说中远古的君主称为"皇"或"帝"，汉语成语中即有"三皇五帝"之说。夏、商、周三代的君主称"后""王""天子""天王"。战国开始称"皇"或"帝"。秦始皇统一中国后，自认为"德兼三皇，功包五帝"，"王"的称号不足以显其尊贵，开始称"皇帝"。这一称号被延续使用下来，直至辛亥革命才结束。另外，商、周两代和汉代初期，由帝王分封并受帝王统辖的列国国君叫"诸侯"，亦称"公"。上述这些国君称谓大多出现在汉语成语当中。

三字成语"太上皇"就是指皇帝的父亲。现在常常用来比喻握有实权，但自己不出面，而是操纵别人行事的人。

五字成语"天高皇帝远"出自明·黄溥《闲中今古录》："天高皇帝远，民少相公多。一日三遍打，不反待如何。"原指偏僻的地方，中央的权力达不到。现泛指机构离开领导机关远，遇事自作主张，不受约束。

"天子门生"语出宋·岳珂《桯史·天子门生》："卿乃朕自擢，秦桧日荐士，曾无一言及卿，以此知卿不附权贵，真天子门生也。"指由皇帝亲自考试录取的或殿试第一名者。在科举时代，士子科考被录取后，称监考官员为宗师，自称学生。考官与考生有可能以师生关系的名义互相勾结，朋比为奸。而殿试是国家最高级考试，皇帝为了防止大臣特别是宰相借做考官的机会扩充势力，在殿试时往往亲自监考，被录取的进士自然成为天子门生。

"王侯将相"语出《史记·陈涉世家》："且壮士不死即已，死即举大名耳，王侯将相宁有种乎！"指的是古代王侯、武将和文臣中的最高级别宰相，都是古代统治阶级中的上层势力。亦作"帝王将相"，指的是皇帝、王侯和文臣武将，他们都是封建时代执掌国家的重要人员，泛指封建时代的上层统治者。

在古代，王侯一直是国家的最高权力中心。成语"称王称伯""称王称霸"和"称帝称王"中的"帝"指的是帝王，"王"指的是君王，"伯"和"霸"则指的是霸主，意思都是凭借深厚的势力为非作歹。

"王佐之才"语出《汉书·董仲舒传》："刘向称董仲舒有王佐之材，虽伊、吕亡以回。"王，君主或帝王，多指国家元首；佐，辅佐。意思是具有非凡的治国能力的人才。

"一国三公"语出《左传·僖公五年》："一国三公，吾谁适从？"公：古代诸侯国君的通称。该成语是说一个国家有三个主持政事的人。比喻事权不统一，使人不知道听谁的话好。

"五侯蜡烛"中的"侯"就是古代官职公侯。该成语语本唐·韩翃《寒食》："日暮汉宫传蜡烛，轻烟散入五侯家。"旧俗寒食节禁火，而宫中传烛分火于五侯之家，贵宠可见。用以形容豪门权势的显赫景象。

"五侯七贵"语出唐·李白《流夜郎赠辛判官》诗："昔在长安醉花柳，五侯七贵同杯酒。"泛指那些达官显贵。

二、汉语成语用到的宰相名称

宰相是国君之下辅助国君处理政务的最高官职。宰相的称呼最早见于《韩非子·显学篇》："故明主之吏，宰相必起于州部，猛将必发于卒伍。"辅助齐桓公建立霸业的管仲，是中国历史上第一个杰出的宰相。直接用到宰相这一官职名称的汉语成语特别多。例如：

"伴食宰相"语出《旧唐书·卢怀慎传》："开元三年，迁黄门监。怀慎与紫微令姚崇对掌枢密，怀慎自以为吏道不及崇，每事皆推让之，时人谓之伴食宰相。"伴食：陪着人家一道吃饭。后用来讽刺无所作为，不称职的官员。

"弄獐宰相"语本《旧唐书·李林甫传》："太常少卿姜度，林甫舅子，度妻诞子，林甫手书庆之曰：'闻有弄獐之庆。'客视之掩口。"《诗·小雅·斯干》有："乃生男子，载寝之床，载衣之裳，载弄之璋。"古称生男为"弄璋"，璋为玉器。唐朝宰相李林甫将"弄璋"写成了"弄獐"（獐为野兽），后遂以"弄獐宰相"来戏称没有文化的权贵了。

"白衣宰相"语出《新唐书·令狐滈传》："且滈居当时，谓之'白衣宰相'。滈未尝举进士，而妄言已解，使天下谓无解及第，不已罔乎？"指宰相家属中身无名位而仗势擅权的人。

"浪子宰相"语出《三朝北盟会编》："邦彦尝自言赏尽天下花，踢尽天下球，做尽天下官，而都人亦呼季彦为浪子宰相。"指北宋时期的宰相周邦彦作风风流、潇洒不羁。

"山中宰相"语出唐·李延寿《南史·陶弘景传》："国家每有吉凶征讨大事，无不前以咨询。月中常有数信，时人谓为山中宰相。"是指南朝的宰相陶弘景隐居山中不理朝事，但是当时的皇帝还是一直向他请教国家大事。比喻隐居的高贤。

直接用到宰相这一官职名称的汉语成语还有许多，例如：万乘公相、出将入相、王侯将相、备位将相、相门有相、帝王将相、白衣卿相、风流宰相，等等。

三、汉语成语用到的将军名称

文可安内是宰相，武可攘外是将军。汉语成语中"将军"这一官职名称也用得比较多。比如：

"出将入相"语出《旧唐书·王珪传》："孜孜奉国，知无不为，臣不如玄龄；才兼文武，出将入相，臣不如李靖。"其中的"将"指将军，"相"指宰相，该成语的意思是出征可为将帅，入朝可为宰相，指的是能文能武的人。

六字成语"矮子里拔将军"语本清·石玉昆《小五义》第五十三回："常言一句俗话说：矮子里选将军。"就是说在一群不出色的人里面勉强选出一个还算最佳的。

"常胜将军"语本《后汉书·臧宫传》："常胜之家，难于虑敌。"就是打仗屡战屡胜的指挥官。多用于战略、谋划、指挥部署颇有成效的指挥者。

"断头将军"语出《三国志·蜀书·张飞传》："卿等无状，侵夺我州，我州但有断头将军，无有降将军也。"比喻坚决抵抗，宁死不屈的将领。

八字成语"猛将如云，谋臣如雨"语出清·褚人获《隋唐演义》第五十一回："与其坐承大统，兵精粮足，手下猛将如云，谋臣如雨。"其中的"猛将"也是指打仗厉害的将领。

直接用到将军这一官职名称的汉语成语还有许多，例如：将才济济、将勇兵雄、将遇良才、将门有将、兵多将广、兵微将乏、兵头将尾、损兵折将、斩将刈旗、调兵遣将、杀妻求将、手下败将、精兵强将、熊虎之将，等等。

四、汉语成语用到的其他官职名称

1. 侍郎

"侍郎"初为宫廷近侍，东汉以后成为尚书的属官，唐代始以侍郎为三省（中书、门下、尚书）所属各部长官的副职。含有"侍郎"这一官职名称的成语仅有一条"伏猎侍郎"。该成语语出《旧唐书·严挺之传》："客次有《礼记》，萧炅读之曰：'蒸尝伏猎。'炅早从官，无学术，不识'伏腊'之意，误读之。挺之戏问，炅对如初。挺之白九龄曰：'省中岂有伏猎侍郎？'"后世用该成语讽刺没有学识的官员。

2. 司农

"司农"是指古代主管钱粮的官员。成语"司农仰屋"语出黄小配《廿载繁华梦》第三十回："朝廷因连年国费浩烦，且因赔款又重，又要办理新政，正在司农仰屋的时候。"该成语意思是主管钱粮的官员一筹莫展，无计可施。形容国库空虚，财政拮据。

3. 司马

"司马"各个朝代所指官位不尽相同。战国时为掌管军政、军赋的副官。隋唐时是州郡太守（刺史）的属官，为掌管军务的官员。含有"司马"的成语有"青衫司马"和"江州司马"两条，这两条均出自白居易《琵琶行》"座中泣下谁最多，江州司马青衫湿"一句，都是指白居易，后引申为失意的官员。

4. 司空

"司空"是唐代一种官职名称。"司空见惯"出自唐·刘禹锡《李司空席上赠妓诗》。刘禹锡在京中受排挤，被贬做苏州刺史。当地有一个曾任过司空官职的人名叫李绅，因仰慕刘禹锡的诗名，邀请他饮酒，并请了几个歌女在席上作陪。席间，刘禹锡一时诗兴大发，作诗一首："高髻云鬟新样妆，春风一曲杜韦娘，司空见惯浑闲事，断尽苏州刺史肠。""司空见惯"这句成语，就是从刘禹锡这首诗中得来的。从刘禹锡的诗来看，这句成语的意思，就是指李司空对这样的事情已经见惯，不觉得奇怪了。

5. 御史

"御史"原本为史官，秦以后置御史大夫，职位仅次于丞相，主管弹劾、纠察官员过失诸事，就是古代监察百官的官员。成语"铁面御史"语出《宋史·赵抃传》："翰林学士曾公亮未之识，荐为殿中侍御史，弹劾不避权幸，声称凛然，京师目为'铁面御史'。"后泛称不畏权贵，不徇私情，公正严明的官员。

6. 太守

"太守"就是一个郡的最高长官。"一钱太守"语出《后汉书·刘宠传》。刘宠任会稽太守，除苛政，禁非法，郡中大治。朝廷征为将作大匠。山阴县有五六叟，自若耶谷间出，人赍百钱以送宠，曰："山谷鄙人，未尝识朝政。他守时，吏索求民间，至夜不绝，或狗吠竟夕，民不得安。自明府来，狗不夜吠，民不见吏；年老值圣明，今闻当见弃去，故相扶而送。"宠曰："吾之政何能及公言邪？父老辛苦！"叟奉以钱，宠不能辞，遂各选一钱受之。比喻值得称赞的廉洁的官吏。后遂用作廉吏之称。

7. 钦差大臣

"钦差大臣"语出清·阮葵生《茶余客话·钦差官使》："三品以上用钦差大臣关防，四品以下用钦差官员关防。"过去指由皇帝派遣并代表皇帝外出办理重大政务的官员。现在用来讽刺从上级机关派到下面去，不了解情况就指手画脚发号施令的人。

8. 摸金校尉

"摸金校尉"作为一个职官名称直接成为一条成语。该成语语出汉·陈琳《为袁绍檄豫州》："操又特置发丘中郎将，摸金校尉，所过隳突，无骸不露。"据史书记载，摸金校尉专司盗墓取财，贴补军用。他们盗墓主要依据《周易》观风水、辨气象，以定位古墓的穴位。

此外，还有一些成语，用到的却不是具体或固定的职官名称，而是职官名称的总称、代称或通称等。例如："三班六房"中的"三班"指皂、壮、快班，均为差役；"六房"即吏、户、礼、兵、刑、工房的官吏，"三班六房"就是明、清时州县衙门中吏役的总称。"三台五马"中的"三台"原指星名，这里指尚书、御史、谒者；"五马"用五匹马驾车，代指太守。后比喻达官显宦。"八府巡按"中的"巡按"之名，起于明代，非固定职官，临时由朝廷委派监察御史担任，分别巡视各省，考核吏治。"八府巡按"常见于戏曲、小说，民间多视为清廉而有权势的大官。成语"只准州官放火，不准百姓点灯"中的"州官"就是州郡长官的统称。而在统治疆域里驻守一方的将领则通称为"封疆大吏"。

第三节　汉语成语与中国古代官场等级

等级观念在中国传统文化中根深蒂固，无论是宗教世界，还是社会现实，无不打上了深深的等级观念的烙印，民族心理因而愈来愈趋向崇"尊贵"，贬"卑贱"。汉语成语作为这种文化的载体，在这方面也有着突出的反映。

一、汉语成语中的服饰与中国古代官场等级

（一）印绶

所谓印绶的"印"指的是官印，"绶"则是指系印的丝带。在中国汉代，一官必有一印，一印则随一绶。"印"的质料和"绶"的颜色以及长度是中国古代区分官位大小最显著的标志。与"印""绶"有关的汉语成语客观地反映了中国古代官场等级。

1. 金印紫绶

汉代相国、丞相、太尉、大司空、太傅、太师、太保、前后左右将军均为"金印紫绶"。《汉书·百官公卿表上》："相国、丞相皆秦官，金印紫绶。""金印紫绶"作为表达官阶的一个名词后来成了成语，指高官显爵。这种"金"（或"黄"）与"紫"相配，出现了许多成语，例如：

"佩紫怀黄"（亦作"怀黄佩紫"）语本《史记·范睢蔡泽列传》："吾持粱刺齿肥，跃马疾驱，怀黄金之印，结紫绶於要，揖让人主之前，食肉富贵，四十三年足矣！"意谓腰间佩挂紫色印绶，怀里揣着黄金官印。指身居高位。

"怀金拖紫"出自西晋·陆机《谢平原内史表》："复得扶老携幼，生出狱户，怀金拖紫，退就散辈。"指身居高位。

"重金兼紫"出自《后汉书·宦者传·吕强》："中常侍曹节、王甫、张让等，及侍中许相，并为列侯……又并及家人，重金兼紫，相继为蕃辅。"李贤注："金印紫绶。重、兼，言累积也。"指一门中有数人佩金印紫绶，极言荣显。秦汉列侯以上皆金印紫绶。

"带金佩紫"语出南朝·宋·刘义庆《世说新语·言语》："吾闻丈夫处世，当带金佩紫。"意谓带着金印，佩着紫绶。形容地位非常显赫。

"金章紫绶"语出《晋书·舆服志》："贵人、夫人、贵嫔是为三夫人，皆金章紫绶。"意谓紫色绶带和金印，为古丞相所用。后用以代指高官显爵。

2. 银印青绶

比"金印紫绶"低一等级的则是"银印青绶"，即白银印章和系印的青

色绶带。秦汉制，吏秩比二千石以上皆银印青绶，后用作高级阶官名号。该成语语出《汉书》卷十九上《百官公卿表上》："太初元年更名中大夫为光禄大夫，秩比二千石……郡守，秦官，掌治其郡，秩二千石。有丞，边郡又有长史，掌兵马，秩皆六百石。景帝中二年更名太守。郡尉，秦官，掌佐守典武职甲卒，秩比二千石……凡吏秩比二千石以上，皆银印青绶。"

由于"银印青绶"仍然用作高级阶官名号，所以出现了一些"银青"与"金紫"搭配的成语，喻指高官显贵。例如"怀银纡紫""纡青佩紫""金紫银青""纡青拖紫"等成语均指高官显员。

3. 铜印黑绶

古代小官之印常系黑色绶带。"墨绶铜章"即是指级别不高的官吏。该成语语本汉·应劭《汉官仪》："千石至三百石铜印。六百石铜章墨绶。"《汉书·百官志上》："比二百石以上皆铜印黄绶，成帝绥和元年长相皆黑绶。"明·陶宗仪《辍耕录·印章制度》："建武元年，诏诸侯王金印缤绶，公侯金印紫绶，中二千石以上银印青绶，千石至四百石以下铜印黑绶及黄绶。"

反映"铜印黑绶"的成语仅此一条，"黄绶"则未能进入汉语成语。

（二）官服

由汉至唐，汉代官场上人人追捧的"金紫"观念依然，只是此时的"金紫"已不再指金印和紫绶，而是指金龟、金鱼和紫袍了。这种变化与唐代官员的公服制度有关。

公服是古代官吏在衙署内处理公务时所穿的一种服装，也称官服。公服的一大特点是以颜色区分官阶。《隋书·礼仪志》载："五品以上通着紫袍，六品以下兼用绯、绿。"这一制度影响深远，以后唐、宋、元、明各代基本沿用这种制度。唐贞观四年，定公服颜色共分四等：一至三品穿紫袍，四至五品穿绯袍，六至七品穿绿袍，八至九品穿青袍。唐代还有佩鱼和佩龟制度。鱼符、龟符除了征调军队时作为一种凭证外，也是官员出入宫门的身份标志。高宗时，内外官五品以上，皆佩鱼符、鱼袋。鱼符以不同材质制成，"亲王以金，庶官以铜，皆题其位、姓名"。装盛符的鱼袋也是"三品以上饰以金，五品以上饰以银"。武则天时期，把鱼符改为龟符，鱼袋随之改为龟袋。中宗恢复大唐后，废弃佩龟，又恢复到佩鱼。汉语成语对这些制度均有清晰的反映。例如：

"腰金衣紫"语出宋·无名氏《灯下闲谈·掠剩大夫》："见一人衣紫腰金，神清貌古。"身穿紫袍，腰佩金鱼袋。大官装束，亦指做大官。

"衣紫腰银"语出元·关汉卿《蝴蝶梦》第二折："想当日，孟母教子，居必择邻；陶母教子，剪发待宾；陈母教子，衣紫腰银。"意思为身穿紫袍，腰佩金银鱼袋。大官装束，亦指做大官。

"衣紫腰黄"语出明·谢谠《四喜记·帝阙辞荣》："谁不愿衣紫腰黄，还须虑同袍中伤。"意思是身穿紫袍，腰佩金鱼袋。大官装束，亦指做大官。

"金龟换酒"出自唐·李白《对酒忆贺监诗序》："太子宾客贺公，于长安紫极宫一见余，呼余为'谪仙人'，因解金龟，换酒为乐。"金龟：袋名，唐代官员的一种佩饰。解下金龟换美酒，形容为人豁达，恣情纵酒。

"悬龟系鱼"出自《新唐书·车服志》："高宗给五品以上随身鱼袋……天授二年，改佩鱼为佩龟。其后三品以上龟袋饰以金，四品以银，五品以铜。中宗初，罢龟袋，复给以鱼。"该成语综合了两种制度，借指任高官显宦。

"青衫司马"语本白居易《琵琶行》诗："座中泣下谁最多，江州司马青衫湿。"司马：古代官名，唐代诗人白居易曾贬官为江州司马。司马的衣衫为泪水所湿。形容极度悲伤，泛指失意的官吏。

"白发青衫"语出宋·赵令畤《侯鲭录》第七卷："白发青衫晚得官，琼林顿觉酒肠宽，平康夜过无人问，留得宫花醒后看。"青衫：无功名者的服饰。谓年老而功名未就。

"脱白挂绿"出自明·凌濛初《二刻拍案惊奇》第十一卷："今幸已脱白挂绿，何不且到丈人家里，与他们欢庆一番。"意思是脱去白衣，换上绿袍。指初登仕途。

（三）补子

补子，系补缀于品官补服前胸后背之上的一块织物。为明代品官服饰制度的一个重要特征。是在官员所穿褂子的前胸背面各添上一块布，在上面绣上不一样的飞禽走兽，不同等级所绣的补子图案花纹不一样，而同级的文官和武官又有差异，分别用双禽和猛兽来区别。生动的飞禽走兽各有寓意，用来显示身份等级。据史料记载，明朝规定，文官官服绣禽，武官官服绘兽。品级不同，所绣的禽和兽也不同，具体的规定是：文官一品绣仙鹤，二品绣锦鸡，三品绣孔雀，四品绣云雁，五品绣白鹇，六品绣鹭鸶，七品绣鸳鸯，八品绣黄鹂，九品绣鹌鹑；武官一品、二品绘狮子，三品绘虎，四品绘豹，五品绘熊，六品、七品绘彪，八品绘犀牛，九品绘海马。成语"衣冠禽兽"就是来源于明代官员的服饰。其实，明朝以前，原本有个成语，指斥那些道德沦丧、行为卑劣的"伪君子"，叫作"衣冠枭獍"。该成语出自宋·孙光宪《北梦琐言》卷十七："河朔士人目苏楷为衣冠枭獍。"枭，是一种穷凶极恶的鸟儿，传说它为了存活，不择手段，不惜吞吃母亲。獍，传说它饥不择食，杀气腾腾，居然咬死自己的父亲。

（四）腰带

明代建国之初就已明确规定官员所系的革带，用玉、金、银、铜、乌角等不同材料分别选作装饰板。如此则把革带分别称为玉带、金带、银带，等等，其中以玉带最为尊贵，一品以上官员才能使用。成语"蟒袍玉带"意思是绣有蟒蛇的长袍，饰有玉石的腰带，指官服，也指传统戏曲中帝王将相的服装。亦作"蟒衣玉带"。"紫袍玉带"语出邪·无名氏《万国来朝》第三折："户列簪缨姓字香，紫袍玉带气昂昂。"紫袍，唐朝明确规定只有亲王及三品以上管院能够穿紫袍；玉带，则是指唐朝和宋朝官员佩戴的玉饰腰带，可以用来区别官阶的上下，身份品级的高下。穿紫袍，系玉带。这里其实是借指高官。

衣着在一开始，功能比较单一，仅仅是为了调节体温、防止擦伤等。但伴随我们社会的发展，服饰被当作维护社会秩序，调节人们关系的重要手段。我国不同的图案、色彩和面料等构成了丰富多彩的古代服饰，同时透过这些形形色色的服饰反映了我国等级森严的古代官场等级。

二、汉语成语中的饮食与中国古代官场等级

中国古代饮食方面，食物、食具、排场等都体现了等级差异。饮食类的

汉语成语客观地反映了古代官场的等级制度。

（一）食物

在古代等级制度中，每个人所吃的东西，数量的多和少、风味的多和寡、食材的优和劣都被认为是个人权力、地位的标志。肉类被统治阶级所垄断，因此公卿贵胄通常被称为"肉食者"。反映这类的成语有许多，例如：

"肉食者鄙"出自先秦·左丘明《左传·庄公十年》："肉食者鄙，未能远谋。"肉食者：吃肉的人，引申为有权位的人。古代对于吃肉有严格规定，只有等级尊贵的人才拥有资格，因此吃肉是等级高贵的人的专权。

"纨绔膏粱"可见于清·曹雪芹《红楼梦》第三回："天下无能第一，古今不肖无双。寄言纨绔与膏粱：莫效此儿形状。"纨绔：细绢做的裤子；膏粱：肥肉和细粮。指精美的衣食。借指富贵人家的子弟。

"侯服玉食"出自汉代班固《汉书·叙传下》："侯服玉食，败俗伤化。"指穿王侯的衣服，吃珍贵的食物。形容豪华奢侈的生活。

"甑尘釜鱼"出自《后汉书·独行传·范冉》："所止单陋，有时绝粒，穷居自若，言貌无改。闾里歌之曰：甑中生尘范史云，釜中生鱼范莱芜。"甑里积了灰尘，锅里有蠹鱼。形容家贫困顿断炊已久。

（二）食具

谈到传统饮食，我们一定会提到种类繁多的饮食用具。在官场等级中饮食器具也颇有讲究。不同等级的人所用的食具有差别。食具表现官场等级最重要的代表是"鼎"。鼎在最初只是烹制食物的主要器具，后来因为常被用在宗庙祭祀活动中用来盛放供祖先神明享用的祭品，所以逐渐被当作邦国重器，用来借喻王位和帝业，是国家政权的标志。成语"列鼎而食"出自《孔子家语·致思》："从车百乘，积粟万钟，累茵而坐，列鼎而食。"旧指贵族人家的一种礼仪。形容豪门贵族的奢侈生活。

（三）排场

除此之外，在古代宴饮中不同的官员饮食排场也呈现出很大差异，等级较高的官员吃饭的时候要弹奏乐曲。成语"钟鸣鼎食"语本汉·张衡《西京赋》："击钟鼎食，连骑相过。"唐·王勃《滕王阁序》亦有"闾阎扑地，钟鸣鼎食之家"之语。钟：古代乐器；鼎：古代炊器。意思是击钟列鼎而食。形容贵族的豪华排场。古时候还形容富贵人家生活豪侈奢华。

三、汉语成语中的建筑与中国古代官场等级

中国古建筑多种多样，丰富多彩。虽各个朝代的建筑风格的特点不同，但无论哪个王朝，严格的等级无不体现在建筑中。不单单是在规模上有差异，而且另有利用夯土起台，抹面粉饰等区分。与建筑有关的汉语成语客观地反映了中国古代官场等级。

"深宅大院"语出元·关汉卿《救风尘》第二折："他每待强巴劫深宅大院，便待折摧了舞榭歌楼。"房屋多间而有围墙的院子。古时候只有富贵人家才有机会住进这种住宅。一般是等级较高的人的住宅。

"高门大屋"语出西汉·司马迁《史记·孟子荀卿列传》："皆命曰列大夫，为开第康庄之衢，高门大屋，尊宠之。"高门：指富贵之家；大屋：高大的房屋。指豪门之家。

"侯门似海"出自唐·崔郊《赠去婢》："公子王孙逐后尘，绿珠垂泪滴罗巾；侯门一入深如海，从此萧郎是路人。"王公贵族的门庭像大海那样深邃。旧时豪门贵族、官府的门禁森严，一般人不能轻易进入。也比喻旧时相识的人，后因地位悬殊而疏远。侯：指达官显贵。

"蓬门瓮牖"语出唐·房玄龄《晋书》："二者苟然，则蓬门荜户之俊，安得不有陆沉者哉。"指用树枝、草等做成的房子。这种极其简陋的房屋是穷苦人家所住的。

"白屋寒门"语出元·高文秀《谇范叔》第三折："未亨通，遭穷困，身居在白屋寒门。"白屋：用白茅草盖的屋；寒门：清贫人家。泛指贫士的住屋。形容出身贫寒。

中国古代民居建筑也淋漓尽致地展现了等级制度。在新石器时代，等级制度就在某些建筑中初露端倪。到了古代社会后期，等级制度在居民建筑中已经完善。变得精细严密、明白清晰，更加世俗化和装饰化。建筑类的汉语成语客观地反映了这一等级制度。

四、汉语成语中的交通与中国古代官场等级

中国古代交通与中国古代官场等级联系密切，在交通的方方面面都体现出等级差异，汉语成语客观地反映了中国古代官场等级。

（一）"骑乘权"

我国古代交通行政及规章制度方面的封建等级首先表现在"骑乘权"上，即对车辆、马匹、舆轿等交通工具的使用有尊卑贵贱之分。一部分人有骑马、乘车、坐轿的权利，另一部分人却不准享有这种权利。有伞盖、有帷幔的通常是为天子出行准备的车。双侧都有屏障，在顶上也有伞盖的车是为高级官吏准备的。而一般官员，他们日常只有资格乘坐简便而不怎么大的车，单单留下伞盖，周围是敞露的，驾车的马也很少，有两匹的甚至一匹的。

成语"驷马高车"出自《汉书·于定国传》："少高大闾门，令容驷马高盖车。"驷马：一车所驾的四匹马。指套着四匹马的高盖车。旧时形容有权势的人出行时的阔绰场面。也形容显达富贵。

"香车宝马"语本唐·韦应物《长安道》诗："宝马横来下建章，香车却转避驰道。"华丽的车子，珍贵的宝马。指考究的车骑。

"高车大马"语出唐·李商隐《偶成赠四同舍》："诘旦天门传奏章，高车大马来煌煌。"高车：车盖很高的车。四匹马驾驶的、车盖很高的车。形容高官显贵的阔绰。

"弊车羸马"语出《三国志·吴志·刘繇传》："繇伯父宠为汉太尉"。裴松之注引晋·司马彪《续汉书》："宠前后历二郡，八居九列，四登三事。家不藏贿，无重宝器，恒菲饮食，薄衣服，弊车羸马，号为窭陋。"意思是破车瘦马。比喻处境贫穷。

（二）"仪仗"和"仪从"

在使用交通工具时，还要使用"仪仗"和"仪从"，这是等级制度又一个突出标志。与之有关的汉语成语有：

"结驷连骑"出自《史记·仲尼弟子列传》："子贡相卫，而结驷连骑，排藜藋，入穷阎，过谢原宪。"驷：古时一乘车所套的四匹马；骑：骑马的

人。随从、车马众多。形容排场阔绰。

"前呼后拥"出自宋·李焘《续资治通鉴长编》："士之学古入官；遭时得位；纡金拖紫；跃马食肉；前呼后拥；延赏宗族；此足以为荣矣。"意思是前面有人吆喝开路，后面有人围着保护。旧时形容官员出行，随从的人很多。

（三）道路的使用

道路的使用也有明确规定。其中"贱避贵"是道路使用时一条非常重要的原则。汉语成语对这一制度均有清晰的反映。例如：

"出警入跸"出自《汉书·梁孝王传》："出称警，入言跸。"警：警戒；跸：帝王出行时，开路清道，禁止通行。指旧时帝王外出和回来时，路过的地方严加戒备。

"清跸传道"语出明·兰陵笑笑生《金瓶梅词话》第六十六回："两街仪卫喧阗，清跸传道。"清跸：是指帝王出行时需要开路清道，禁止通行。指帝王或大官出巡时护卫传呼清道，禁止行人通过。

以上成语就是"贱避贵"原则在道路使用上的重要体现。

五、汉语成语中的称谓与中国古代官场等级

称谓是一个人的称呼。凡是人都会有一定的称呼。称呼也被称为时代的镜子，宗法、等级、地位、习俗、声望等被蕴藏在中国人的称呼中。例如"孤家""寡人"是我国古代君主的自谦称谓，除了君主自己别人是没有权利使用的。而官员或百姓称最高统治者另外有一套特定的词不容更改，否则就有冒犯之意。最常见的是天子、陛下、皇帝等。在《说文解字》中"皇"被释义为"大也"，"帝"被释义为"王天下之号也"。透过这个解释我们也能够体会皇帝至高无上的地位。与称谓有关的汉语成语也客观地反映了中国古代官场等级。

"九五之尊"出自《周易·乾》："九五，飞龙在天，利见大人。飞龙在天，上治也。飞龙在天，乃位乎天德。"数字九五是高贵身份的代表，用九五之尊来指代君主，代表他在封建社会处于高高在上的地位。

"凤子龙孙"出自《二刻拍案惊奇》卷七："真个是凤子龙孙，遭着不

幸，流落到这个地位。"用极其神圣的龙凤形容帝王或贵族的后代，显示他们的高贵地位。

"皇亲国戚"语出元·无名氏《谢金吾》第三折："刀斧手且住者，不知是那个皇亲国戚来了也，等他过去了，才好杀人那！"皇亲国戚即王室，是指皇帝的家人和亲属，用来形容有权势的人。

"王孙公子"的"王孙"可见于汉代刘歆著《西京杂记·卷四》："韩嫣（字王孙）好弹。常以金为丸所失者日有十余。长安为之语曰苦饥寒。逐金丸。京师儿童。每闻嫣出弹。辄随之望丸之所落辄拾焉。"释义是古代社会的贵族、官僚的子弟。后有一意泛指王公贵族的公子。

"达官贵人"出自《礼记·檀弓下》："公子丧，诸达官之长杖。"指代古代官场等级较高的官员和出身较好的人。

"白丁俗客"出自明·无名氏《庞掠四郡》第一折："往来无白丁俗客，谈笑有上士高宾"意思是没有功名的平民，泛指粗俗之辈，在等级社会中处于等级的底端，没有学识，俗与雅相对。

"贩夫皂隶"语出王古鲁《本书〈二刻拍案惊奇〉的介绍》："金的所以腰斩《水浒》修改《水浒》，为的是不愿'贩夫皂隶都看'。"指没有获得官位的平民，可以用来借指古代社会地位较低的人。

六、汉语成语中的礼仪与中国古代官场等级

在古代官场等级制度是如此的森严，官场礼仪是不可轻视的。相见礼仪是官场礼仪中最常见的等级礼仪。下属向上司拜会的时候必要行拜见的礼仪，下属位置处于西边，也就是等级较低者首先行拜见，上司位置在东边，即等级较高者答拜。成语"三跪九叩"可见于清·昭梿《啸亭杂录·内务府定制》："福晋父率阖族谢恩，行三跪九叩礼。"叩：磕头。最敬重的礼节。两拜礼被用于公、侯、驸马相见，揖拜礼被用于官员之间。成语"打恭作揖"出自明·李贽《因记往事》："嗟乎！平居无事，只解打躬作揖，终日匡坐，同于泥塑。"旧时礼节，弯腰握拳，上下摆动，表示恭敬。体现中国古代官场等级的礼仪类成语还有很多，例如：

"赐茅授土"是古代封建社会被君主用来分封诸侯的礼仪。五色土被君主用来当作太社，分封时，诸侯被授予他们相应方向相应颜色的土，如东方青土，南方赤土等，并包以白茅，使归以立社。

"衣冠礼乐"出自南朝·梁·任昉《策秀才文》："何者？百王之敝，齐季斯甚。衣冠礼乐，扫地无余。"指各类品级的穿着衣饰和种种礼仪范例。被用来借指古代社会中各式各样的典章和礼仪。

"拜相封侯"出自元·无名氏《东篱赏菊》第一折："他道是御酒金瓯，浅酌低讴，锦带吴钩，拜相封侯。"拜：授予某些人某种名义、官职时被用的一些礼仪。

第四节　汉语成语与古代官员察举任用

中国古代官员察举任用依据什么标准，选拔过程遵循什么原则，有些什么途径，对为官者有哪些道德要求，这些内容在汉语成语中均有着深刻的反映。

一、古代官员的选拔标准

中国古代选拔官员最主要的标准就是"任贤使能"，即把德才兼备的贤能之士安排到合适的岗位上来。

"任贤使能"语本《荀子·王制》："欲立功名，则莫若尚贤使能矣。"汉·王充《论衡·自然》："舜、禹承安继治，任贤使能，恭己无为而天下治。"意思是任用有德行有才能的人。

"任人唯贤"语本《尚书·咸有一德》："任官惟贤才，左右惟其人。"任用才德兼备的人，而不管他跟自己的关系是否密切。也就是说选用人才只考虑他是否真的有才能，是否可以胜任这个职位，而不看他的其他方面。

"拔犀擢象"语出宋·王洋《与丞相论郑武子状》："敕局数人，其间固有拔犀擢象见称一时者，然而析理精微，旁通注意，鲜如克（郑武子）。"擢：

提升。比喻提拔才能出众的人。

"允恭克让"语出《尚书·尧典》："曰若稽古帝尧，曰放勋，钦、明、文、思、安安，允恭克让，光被四表，格于上下。"允：诚信；克：能够；让：谦让。诚实、恭敬又能够谦让。表示忠诚谨慎，推贤让能。

"选贤与能""任贤与能""尚贤使能"均是指任用有德行有才能的人。

二、古代官员任免遵循的原则

(一)"量才授官"原则

"量才授官"这条成语典出《荀子·君道》："论德而定次，量能而授职，皆能使其人载其事而各得其所宜。"即根据才能大小来授予合适的官职，根据品德高下来确定适当的地位。与这个意思相当的还有几条成语："因艺受任""因任授官""沿才授职""量才称职""量才录用"等等。

"因艺受任"语出汉·张衡《应间》："人各有能，因艺受任。"意思是根据各自的本领加以任用。

"因任授官"语本《韩非子·定法》："因任而授官，循名而责实。"是指根据才能授予官职。

"沿才授职"语出南朝·齐·王融《永明十一年策秀才文》："必待天爵具修，人纪咸事，然后沿才授职，揆务公司。"指根据人的才能委以相称的职务。

"量才称职"语出《魏书·郭祚传》："然所拔用者，皆量才称职，时又以此归之。"是指审量人的才能，授予适当的职务。

"量才录用"语出宋·苏轼《上神守皇帝万言书》："凡所擘画利害，不问何人，小则随事酬劳，大则量才录用。"即根据才能大小安排一定工作和职务。

(二)"进人以礼，退人以礼"原则

"进人以礼，退人以礼"这条成语出自《礼记·通论》："古之君子，进人以礼，退人以礼，故有旧君反服之礼也。"意思是用人的时候讲究合礼，罢免人的时候也讲究合礼。把"合乎礼仪"作为任免人事的一条根本原则。

（三）"举直错枉"原则

"举直错枉"这条成语语本《论语·为政》：哀公问曰："何为则民服？"孔子对曰："举直错诸枉，则民服。"意思是起用正直贤良，罢黜奸邪佞人。亦作"举直厝枉""举直措枉"。与这个意思相近的还有一条"黜陟幽明"，语出《书·舜典》："三载考绩，三考黜陟幽明。"意思是黜退昏愚的官员，晋升贤明的官员。

（四）"不拘一格""唯才是举"原则

"立贤无方"语出《孟子·离娄下》："汤执中立贤无方。"意思是指推举贤人不拘一格。用人只管贤不贤，不管门第资格。

"不次之位"语出东汉·班固《汉书·东方朔传》："武帝初即位，征天下举方正贤良文学材力之士，待以不次之位。"意思是对于有才干的人不拘等级授予重要职位。

"明扬仄陋"语出三国·魏·曹操《求贤令》："二三子其佐我明扬仄陋，唯才是举，吾得而用之。"意思是明察荐举出身微贱而德才兼备的人。

（五）"外举不避仇，内举不避子"原则

在人才的选拔和使用过程中，要求不能掺杂个人的情感和偏好，做到"外举不避仇，内举不避子"。成语"外举不避仇，内举不避子"语出《吕氏春秋》："孔子闻之曰：善哉，祁黄羊之论也！外举不避仇，内举不避子，祁黄羊可谓公矣。"意思是举荐外人时不回避自己的仇人，举荐内部人时不回避自己的儿子。指推举人才时，秉持公正无私之心，不掺杂个人任何好恶，唯才与德是举。

三、古代官员的选拔途径

"毛遂自荐""山公启事""三顾茅庐"这三条成语，代表古代官员的选拔途径上自我推荐、公开选拔和最高统治者亲自前往聘请三种类型。

"毛遂自荐"典出《史记·平原君虞卿列传》。毛遂，战国时期赵国平原君的门客。战国时，平原君之门下食客毛遂自荐跟随前往楚国游说。后用"毛遂自荐"比喻自告奋勇，自我推荐去做某项工作。"毛遂自荐"是官员选

拔上自荐的一个典型。

"山公启事"是说晋·山涛为吏部尚书，凡选用人才，亲作评论，然后公奏，时称"山公启事"。比喻公开选拔人才。

"三顾茅庐"原为汉末刘备去南阳郡邓县隆中聘请诸葛亮的故事。三国·蜀·诸葛亮《出师表》："臣本布衣，躬耕于南阳，苟全性命于乱世，不求闻达于诸侯。先帝不以臣卑鄙，猥自枉屈，三顾臣于草庐之中。"比喻真心诚意，一再邀请。这是最高统治者亲自前往聘请的一个典型。

四、古代官员的道德要求

中国古代官员在道德方面有许多要求，如忠贞爱国、正直无私、克己奉公、廉明公正、廉洁守法等等。

"鞠躬尽瘁"语本三国·蜀·诸葛亮《后出师表》："臣鞠躬尽力，死而后已。"指恭敬谨慎，竭尽心力去效劳。表示小心谨慎，不辞劳苦，为国事而竭尽全力。诸葛亮对国家事业无限忠诚的情怀，使他美名传千古，成为后世爱国主义的楷模。

"难至节见"出自《藏书·名臣传·肥义》："且夫贞臣也难至而节见，忠臣也累至而行明。"是指只有大难当头时，才能显出人的节操，常比喻人们对国家对民族的忠贞。

"正直无私"语本《左传·庄公三十二年》："神，聪明正直而壹者也。"孔颖达疏："襄七年传曰：'正直为正，正曲为直。'言正者能自正，直者能正人曲，而壹者言其一心不二也。"为人做事很正直，没有任何私心。

"公正无私"典出《荀子·赋》："公正无私，反见纵横。"《淮南子·修务训》："若夫尧眉八彩，九窍通洞，而公正无私，一言而万民齐。"意为办事公正，没有私心。

"克己奉公"语出南朝·宋·范晔《后汉书·祭遵传》："遵为人廉约小心，克己奉公，赏赐辄尽与士卒，家无私财。"克己：克制、约束自己的私心；奉公：以公事为重。约束自己的私欲，以公事为重。比喻对自己要求严格，一心为公。

　　"廉明公正"出自明·余继登《典故纪闻》第十一卷："以尔廉平公正，命长郡治。"就是指为官应不贪污受贿，清明公正。

　　"奉公守法"语本西汉·司马迁《史记·廉颇蔺相如列传》："以君之贵，奉公如法则上下平，上下平则国强。"意思是奉公行事，遵守法令。形容办事守规矩。

第十章
汉语成语与中国古代教育

教育是促进社会文明发展和进步的重要手段之一。汉语成语蕴含着中国古代人民在长期的教育实践中摸索总结出来的许多教育原则和教育方法，真实记录了许多杰出家长培养教育子女的典型事迹。透过汉语成语来研究这些宝贵的教育资源，对于我们的当代教育，具有十分重要的意义。本章旨在结合汉语成语的研究现状和中国古代教育的研究成果，试图从中国古代教育原则、中国古代教育方法、中国古代杰出家长这三个方面，来探讨汉语成语中所蕴含的重要教育资源。

第一节　汉语成语与中国古代教育原则

原则是人们做事需要依据遵循的要求。教学原则是有效进行教学必须遵循的基本要求，它对教学中的各项活动起着指导和制约的作用。汉语成语蕴含着许多中国古代的教育家们在长期的教育实践过程中摸索总结出的许多教育原则。

一、"因材施教"原则

在中国古代，人们很早就明白要根据学生身上不同的潜力进行教育，才能够最大限度地激发学生的潜力，发展学生的能力。

朱熹有言："孔子教人，各因其材。"① 因材施教，是从古至今都被教育家所重视的教育原则之一。这一观点最早见于孔子的《论语》之中，尽管书中并没有直接道出这一词语，但他的言论中却体现了这一原则。"因材施教"在汉语成语中的释义为：因：根据；材：资质；施：施加；教：教育；指针对学习的人的志趣、能力等具体情况进行不同的教育。② 《学记》中就说过"教人要尽其材"、韩愈在《进学解》一文中对"因材施教"的原则有过比喻："夫大木为宗，细木为桷，欂栌、侏儒，椳、闑、扂、楔，各得其宜，施以成室者，匠氏之工也。"③ 把教师比喻成木匠，学子比喻成各种大小不同的木材，教师要像木匠一样懂得根据材料的特征决定他的用途，大木头用来做房梁，小木头做家具，使其各得其所。教师在教学活动中，对学生们要懂得因人施教，充分发掘他们个人的潜能，让他们在原来的基础上，得到应有的发展；要全面客观地看待学生并善于发现学生身上的优点和长处，鼓励其朝这个方向努力，将优点发扬光大。

汉语成语中涉及这一原则的还有"因地制宜""量体裁衣"等。"因地制宜"的释义为：因：依据；制：制定；宜：适宜的措施，指的是根据当地的具体情况，制定或采取适当的措施；语出汉·赵晔《吴越春秋·阖闾内传》："夫筑城郭，立仓库，因地制宜，岂有天气之数以威邻国者乎?"④ 教育亦是如此。

"量体裁衣"则出自《墨子·鲁问》："量腹而食，度身而衣。"与清·王

---

① 郭晓东.《学记》与中国古代教育之道 [J]. 大学教育科学，2017（6）：95
② 中国社会科学院语言研究所词典编辑室. 现代汉语词典 [M]. 北京：商务印书馆，2005. 1846
③ 王元湖. 我国古代教育家论教学原则 [J]. 广西师范大学学报，1979（3）：76
④ 《成语大词典》编委会. 成语大词典 [M]. 北京：商务印书馆，2017. 1329

筼《箓友肊说》："宜者称也，顾此言衣，非言人也，量体裁衣，部则不宜，而若惟此衣为宜，即若他人之衣皆不宜也。"指的是按照身材大小裁剪衣服。比喻根据实际情况办事。① 在教育上，老师也要学会按照学生的"身材"为他做出合适的知识"衣服"。这样针对性地让学生学习擅长的领域，更加有利于发掘学生的潜能。

二、"循序渐进"原则

做任何事要达到目标都有一个过程，需要一步一个脚印，不可能飞速地取得成功。学习这件事情，更是需要一个长久的积累知识、夯实基础的过程。在这一个过程中需要坚持不懈的努力和按照次序一步一步地前进，只有有了坚实的基础才能够走得更远。

"循序渐进"指的是学习工作等按照一定的步骤逐渐深入或提高。② 教师在教学活动中要找到适合学生的学习方法，有计划有目的地引导学生学习，遵循一种渐进原则，使得学生慢慢进步，这种渐进是从整体上而言的，并不包括学习内容上的突然进步。同时"教师的教育内容不应该超出学生的接受能力范围，也不应该对学生的接受能力估计过高"③。

汉语成语中表达"循序渐进"原则的还有："依流平进""学不躐等""鸿渐于干"等。不仅学习需要"循序渐进"，做官也要，其实做任何事情都需要按照一定的次序。"依流平进"出自《南史·王骞传》："吾家本素族，自可依流平进，不须苟求也。"流：品级；依流：依照品级；平进：循序渐进，指做官按照资历一步步提升④。"学不躐等"出自战国后期《礼记》中的《学记》："幼者听而弗问，学不躐等也。"指的是教学要遵循学生的心理发展

① 《成语大词典》编委会. 成语大词典 [M]. 北京：商务印书馆，2017. 663
② 中国社会科学院语言研究所词典编辑室. 现代汉语词典 [M]，北京：商务印书馆，2005. 1707
③ 王元湖. 我国古代教育家论教学原则 [M]. 广西师范大学学报，1979（3）：76
④ 梅萌. 汉语成语大全 [Z]. 北京：商务印书馆，2007. 1809

特点，不能超越次第，要循序渐进。① "鸿渐于干"指的是以次而进，渐至高处，后指始入仕途。这个成语出自《周易·渐》："初六，鸿渐于干，小子厉，有言，无咎。"② 告诉我们做任何事情都需要有一定的积累，都是从低到高，按照自身规律而发展前进的。教育中也是，比如学习汉语这件事情，你在小学的时候需要先学习拼音然后学习汉字、词语和成语，等你掌握了一定的词语就开始学造句和学习写文章。凡事都有步骤，要循序渐进，但循序渐进并不是老牛拉慢车，循序是为了渐进，只要循序就一定会渐进。

与"循序渐进"形成鲜明对比的是"揠苗助长"。该成语出自《孟子·公孙丑上》："宋人有悯其苗之不长而揠之者，芒芒然归，谓其人曰：'今日病矣！予助苗长矣！'其子趋而往视之，苗则槁矣。"用来比喻不管事物的发展规律，强求速成，反而把事情弄糟。也作"拔苗助长"。教育工作也应该脚踏实地，讲究效果。

三、"举一反三"原则

"举一反三"这一成语出自《论语·述而》："不愤不启，不悱不发，举一隅不以三隅反，则不复也。"意思是从一件事情类推而知道其他许多事情③。举一反三的例子在古代寓言故事《曹冲称象》中便有所体现。因为大象体积和重量都相当庞大，在古代很难准确测量。但石头却可以，因为其大小不同又便于移动。于是曹冲就利用这一点，让大象去船上，然后在搭乘大象后，在水与船的交接位置刻下标记。再在船上放石头达到同样的水位。最后通过称出石头的重量便可以得知大象的重量。

汉语中与"举一反三"相类似的成语还有"抛砖引玉""闻一知十""触类旁通"等。这些成语皆含有启发诱导的含义，往往表达出由一个事物引出其他的事物。在学习过程中，学生经过积极的思考，有些时候只需要老师稍

---

① 中国社会科学院语言研究所词典编辑室. 现代汉语词典［M］，北京：商务印书馆，2005. 1699
② 梅萌. 汉语成语大全［Z］. 北京：商务印书馆，2007. 647
③ 梅萌. 汉语成语大全［Z］. 北京：商务印书馆，2007. 829

微点拨一下，学生便能够快速理解，熟练掌握。"抛砖引玉"出自宋·释道原《景德传灯录》卷十："比来抛砖引玉，却引得个坠子。"说的是抛出砖去，引回玉来，比喻用粗浅的东西引出完美的东西。① 这就好比在学习教育中，学生对于一个问题只是一知半解，但经过老师的一点指导和点拨后，便可以想清楚这个问题的全部内容。"闻一知十"出自《论语·公冶长》："赐也何敢望回？回也闻一以知十，赐也闻一以知二。"说的是听到了一点便可以理解全部，多用于形容善于类推。② 教育者需要做好启发诱导工作，启发学生学习的自觉性和积极性，引导学生自主思考。"触类旁通"语出《周易·系辞上》："引而伸之，触类而长之，天下之能事毕矣也。"《周易·乾》："六爻发挥，旁通情也。"后以"触类旁通"来比喻说明掌握了某一些事物的规律，就能推知同类事物。③ 我们在学习生活中也要学会灵活运用知识，懂得"举一反三"。

四、"有教无类"原则

"有教无类"出自《论语·卫灵公》："子曰：'有教无类。'"在教育对象问题上，孔子明确提出了无分贵族与平民，不分国界与华夷，只要有心向学，都可以入学受教。作为人原本是"有类"的，有的智，有的愚；有的孝顺，有的不孝，但通过教育，却可以消除这些差别。

"不拒曲士"这条成语也包含"有教无类"的思想。该成语语出唐·柳宗元《与太学诸生喜谐阙留阳城司业书》："俞扁之门，不拒病夫；绳墨之则，不拒枉材；师儒之席，不拒曲士。"这段话的意思是俞跗、扁鹊这类良医，都不拒绝病人看病，木工师傅不拒绝给弯弯曲曲的枉材下墨绳，当师儒、做教师的为什么要把狂生顽童关在门外呢？这与孔子的"有教无类"是一脉相承的，体现了教育的平等观。

"有教无类"原则的实施，扩大了教育的社会基础和人才来源，对于全体

---

① 梅萌. 汉语成语大全［Z］. 北京：商务印书馆，2007. 1096
② 梅萌. 汉语成语大全［Z］. 北京：商务印书馆，2007. 1561
③ 梅萌. 汉语成语大全［Z］. 北京：商务印书馆，2007. 282

社会成员素质的提高起到了积极的推动作用，在教育发展史上具有划时代的意义。

五、"教学相长"原则

"教学相长"语出《礼记·学记》："是故学然后知不足，教然后知困。知不足，然后能自反也。知困，然后能自强也。故曰：教学相长也。"这一原则"揭示了教与学之间相互制约、相互渗透、相互促进的既矛盾而又统一的关系"（毛礼锐、沈灌群主编的《中国教育通史》），"'学'因'教'而日进，'教'因'学'而益深"（王炳照等人编的《简明中国教育史》）。"教学相长"这一原则还可以理解为教师施教的过程同时也是教师学习和提高的过程，即教师通过教而促进自身的学。

六、"启发诱导"原则

如何启发诱导？最重要的一条成语应该是"不愤不启，不悱不发"。该成语语出《论语·述而》："不愤不启，不悱不发，举一隅不以三隅反，则不复也。"表达的主要意思是：教导学生的时候，不等到学生想要弄明白但是因为自身的知识局限或者思维方式不对而无法明白的时候，不要去开导他，等到他想要表达一个问题却又无法表达的时候，再去启发他。这说明教导学生的时候，需要先让他们自己积极努力地思考后，再去启发诱导他，这样做更有利于促进知识的理解和掌握。

成语"引而不发"语出《孟子·尽心上》："君子引而不发，跃如也。中道而立，能者从之。"讲的也是要善于启发引导。意思是做好准备暂不行动，以待时机。也是要求先让学生积极思考，再进行适时启发。

七、"学思结合"原则

"学而不思则罔，思而不学则殆"语出《论语·为政》："学而不思则罔，思而不学则殆。"这句话为孔子所提倡的一种读书及学习方法。意思是一味读书而不思考，就会因为不能深刻理解书本的意义而不能合理有效利用书本的知识，甚至会陷入迷茫。而如果一味空想而不去进行实实在在的学习和钻研，则终究是沙上建塔，一无所得。告诫我们只有把学习和思考结合起来，才能学到切实有用的知识，否则就会收效甚微。

第二节　汉语成语与中国古代教育方法

教育是一直以来为人们所重视的人类进步和发展的重要手段之一。做任何事情都需要有正确的方法，教育方法是指在某种教育思想的指导下为了达到教育目的所采取的一种策略性途径。中国是历史底蕴丰厚的教育大国，汉语成语蕴含着中国古代许多优秀的教育方法，对于我们今天的教育活动仍有参考意义。

一、"耳濡目染"的环境熏陶法

环境熏陶法是指在教育活动中，教育者为了达到培养受教育者良好的道德品质和行为习惯的目的，而特意创造出一个与之相适应的和谐生活环境，使得受教育者受到潜移默化的影响。① 人是很容易受环境与他所处的氛围影响的，良好的环境对于人的行为习惯的培养显得尤为重要。

环境熏陶法的主要实现方式就是"耳濡目染"。"耳濡目染"这一成语出自唐·韩愈《清河郡公房公墓碣铭》："公胚胎前光，生长食息，不离典训之内，目濡耳染，不学以能。"主要意思是耳朵经常听到，眼睛经常看到，不知不觉地受到影响。濡：沾湿；染：沾染。当人身处在一个优秀的环境之中时，他自己也会不自觉变得越来越优秀，如果他处于一个糟糕的环境中，自己也会越来越糟糕。由此可以知道环境对人的影响力是非常大的。

与"耳濡目染"意思相近，体现出环境熏陶作用的汉语成语还有"潜移默化""近朱者赤，近墨者黑""蓬生麻中，不扶而直；白沙在涅，与之俱

---

① 马存芳. 中国古代家庭教育方法探析 [J]. 青海师专学报，1998（2）：53

黑"；等等。"潜移默化"语出北齐·颜之推《颜氏家训·慕贤》："人在少年；神情未定；潜移默化；自然似之。"潜：暗中，不见形迹；默：不说话，没有声音。意指人的思想或性格不知不觉受到感染、影响而发生了变化。①"近朱者赤，近墨者黑"语出晋·傅玄《太子少傅箴》："故近朱者赤，近墨者黑；声和则响清，形正则影直。"意思是靠着朱砂的变红，靠着墨的变黑。比喻接近好人可以使人变好，接近坏人可以使人变坏。指客观环境对人有很大影响。"蓬生麻中，不扶而直；白沙在涅，与之俱黑"出自《荀子·劝学》。"蓬生麻中，不扶而直"，比喻生活在好的环境里，得到健康成长。"白沙在涅，与之俱黑"，比喻好的人或物处在污秽环境里，也会随着污秽环境而变坏。这些成语表达了客观环境对人的影响的极端重要性。

二、"以身作则"的榜样示范法

榜样示范法指的是以榜样人物的道德品质、行为举止、杰出成就等影响受教育者的思想感情和行为目标的一种德育方法。树立一个良好的榜样，有助于帮助孩子养成良好的行为习惯。无论是家庭教育还是学校教育，家长和老师都应该严格要求自己的言行举止，成为孩子和学生可以学习的良好榜样。

"以身作则"这一成语指的是要以自己的行动做出榜样。在教育过程中，教师作为培养人才的教育者，他们的言语行动、作风态度、为人处世以及各方面的表现，都对学生起着示范作用，产生微妙而深远的影响。学生向老师学习的不仅仅是书本上的知识还包括其他方面，学生们通常很自然地就将自己的老师作为模仿的对象。

汉语中表现教师以自身的行为举动为表率的成语还有"言传身教""为人师表"等。"言传身教"出自《后汉书·第五伦传》："以身教者从；以言教者论。"说的是既用言语来教导，又用行动来示范。②指行动起模范作用。言语的教导配合上行动的示范，才能够更好地促进良好的行为举止和道德品质

---

① 梅萌. 汉语成语大全［Z］. 北京：商务印书馆，2007. 1168
② 梅萌. 汉语成语大全［Z］. 北京：商务印书馆，2007. 1717

的养成。"为人师表"语出《北齐书·王昕书》："杨愔重其德业；以为人之师表。"师表：榜样，表率。在人品学问方面做别人学习的榜样。① 在今天多用来形容教师，要求教师不但要教授学生知识，更是要以自身的品德作为表率，教会学生如何做人。

三、"身体力行"的亲身实践法

在学习过程中，实践可以检验知识是否掌握透彻和学会运用。这一教育方法不仅在当今教育过程中被提倡，更是早在中国古代的时候就已被人们所重视。在中国古代教育过程中，人们就发现了实践的重要性，提出理论和实践两者要结合起来的主张，认为所学的知识要通过行动和实践来表现出来，不要学无所用，更不要像赵括一样只会"纸上谈兵"，空谈理论而不会在掌握了理论的基础上运用于实践。告诫我们凡事要"身体力行"地去实践。

"身体力行"出自《淮南子·氾论训》："圣人以身体之"和《礼记·中庸》："力行近乎仁"之中，身：亲身；体：体验。亲身体验，努力实行。很多事情，你只有亲身经历过了，你才了解它，知道如何去做好它，并从中获得直接经验和教训。如成语"百闻不如一见"指的便是听别人说了无数遍，不及自己亲自实践所看到的。形容了解事物不如亲自观察为确实。② 最早出自《汉书·赵充国传》："百闻不如一见，兵难逾度，臣愿驰至金城，图上方略。"知识是来源于实践当中的，所以也要在实践过程中去检验。

俗话说得好，"读万卷书，行万里路"。阐明的便是理论和实际要相结合的道理。宋代诗人陆游用"纸上得来终觉浅，绝知此事要躬行"教育他的孩子要认识到实践的重要性。纸上得到的道理有时候过于浅显，要透彻地理解还是要通过实践的方法。在中国汉语成语中也有许多体现出实践的成语，如："力学笃行""学以致用""庖丁解牛"等。"力学笃行"释义为勤勉学习且确切实践所学；语出宋·陆游《陆伯政山堂稿序》："伯政家世为儒，力学笃行，

---

① 梅萌. 汉语成语大全 [Z]. 北京：商务印书馆，2007. 1543
② 梅萌. 汉语成语大全 [Z]. 北京：商务印书馆，2007. 54

至老不少衰。"① 强调努力地学习后，能够确切地将所学知识运用于实践的学习和实践相结合的观点。"学以致用"则点明了学习是为了运用的。我们读书也是如此，学到的知识要能够运用在实际生活当中的。那么怎样才能够更好地理解知识，掌握事物的规律呢？这就需要反复地实践。"庖丁解牛"出处为《庄子·养生主》中庖丁为文惠君解牛的故事。比喻经过反复实践，掌握了事物的客观规律，做事得心应手，运用自如。② 我们在学习上也应该有庖丁解牛的精神，反复思考，反复实践，最后深刻理解牢固掌握。

四、"诲人不倦"的耐心教导法

成功的取得需要一个漫长的过程，需要通过一点一滴地积累、等待和忍受，积累足够了才能获得成功。如果一个人因为没有耐心从而半途而废，那么他做任何事情都不可能取得成功。教育亦是如此，培养出一位优秀的学生需要教师和家长的耐心教导。常言道："精诚所至，金石为开。"老师在教育教学中保持"诲人不倦"的耐心，学生一定能够有所收获。

"诲人不倦"语出《论语·述而》："学而不厌；诲人不倦；何有于我哉！"释义为：教导人特别耐心，从不厌倦。③ 老师需要保持耐心的态度去教育学生，学生也应该以耐心的态度去对待学习。耐心对于人生的重要性不言而喻，越王勾践凭借自己的耐心，才能够卧薪尝胆十年，终于复国成功；司马迁因为有一颗耐心，才能够十年如一日地握笔写史，成就一代《史记》；徐霞客带着一颗耐心，才能踏遍千山万水，撰写出《徐霞客游记》。耐心是人们通向成功的必备品质，老师耐心地教导不仅有利于学生的学习发展，还是其教育事业取得成功的前提。

形容老师耐心教导的汉语成语除了"诲人不倦"外，还有"不厌其烦""谆谆教导""循循善诱"等。"不厌其烦"语出宋·袁燮《絜斋集》："赘之

---

① 《成语大词典》编委会. 成语大词典［M］. 北京：商务印书馆，2017. 906
② 梅萌. 汉语成语大全［Z］. 北京：商务印书馆，2007. 1096
③ 梅萌. 汉语成语大全［Z］. 北京：商务印书馆，2007. 690

先君；不惮其烦；而帝每不能听。"指不嫌烦琐与麻烦，常用于形容耐心。①
耐心作为教育者必须具备的品质之一，对于学生的培养显得无比重要。"谆谆
教导"语出《诗经·大雅·抑》："诲尔谆谆；听我藐藐。"意思是恳切、耐
心地教导。谆谆：恳切、耐心的样子。② "循循善诱"出自《论语·子罕》：
"夫子循循然善诱人；博我以文；约我以礼；欲罢不能。"循循：有次序的样
子；善：善于；诱：引导；指善于引导别人进行学习。③ 当然，有了老师的不
厌其烦地谆谆教导，还不足以取得学习的成功，作为接受教育的学生也应该
以一颗耐心，孜孜不倦地投身于学习之中，如此便可嗅到自苦寒深处传来的
梅花香。

第三节　汉语成语与中国古代杰出家长

每一个人性格习惯的养成，都离不开家长从小的培育和教导，在中国古
代教育中，家庭教育得到人们的广泛重视，家庭是社会的重要组成部分。有
言道："子不教，父之过。"家长在家庭教育中起着决定性作用。孩子以后成
为怎样的人与父母对他的教育是紧密相关的。由家长承担着教育者角色的家
庭教育，对国家安定和发展也有着重要的作用。良好的家风，有助于形成良
好的社会风尚，也是民族兴旺发达和国家繁荣昌盛的必要条件之一。中国古
代杰出家长们颇具科学性的教育方法在今天仍然具有实用价值。

一、"孟母三迁"择善邻

中国古代教育史上，儒家教育思想是最为璀璨的那一颗明珠，而作为儒
家代表人物之一的孟子，他是中国古代著名的思想家、教育家，是仅次于孔

---

① 梅萌. 汉语成语大全［Z］. 北京：商务印书馆，2007. 168
② 中国社会科学院语言研究所词典编辑室. 现代汉语词典［M］，北京：商务印书
馆，2005. 301
③ 梅萌. 汉语成语大全［Z］. 北京：商务印书馆，2007. 1708

子的儒学大家，被尊称为"亚圣"。他的成功除了他自身的天赋和努力外，最重要的是在于他母亲对于他的悉心培养。众所周知的汉语成语"孟母三迁"讲的便是孟轲的母亲搬家多次，只为找到一个利于教育孩子的良好环境的故事。

孟母一生也十分悲苦，她早年丧夫，一个人含辛茹苦养育孩子。最初，为了方便祭拜亡夫，她带着孟子居住在墓地附近。但没想到孟子居然跟着前来出殡和祭拜的人们学起了跪拜、哭泣的模样。孟母深谙环境影响人的道理，认为墓地附近不利于孩子成长，于是把家搬到了闹市附近。可是在闹市附近，孟子又开始学习闹市中商贩的叫卖吆喝。孟母认为闹市附近也不利于孩子成长，于是又开始搬家。孟母这次把家搬到了书院附近。孟子就跟着学校里的学子摇头晃脑地学习、朗读诗书。孟母十分开心，认为这个环境有利于孟子的健康成长，便不再搬家。孟母不断搬家以改变居住环境，就是为了让孟子能够接受好的教育并且能够健康地成长。孟子的成才得益于她母亲能够及时地发现孩子的学习状况，并果断地离开不利于孩子学习的居住环境，选择利于孩子学习的环境。要知道在古代离开原先居住的地方搬到一个新的地方生活并非易事。但孟母以其强大的魄力和韧性，不仅养育大了自己的孩子，更是使得他成才，不愧为中国古代四大贤母之一。

孟母作为古代杰出家长的代表，一方面在于她为了孩子成才选择了好的居住环境，另一方面也在于她对孩子的严格要求。成语"断织之训"（亦作"断织之诫"）记录了她的这一事迹。汉·刘向《列女传·母仪传》："孟子之少也，既学而归，孟母方织，问曰：'学何所至矣？'孟子曰：'自若也。'"孟母便割断织布机上的纱，用机上的纱不能成布的损失来告诫中途放弃学业的儿子。孟母的这一警示，让孟子从此以后重新努力，刻苦学习，终于成为天下的名家大儒。"在家庭教育中，父母对于淘气贪玩，不求上进的孩子，经过反复说教，均无效果，最后以某种动作或信号进行警示可收到奇异的效果。"①

　　"买肉啖子"的故事出自《韩诗外传》："孟子少时，东家杀豚，孟子问其母曰：'东家杀豚何为？'母曰：'欲啖汝。'其母自悔而言，曰：'吾怀娠是子，席不正不坐；割不正不食，胎之教也。今适有知而欺之，是教之不信也。'乃买东家豚肉以食之，明不欺也。"故事讲的就是孟母如何以自己的言行对孟子施以诚实不欺的品德教育。

二、陶母"退鲊责儿"教清廉

　　陶侃是东晋时候的著名将领，他的扬名不仅仅因为他的赫赫战功，更因为他继承了他母亲身上的优秀品德。陶侃的母亲湛氏教育儿子珍惜时间、勤劳节俭和为官清廉。陶侃后来的成就与他母亲的教育培养是分不开的。陶侃的母亲是中国古代杰出家长的代表之一，她教育孩子的故事更是被后世传为佳话。

　　陶母从小就注重对陶侃的培养，哪怕家境贫寒，她仍然昼夜勤织来供儿子读书。因为她认为，在孩子幼年的时候就要对他进行品德的培养教育，长大了才会成为一个品德良好的人。和所有的家长一样，陶母也十分重视子女的读书问题，陶侃年幼的时候，生性贪玩，不爱读书，陶母为此可是操碎了心。某次，陶侃蹲在陶母的织机附近玩耍，陶母借机让他背书，他背到"光阴似箭，日月如梭"的时候，陶母就十分聪明地借这一句话结合手中梭机教育陶侃，要珍惜光阴，发奋读书。陶侃也十分争气，没有辜负他母亲的期望。陶侃的成才与他母亲选取了合适的教育方式是分不开的。陶母除了教育陶侃要珍惜光阴，不要浪费时间外，还教育他要勿忘故土，为家乡争光。陶侃成年后要去外地做官，陶母赠他一抔土块、一只土碗和一块土布三样礼物表达对儿子的嘱咐和期望。希望他能够为百姓办实事，做一个清官、好官。

　　"截发筵宾"（亦作"截发留宾"）语本南朝·宋·刘义庆《世说新语·

_____

① 李定开.《中国古代幼儿教育方法及其现实价值》［J］. 学前教育研究 2000（4）：13

贤媛》："晋陶侃少家贫。一日大雪，同郡孝廉范逵往访，陶母湛氏剪发卖以治馔款客，并剉碎草荐以供其马。"范逵大为感动，叹曰："非此母不生此子。"遂举荐陶侃由县吏拜授郎中。此后，陶侃走上了发达的仕途。

陶母教导陶侃故事中最为出名的"退鲊责儿"，讲的是陶侃在担任负责监管渔业的官员的时候，念着家中母亲，托人给母亲带回去一罐咸鱼干，以表孝心。陶母收到离家许久的儿子托人带回来的礼物十分开心，可是当她读完儿子的信，清楚了这一罐咸鱼干是公家的东西的时候，直接在罐口贴上封条，让人带回去。还给陶侃回信说："你作为一名为民办事的官员，拿官府的东西孝敬我。这不仅不会使我开心，反而还会增添我的烦恼和担忧。"陶母公私分明，明辨是非。通过自身的行为去教育儿子为官要清廉，不要贪污。总而言之，陶母对陶侃的教育影响了他的一生，无论是他的性格品德方面还是为人处世方面都可以看出来陶母从小对于他的教育是十分严格的。总之，家长在孩子年幼的时候对孩子严格要求，给他们树立一个良好的是非观，会让孩子受益终身。

三、柳母"和丸教子"资勤苦

"和丸教子"语本《新唐书·柳仲郢传》："母韩，即皋女也。善训子，故仲郢幼嗜学。尝和熊胆丸，使夜咀咽以助勤。"指唐代柳仲郢母以熊胆和丸给郢咀咽，使他因味苦不能入寐，加强学习。形容贤母认真教子。柳公绰妻韩氏甚贤，虽贵为丞相孙女，却治家勤谨俭约，堪为缙绅家之楷模。柳公绰再迁任开州太守时，携家眷四人（包括其母）来开州，韩氏谨从家训，暗下决心，苦训教子，取开州特产苦参、黄连和熊胆三味，研末制成丹丸，使其夜读时服用，且经常陪读至深夜；柳公绰升迁蜀都后，韩氏仍念念不忘开州，还托人捎带开州的苦参和黄连，到了京城，柳家把这一治学精神发扬光大，在弟子门生中"常以熊胆为丸，令诸子学舍含之，以资勤苦"，是以柳仲郢学业猛进，终成大儒，《幼学琼林》中"和丸教子，仲郢母之贤"就是指这段历史佳话，至今仍被开县人视为教子的典范。

四、司马光教子"勤俭节约"

初识司马光，见其年幼时机智砸缸救友人；二知司马光，读其所编《资治通鉴》垂青史；再懂司马光，读其所写《训俭示康》教子俭朴。司马光是我国古代著名的历史学家，他对孩子的教育也十分用心。常常以身作则地教导自己的孩子要勤俭节约，切勿铺张奢侈。他撰写了一篇名为《训俭示康》的家训，讲明勤俭的好处和奢侈的坏处，希望儿子及子孙后代不要学习侈靡的作风，而是能够继承发扬朴素勤俭的家风。

司马光在《训俭示康》一文罗列出本人的平生经历，用自身的行为举例，为儿子树立模范，教导儿子要养成勤俭的习惯。并且言："众人皆以奢靡为荣，吾心独以俭素为美。人皆嗤吾固陋，吾不以为病。"说明自己对待勤俭的态度，在人人都以奢靡为荣的时候，依旧保持着勤俭习惯，受到别人讥笑时，也不觉得有什么不对。他连续列举了自己的三个事例说明自己不喜奢靡的性格，同时也希望儿子司马康能够勤俭节约。其次，司马光借用身居高位却仍能保持节俭的高官张文节"顾人之常情，由俭入奢易，由奢入俭难"的话语，告诉儿子由勤俭进入侈靡很容易，由侈靡进入勤俭就艰难的人之常情。说明勤俭节约的必要性和持久性。司马光还引用古训"俭，德之共也；侈，恶之大也"教育他的儿子，阐释勤俭的好处，奢侈的坏处。因为司马光教子有方，儿子司马康从小就养成了勤俭节约的良好习惯。

五、郑氏"画荻教子"育文豪

犹记得一句话："有条件要上，没有条件创造条件也要上。"在中国古代也有这样一位母亲，创造出条件，克服了家境贫寒买不起纸笔的困难，教自己的孩子写字。她的孩子也不负众望，长大后成为有名的大文学家、政治家。这个孩子便是"六一居士"欧阳修。后世口耳相传的"画荻教子"的故事，便是他年幼时，母亲教导他学字的经历。

欧阳修儿时家境贫寒，幼年的时候，父亲就去世了，他由母亲独自养育教导长大。她母亲希望他成才，但因为贫穷买不起纸笔，于是想到了用荻草秆代替笔，将沙子铺在地上代替纸的方法教欧阳修习字。体现出了欧阳修母亲对于欧阳修教育的重视和她的聪慧坚韧，也侧面说明了欧阳修母亲不会因为条件的阻挠而放弃对子女的教育的态度。等到欧阳修大一点的时候，认识的字多了，她就到别人家里借书给欧阳修读，有时还会将书抄录下来。欧阳修自小十分聪颖，在母亲的教导下，学习也十分刻苦，小小年纪的时候，记忆力就超群，诗词曲赋写得还非常好。他母亲还告诉他，以后如果做了官，要保持清廉。可以说欧阳修后来的成才，与他母亲的辛苦教导是分不开的。而他母亲教导他的故事，也成为后世用以形容母亲教子有方的成语"画荻教子"。

自古以来，父母总是尽力为孩子创造出条件，用心教育孩子，孩子也应该刻苦学习，并将父母的谆谆教诲铭记于心，才能对得起父母的辛勤付出。

六、岳母刺字"精忠报国"

岳飞作为著名的军事将领，他保家卫国的赤胆忠心，历来为人们所称道。他正直不阿的良好品格的养成，得益于他母亲的教导。岳飞的母亲，可以说得上是古代杰出家长的代表和古代妇女的楷模，她在国家危急存亡的时候，愿意让自己的孩子上战场，还教导他要忠心报国，这一段故事也被后世传为佳话。

"精忠报国"四字也因着岳母刺字的事迹流传得更加广泛，"精忠报国"这一成语指的是为国家竭尽忠诚，牺牲所有。语出《北史·颜之仪传》："公等备受朝恩，当尽忠报国。"[①] 岳飞的母亲十分重视对孩子的教育。在岳飞小的时候，就教育儿子不要害怕各种苦难，要做一个正直善良的人。岳飞也十分争气，从小十分自律，对自己要求严格，努力学习武艺和兵法，长大后成为一位文武双全的人。后来，国家处在生死存亡之际，岳飞决定投身军营为国效力，岳母得知后，将"精忠报国"这四个字刺在儿子的背上，提醒他时刻记得自己的诺言。岳母对于岳飞的严格教育，一方面在于重视培养刚正不

---

① 梅萌. 汉语成语大全［Z］. 北京：商务印书馆，2007. 807

阿的良好品格，另一方面则是注重于爱国主义思想的培养。

汉语成语与中国古代教育的关系十分密切。中华文明五千年的历史积淀，赋予了汉语成语深刻的文化内涵；完善而成熟的中国古代教育，形成了许多生命力绵长的教育原则和教育方法。风格典雅、意蕴丰富的汉语成语，作为中国传统文化最重要的载体，蕴含着极为丰富的中国古代教育原则和教育方法，也真实记录了中国古代杰出家长培养和教育子女的优秀事迹。发掘汉语成语中蕴含的这种宝贵的教育资源，对于我们今天的教育教学活动仍然具有十分重要的借鉴意义。

第十一章
汉语成语与中国古代婚姻

　　"婚姻"，通俗地说即嫁娶之事，男性跟女性的结合。在汉语中有一类体现婚姻文化的成语，这类成语折射出了中国古代婚姻的目的和婚姻观念，反映了中国古代婚姻中女性低下的地位，是我们了解古代婚姻文化的一个重要窗口。

第一节　汉语成语与中国古代婚姻目的

一、上事宗庙，下继后世

　　中国古代婚姻的目的在《礼记·昏义》中有记载："昏礼者，将合二姓之好，上以事宗庙，而下以继后世也，故君子重之。"

　　汉语成语中最能体现中国古代这一婚姻目的的就是"传宗接代"，该成语语出清·李宝嘉《官场现形记》第四十九回："自己辛苦了一辈子，挣了这分大家私，死下来又没有个传宗接代的人，不知当初要留着这些钱何用。"其意为传延宗族，接续后代。原指生了儿子可以使家世一代一代传下去。

　　让自己的子嗣延续，使自己的家业有人继承叫"后继有人"。该成语可见于艾芜《鞍钢呵，我回来了》："这是后继有人，令人喜悦不止。"

形容子孙后代众多可以说"人丁兴旺""儿孙满堂""瓜瓞绵绵""文昭武穆""本枝百世"。

"人丁兴旺"：人丁，古代指成年人。古代指男为丁，女为口，能外出承担赋役为成年男丁。通常指某一家里成员众多，而且一般指男性后代比较多的情况。

"儿孙满堂"可见于冯德英《山菊花·上部》第十二章："不管他们多老了，满头白发了，或者已是儿孙满堂了，都一样。"是指家族人丁兴旺，子孙后代很多。

"瓜瓞绵绵"来源于《诗·大雅·绵》："绵绵瓜瓞，民之初生，自土沮漆。"瓞：小瓜。如同一根连绵不断的藤上结了许多大大小小的瓜一样。引申为祝颂子孙昌盛。

"文昭武穆"语出古代宗法制度，宗庙位次，始祖庙居中，以下父子递为昭穆，左为昭，右为穆。祭祀时，子孙也按昭穆，左右排列行礼。周文王于周为穆，文王之子武王则为昭，而武王之子成王又为穆。原指文王的子孙众多，后则泛指子孙繁衍。

"本枝百世"意思是指子孙昌盛，百代不衰。汉·张衡《南都赋》："据彼河洛，统四海焉，本枝百世，位天子焉。"

形容子孙稀少可以说"不绝如线"。《公羊传·僖公四年》："南夷与北狄交，中国不绝若线。"何休注："线，缝帛缕，以喻微也。"原本形容局势危急，像差点儿就要断掉的线一样。后用以形容子孙衰落或后继者稀少。

"人丁兴旺""儿孙满堂"只是为"上以事宗庙"提供了人力保障，而真正要做到"光宗耀祖"则需要子孙有才能，有品德，能担当。相关成语有：

1. 表示有才能和品德

喷珠吐玉　满腹经纶　博学多才　卓尔不群　出类拔萃　青藜学士
博闻强识　怀珠抱玉　文思敏捷　高风峻节　明德惟馨　孝子贤孙

2. 表示家族富裕显赫

高门大屋　名门望族　荣华富贵　堆金积玉　腰缠万贯

3. 表示人能担当重任

庙堂伟器　一代鼎臣　栋梁之材　清庙之器　封妻荫子　谢兰燕桂
谢家宝树　凤鸣朝阳

二、安定边境，和睦外邦

在中国古代，婚姻的目的不仅是延续子嗣、光宗耀祖，婚姻还能够用来安定边境，和睦外邦，这是古代帝王用来稳定国家，维系外交的一种重要的政治手段。当两国的关系不能用武力来解决的时候，或者是为了国家间的世代友好，两国互通婚姻便是不二之选。比如春秋时期，秦、晋两国因争霸而战事不休，晋献公将自家女儿嫁给了秦穆公，秦穆公又将自己的女儿嫁给晋文公，之后两国世代互通婚姻，世代友好，"秦晋之好""秦晋之缘""秦欢晋爱"这些成语便是最直接的体现。

公元前 676 年，晋武公之子姬诡诸继承君位，即晋献公。献公之父武公晚年娶齐桓公女儿齐姜，齐姜则与当太子的姬诡诸有私情。姬诡诸继位后，把庶母齐姜娶为夫人，生女伯姬及子申生。伯姬在后来的秦晋政治联姻中嫁给秦穆公为夫人，这便是所谓"秦晋之好"的开端。

后来秦穆公为求将来与中原友好，与当时力量强大的晋国联姻，向晋献公求婚，晋献公就把大女儿嫁给了他。后来，晋献公年迈昏庸，要立小儿子为国君继承人，从而杀死了当时的太子申生。于是，另外的两个儿子夷吾和重耳，分别逃往梁国和翟国避难。再后来，夷吾得到姐夫秦穆公的帮助，做了晋国国君。但是不久，夷吾就与秦国失和，发兵攻打秦国，终遭惨败，还叫儿子公子圉到秦国做人质，这才将两国的关系修好。

秦穆公为了笼络公子圉，把自己的女儿怀嬴嫁给了他。这在当时的社会来说，是一件亲上加亲的事，按理关系应该是很稳固的了。然而公子圉听说自己的父亲病了，外公家又被秦国灭亡，害怕国君的位置会被传给别人，便跑回晋国。

秦穆公立即决定要帮助重耳当上晋国国君，把逃到楚国的重耳接过来，还要把女儿怀嬴改嫁给他，第二年，公子圉就做了晋国君主，成为晋怀公，跟秦国不相往来。

后来，重耳在秦穆公的帮助下，当上了晋国的新国君，成为有名的"春秋五霸"中的晋文公，秦穆公也在重耳死后不久，借机打败已经成为中原的霸主的晋国，也成了"春秋五霸"之一。

"秦晋之好"代表的是一种政治和外交的联姻，是国家之间的联合，但后来渐渐将男女之间的婚姻也称作结为"秦晋之好"。

昭君出塞、文成公主与松赞干布和亲也都是政治和外交的联姻。

第二节　汉语成语与中国古代婚姻观念

婚姻观是人们对待婚姻问题的基本认识和态度。是人生观的组成部分之一。汉语中很多成语表达了古人对婚姻的态度和看法，是我们了解中国古代婚姻观念的重要途径。

一、门当户对、郎才女貌的择偶观

择偶观是人们对选择配偶的看法和态度。汉语成语所表达的择偶观主要的有两点，一是门当户对，二是郎才女貌。

"门当户对"语出元·王实甫《西厢记》第二本第一折："虽然不是门当户对，也强如陷于贼中。"指男女或双方家庭的社会地位和经济情况、职业或工作能力、生活习惯相当，很适合交往或结亲。这是中国古代择偶观的重要内容。

再如，成语"指腹为婚"语出《魏书·王宝兴传》："汝等将来所生，皆我之自出，可指腹为亲。"古时如果两个家庭世代交好，想延续前缘，双方妻子身怀六甲，双方父母便会在孩子还未出生之前就做主缔结了姻缘，长大以后男子便根据双方父母定下的姻缘履行承诺娶女子为妻。由该成语可见，如果两家人没有相似的家庭条件，不相上下的地位，那么"指腹为婚"则可能不会轻易存在。它实际上也是"门当户对"的择偶观在起作用。

又如，成语"青梅竹马"语本唐·李白《长干行》诗："郎骑竹马来，绕床弄青梅。同居长干里，两小无嫌猜。"青梅：青的梅子；竹马：儿童以竹竿当马骑。形容男女幼年时天真无邪玩耍游戏亲密无间，后来发展为与男女爱情有关的意思。试想，如果两家的门户地位不一样，那么贵族千金和平民小子能从小一起玩耍的可能性并不高，当然也不是说不存在。此类体现门户观念的成语还有很多。

"郎才女貌"语出元·关汉卿《望江亭》第一折："您两口子正是郎才女貌，天然配合。"指男的有才气，女的有美貌。形容男女双方很相配。这是中国古代择偶观的又一重要内容。

实际上，"郎才"不仅仅指男子有才气，还包括有气质，有风度，有品德。"文质彬彬""谦谦君子""玉树临风""风流倜傥""貌比潘安""温文尔雅""英俊潇洒""气宇不凡""左宜右有"等成语，便是表达这方面的内容。

"女貌"是指女性必须有姿色、有样貌，才能吸引男性的眼球。成语"沉鱼落雁""如花似玉""翩若惊鸿""闭月羞花""窈窕淑女""皓齿明眸""朱唇皓齿""绝代佳人""梨花带雨""月里嫦娥""肤如凝脂""楚楚动人""人面桃花""天姿国色""倾国倾城""婀娜多姿"都是形容女性之美的。

女性只有具备了吸引男性的外表，才能被男子看中。同样，男性吸引女性，也需要才华、气质、风度和品德。成语"一见钟情"指男生或女生一见面就对对方产生了感情，一见面就喜欢上他（她）。这刚好印证了"郎才女貌"在其中所起的重要作用。

二、传宗接代、多子多福的生育观

中国是宗族社会，对子嗣极为重视。前面说过，人们结成婚姻的一个很重要的目的便是上事宗庙，下继后世。生育观念中最重要的即是传宗接代，多子多福。

"传宗接代"指有了子嗣才可以使宗室一代一代传承下去，"绿叶成阴""枝繁叶茂"均意为女子出嫁后为夫家生了许多子女。在中国传统社会，子孙满堂是为人艳羡的事情，典型地反映了"多子多福"的家庭伦理观。唐·杨绾《汾阳王妻霍国夫人王氏神道碑》载，唐代名臣郭子仪育有八子八女。因此备受众人羡慕。

传宗接代本无可非议，但是"无子"被当作妻子"七出"之一便过于苛刻。如东晋方士王嘉《拾遗记》："贾逵年五岁，明慧过人，其姊韩瑶之妇，嫁瑶无嗣，而归居处，亦以贞明见称"。而男子若婚后无子，便会以传宗接代为由而娶妾，于是便有了中国历史上非常盛行的一夫一妻多妾制，这又是男女地位不平等的一个表现。古时甚至有很多年事已高的老者为生子而纳妾，成语"老蚌生珠"中"老蚌"就是为了"生珠"而娶妾。

由于中国传统社会是以男子为中心的，故人们普遍都有"重男轻女"的思想。《诗经·小雅·斯干》："乃生男子，载寝之床，载衣之裳，载弄之璋……乃生女子，载寝之地，载衣之裼，载弄之瓦。"其中"弄璋之喜"与"弄瓦之喜"便用来庆贺生了儿子或女儿，从儿子所玩的"玉璋"与女儿所玩的"纺瓦"便可看出人们"重男轻女"的思想。在民间，人们一方面祈求生个儿子，另一方面不择手段地杀害女婴。如宋·苏轼《东坡集·与朱鄂州书》中描述当时岳州、鄂州一带的溺女风气："初生辄以水浸杀，其父母亦不忍，率常闭目背面，以手按之水盆中，咿嘤良久乃死。"溺女婴无疑是一种有违人道的社会陋习。

三、男大当婚、女大当嫁的适龄嫁娶观

由于古代的医疗水平有限，人的平均寿命都比较短，于是会出现劳动力短缺的问题，为了解决人口不足的问题，古代普遍提倡"早婚"，无论男女，只要到了一定年纪就要婚配。"男大当婚""女大当嫁"这两个成语说的便是此意。那么男女年纪多大才是适龄呢，《礼记·杂记》中虽云："女子十年不出……十有五年而笄，二十而嫁"，男子则"二十而冠……三十而有室"，但是从当时的社会背景来看，只要男子举行了"冠礼"，女子"及笄"之后便可以婚嫁了，并非真的要女子二十，男子三十才能结婚，普通男女只要两家人同意，便可约为婚姻。然而，女子要是过了出嫁年龄还"待字闺中"，则会

被认为是身体有疾病或者是其貌不扬而不能婚嫁，一般男性不敢娶这类女子，所以古人比较注重女子适龄嫁娶。男子适龄不娶也是如此。成语"怨女旷夫"说的就是成年男女不适龄婚嫁的意思。再如成语"摽梅之年"，意思是说梅子成熟之后便会从树上脱落，用比喻的手法来暗示女子到了出嫁的年纪。成语"女大须嫁"也是此意。

四、父母之命、媒妁之言的明媒正娶观

中国是一个文明古国，素有礼仪之邦之称。"父母之命、媒妁之言"是自西周春秋时期起婚姻礼仪的一道重要程序。《诗·齐风·南山》云："娶妻如之何，必告父母……娶妻如之何，非媒不得。"这应该是"父母之命、媒妁之言"最初的渊源。《孟子·滕文公下》："不待父母之命，媒妁之言，钻穴隙相窥，逾墙相从，则父母国人皆贱之。"这就是"父母之命、媒妁之言"的出处。媒：男方的媒人；妁：女方的媒人。媒妁：婚姻介绍者（媒人）。旧指儿女婚姻须由父母做主，并经媒人介绍，才算是"明媒正娶"。只有这样的婚姻，才会得到社会的认可，并收到来自亲朋好友的祝福。汉语成语中，有祝福新人幸福美满的，比如"百年好合""白头偕老""鸾凤和鸣""永浴爱河""凤凰于飞""花好月圆""永结同心""同心同德"；有赞美新人的，比如"郎才女貌""珠联璧合""天作之合""才子佳人""夭桃秾李"；有祝福新人生子的，如"添砖加瓦""开枝散叶"，等等。

五、嫁鸡随鸡、嫁狗随狗的夫唱妇随观

"夫唱妇随"这一成语源于《关尹子·三极》："天下之理，夫者倡，妇者随。"意思是说，天下公认的道理是，丈夫倡议的事情，妻子要附和跟随。意为妻子必须服从丈夫。

与"夫唱妇随"意思类似的"男唱女随"，语本《孔丛子·嘉言》："十五许嫁而后从夫，是阳动而阴应，男唱而女随之义也。"

又如成语"一唱一和"源于《诗经·郑风·萚兮》："叔兮伯兮，倡予和女。"是说秋天到了，树叶脱落随风起舞，男女由此景互相唱和，后来比喻夫

妻互相呼应、互相配合。

再如成语"嫁鸡随鸡，嫁狗随狗"也是说古代女子嫁为人妇后不论丈夫贫穷富贵、疾病健康都要顺从丈夫，永远跟随。

在男权主导的中国古代社会，女子出嫁后，其一切活动都是以丈夫为中心的，丈夫是她们后半生的依靠，具有绝对的权威，妻子必须无条件地服从。

六、相敬如宾、琴瑟之好的夫妻恩爱观

"相敬如宾"语本《左传·僖公三十三年》："臼季使，过冀，见冀缺耨，其妻馌之，敬，相待如宾。"指的是夫妻在地位平等基础上互相敬重、爱护、感恩，建立动态平衡和谐的良性关系。说的春秋时期一个奉命出使的大夫臼季，看见一个农夫在田间劳作，农夫的妻子去给农夫送饭时的情景，妻子恭敬地捧着饭，丈夫庄重地接过，使臣因此景深受感动，并将农夫推荐给晋文公。后用来形容夫妻之间如同对待宾客一样相互尊重。

成语"琴瑟和鸣"亦作"琴瑟之好"，最早见于《诗·小雅·棠棣》："妻子好合，如鼓琴瑟。"比喻夫妇情笃和好。是将琴和瑟两种乐器合奏时发出的和谐动听的声音来比喻夫妻和谐的关系。

可见，中国古代婚姻提倡夫妻关系的和谐。费孝通在其著作《乡土中国》第五章"夫妻的配合"中也提到"夫妻之间需要高度的契合是为了要经营全面合作的生活，他们相互依赖以得到满足的地方太多了，因之，只要有一二方面不相和洽，整个夫妻之间的生活都会搁浅"。此类体现夫妻恩爱和谐观念的成语还有"鸾凤和鸣""心心相印""心有灵犀""情投意合""如胶似漆""水乳交融""比翼双飞""情深似海"等等。

然而，正如《安娜·卡列尼娜》中开篇所说的"幸福的家庭都是一样的，不幸的家庭却各有各的不幸"，虽然中国古代传统婚姻观念中普遍提倡夫妻之间要恩爱和谐，但也有由于男子"朝三暮四""见异思迁""二三其德""始乱终弃"，或是由于女子"水性杨花""红杏出墙"等因素造成不和谐的。

七、守身如玉、从一而终的贞操观

"守身如玉"语本《孟子·离娄上》："孰不为守？守身，守之本也。"意思是保持贞操，像玉一样洁白无瑕。

"从一而终"出自《周易·恒》："妇人贞吉，从一而终也。"就是说妇女必须要守住节操，一生只嫁一个丈夫。

封建背景下的女子必须守住自己的贞洁，对自己的丈夫忠诚，不与其他男子过多接触，不轻易抛头露面，否则就会被视为淫乱。成语"之死靡他"出自《诗经·柏舟》："之死矢靡它。"，其中"矢"通"誓"，即发誓的意思，"靡"即没有的意思，该成语是以一名女子的口吻来发出要与男子结合的誓言，形容至死不变心。此外，成语"至死不渝""忠贞不贰""死心塌地""始终如一"，都是体现古代婚恋中坚贞不渝的观点。以上是从女性单方面坚守贞节来说的。

也有男女因两情相悦、情投意合而对彼此忠贞的，比如流传千古之梁、祝化蝶，再如《诗经·击鼓》所云："死生契阔，与子成说。执子之手，与子偕老"，便是彼此忠贞的写照。

八、天造地设、命中注定的阴阳宿命观

中国文化中一直流行着阴阳五行说和宿命论的观念，这也能从婚姻类的成语体现出来，如"前生注定""命中注定""天付良缘""天假因缘""天造地设""天缘凑合""天缘奇遇""有缘千里来相会""千里姻缘一线牵"等成语，都体现了古人把姻缘归于上天的观念，认为男女之间的姻缘是上天安排好的，是天命。只要有缘分，无论相隔多远的距离都能走到一起。这便是成语体现的阴阳宿命婚姻观。

第三节　汉语成语与婚姻中的女性地位

关于女性在婚姻中的地位问题，从古至今，一直很受大众的关注，也是人们茶余饭后的谈资。随着西方文明进入，女性的地位也因此越来越引起人们重视，而后一直变化，延续到现在的男女平等。但在中国古代，女性在婚姻中的地位却十分低下。从成语中可知，她们既是男性的从属物，又是政治的牺牲品。

一、女性是男性的从属物

"三从四德"的束缚，决定了女性必然是男性的从属物。

成语"三从四德"是"三从"和"四德"的合称。"三从"来源于《仪礼·丧服·子夏传》："妇人有三从之义，无专用之道。故未嫁从父，既嫁从夫，夫死从子。""四德"来源于《周礼·天官·九嫔》："九嫔掌妇学之法，以九教御：妇德、妇言、妇容、妇功。""四德"原本属于宫廷妇女教育门类，后来与"三从"连称，成为中国古代对妇女道德、行为、能力和修养的标准。

中国古代社会的礼制奉"礼经"为总规范。《仪礼·丧服·子夏传》提出的妇女的人生有"三从"：未嫁从父，既嫁从夫，夫死从子，规定了妇女的一生都是从属男子的地位。特别是结婚后，与丈夫生活在一起，这是人生中最长的时间，所以"既嫁从夫"对她们来说就更为重要了。

"既嫁从夫"的准则，在汉代经过一些文人的发挥而系统化、理论化。汉武帝时代董仲舒从阴阳五行观念出发，认为各种事物都有上下、阴阳，在君臣、父子、夫妻这三对社会规范中，君、父、夫为上为阳，臣、子、妻为下为阴。下和阴受上和阳的支配，臣、子、妻分别服从于君、父、夫。夫尊妻卑是由"天道"决定的，是永恒不变的法则。

董仲舒所倡导的"夫尊妻卑"思想，西汉末年由刘向继承和发展，提出了好女不事二夫、从一而终的观点。刘向在《列女传》中特别强调"贞"和

"顺","贞"的基本标识是夫死不改嫁，"顺"的含义是要求妻子忍辱负重。

东汉初年，班固《白虎通义》将董仲舒所倡导的"夫尊妻卑"思想进一步理论化，明确提出了君为臣纲、父为子纲、夫为妻纲的"三纲"学说。"夫为妻纲"是古代夫妻关系的高度概括，要求妻子在任何时候都要服从和受命于丈夫。

班固的妹妹班昭受《白虎通义》的影响撰写的《女诫》，堪称中国古代第一部女学著作。班昭提出了男以强为贵，女以弱为美；丈夫可以再娶，妻子不能二嫁；强调妻子应当遵守妇德、妇言、妇容、妇功四方面的妇行，等等。该书后来成为古代女子的基本道德规范。

正是由于"三从四德"对妇女的束缚，妻子婚后一切活动均是围绕着丈夫而展开，成为丈夫的附属品任其赠出、买卖或者杀害。古时富贵人家交往，若是家眷被其他达官贵人看中，丈夫则会将其赠出，来换取高官厚禄。而贫穷人家因生活所迫将妻子儿女卖出，用所换钱财来维持生计，成语"卖妻鬻子""典妻鬻子""质妻鬻子"便是证明。"杀妻求将"这个成语是说战国时期卫人吴起为了得到鲁国国君重用而杀死自己貌美妻子的故事。

二、女性是政治的牺牲品

"红颜祸水"的骂名，注定了女性必然是政治的牺牲品。

曹植的《静思赋》有"天何美女之烂妖，红颜晔而流光"之语。其中的"红颜"二字是指美丽女子的容颜，后来逐渐演变成美丽女子之代称。红为胭脂之色，颜为面庞；古代女子以胭脂润面，远看如红色面庞，所以代称女子为红颜。"祸水"原指汉成帝所宠信的赵飞燕、赵合德姐妹。据署名伶玄的《飞燕外传》一书记载，赵飞燕、赵合德姐妹迷惑汉成帝，分别成为皇后与昭仪，披香博士淖方成惊叹道："此祸水也，必灭火矣！"按五德终始之学说，汉朝为火德，称其为"祸水"是指赵飞燕会带来汉朝灭亡的厄运。后以"祸水"称惑人败事的女子。成语"红颜祸水"大概由此而来，比喻漂亮女人是祸害的根源。

史上第一位被骂为"红颜祸水"的是夏朝的妹喜，传说她是夏朝最后一代天子桀的妃子。由于桀专宠妹喜、不理朝政，很快他的夏朝就被小部落商给灭掉了。

第二位被骂为"红颜祸水"的是商朝的妲己，商王帝辛（纣王）妃子。妲己是帝辛征伐有苏氏部落时带回的战利品，妲己因骨肉停匀，眉宇清秀，深得帝辛欢心，从此两人纵情于声色犬马之中，后武王伐纣，将妲己杀死。

第三位被骂为"红颜祸水"的是西周的褒姒，她原是褒部落的一个美少女，出于政治原因被献给了周幽王，入宫后深得周幽王宠爱。周幽王为了取悦于她而"烽火戏诸侯"，并因此而失信于诸侯。后来西夷犬戎进攻周朝，周幽王再次点燃烽火，诸侯不来救援，西周灭亡。

被看成是"红颜祸水"的还有春秋时期的西施和唐代的杨玉环等。

西施原是越国的一位美女，在吴、越两国战争中，失败的一方越国用金玉和美女向吴国求和，西施被献给了吴王夫差。夫差中了越国的美人计，没有最后灭亡越国，导致越国多年以后卷土重来，反而灭亡了吴国。

有一条成语"环肥燕瘦"是形容美女的体态不同而各有风韵的。"燕瘦"是指汉成帝刘骜的皇后赵飞燕身材苗条轻盈，"环肥"则是指唐玄宗李隆基的贵妃杨玉环体态丰腴端丽。赵飞燕因美貌而成为淫惑皇帝的一个代表性人物。童谣有"燕飞来，啄皇孙。皇孙死，燕啄矢"的说法。杨玉环因"天生丽质难自弃"而被唐玄宗过度宠爱，从此便有了"春宵苦短日高起，从此君王不早朝"的事情。唐玄宗任用奸臣李林甫，最后导致安史之乱爆发，唐朝由盛而衰。唐玄宗亲手葬送了开元盛世。

其他被看成是"红颜祸水"的还有春秋时期著名的息夫人息妫、西汉刘邦的皇后吕雉、西晋司马衷的皇后贾南风和明代皇帝朱由校的乳母客氏。

明明是帝王因沉迷女色而将朝政耽误，舆论则把此罪归咎于帝王身边的这些美貌女子，要她们承担国家危机和灭亡的责任，使她们沦为政治的牺牲品。真是可悲可叹啊！

第十二章
汉语成语中的女性文化

第一节　汉语成语反映的古代女性的生存状态

在灿烂辉煌的中国历史画卷中，女性从头至尾都在其中扮演着不可或缺的角色。她们在人生不同的阶段所扮演的不同家庭角色以及相应承担的义务所体现出来的家庭文化和职责文化，均在汉语成语中有着不同程度的反映。通过这些与女性有关的汉语成语，我们可以更清楚地了解到中国古代女性的生存状态。

一、幼年期的女性

成语"扶床小女"语出唐·元稹《答友封见赠》诗："扶床小女君先识，应为些些似外翁。"指年幼刚能扶床走路的女孩。"扶床乳女"语出唐·杜牧《题村舍》诗："三树稚桑春未到，扶床乳女午啼饥。"指刚能扶床走路尚在吃奶的小女孩。这两条成语指的便是幼年期的女性。"小鸟依人"语出《旧唐书·长孙无忌传》："褚遂良学问稍长，性亦坚正，既写忠诚，甚亲附于朕，譬如飞鸟依人，自加怜爱。"该成语可以用来形容小女孩的娇小可爱。

幼年期的女性因自身对社会的无意识，社会中的思想自然也无法影响、约束到她们。幼年是她们最为无拘无束的一段时光。相应地，与之有关的成语也较少。形容幼年稚气的成语，如"牙牙学语""乳保之年""三尺之童""寸男尺女"等，也多是男女通用的。

二、中青年期女性

"豆蔻年华"语本唐·杜牧《赠别》诗："娉娉袅袅十三余，豆蔻梢头二月初。"豆蔻：多年生草本植物，比喻处女。旧指十三四岁的处女。若是在现代，十三四岁还属于少年，而在古代，十三四岁的女子已到结婚年龄，可以为人妻为人母。

"小家碧玉"语本《乐府诗集·碧玉歌》："碧玉小家女，不敢攀贵德；感郎意气重，遂得结金兰。"是指小户人家美丽的年轻女子。"小姑独处"语本南朝乐府《青溪小姑曲》："开门白水，侧近桥梁；小姑所居，独处无郎。"指少女还没有出嫁。这两条成语都指的是待嫁之女，她们在家里充当着女儿的角色，但男尊女卑的思想，妇女应守的规矩等，在她们的成长过程中，已经通过她们父母的家庭教育渗透到她们的骨髓，以至于她们的言行举止都套上了一层枷锁，难得自由。

"摽梅之年"语本《诗经·召南·摽有梅》："摽有梅，其实七兮。求我庶士，迨其吉兮。"摽梅：梅子成熟后落下来。该成语指的就是女子到了出嫁的年龄。出嫁后女子便多了一重身份——妻子。而且，这个角色在新的家庭中成为她的主要角色。"三从四德""妾妇之道""七出之条"等成语，道出了女性在婚姻关系中的诸多悲哀。"三从四德"是"三从"与"四德"的合称。《仪礼·丧服·子夏传》："妇人有三从之义，无专用之道。故未嫁从父，既嫁从夫，夫死从子。"《周礼·天官·九嫔》："九嫔掌妇学之法，以九教御：妇德、妇言、妇容、妇功。"是儒家礼教对妇女一生在道德、行为、修养等方面进行的规范要求。成语"妾妇之道"语出《孟子·滕文公下》："以顺为正者，妾妇之道也。"旧时指妇女必须绝对服从男权的准则。在婚姻生活中，最为严重的问题是要面对"七出之条"。"七出者，无子，一也；淫佚，二也；不事舅姑，三也；口舌，四也；盗窃，五也；妒忌，六也；恶疾，七也。"任意犯下一条，一纸休书，婚姻即刻解除。

由"女"变成"妇"，这其中女性性格中的诸般优劣也都表现出来了。语出《诗·墉风·载驰》中"女子善怀，亦各有行"的"女子善怀"这个成语，就是表现女性的多愁善感以及用情至深。思妇形象是倍受文人墨客青睐的，中国古代有许多诗歌都成功地塑造了这一形象。语本《诗经·鄘风·柏舟》"之死矢靡它，母也天只，不谅人只"的"之死靡它"这条成语，原也指妇女立誓不改嫁。

女子的深情与专一是所有男子的期许与要求，而他们自己则可以"妻妾成群"。而一个家里女人多了，难免争风吃醋，"善妒"便成了女性性格中的一大特点。成语"掩鼻工谗""河东狮吼"说的就是女子善妒。楚王夫人一面向新人献掩鼻之计，一面又向荆王进谗言，使新人为荆王所恶而遭受割鼻的刑罚。成语"掩鼻工谗"的故事讽刺的是妒贤嫉能的人无所不用其极。但同时也反映了一个现实：为了争宠，女人之间没有硝烟的战争不断爆发。一夫多妻制度的不合理摧残了女性的人性，让她们的一生充满了"勾心斗角"，把她们的青春、精力缠在家庭这个小圈子上，而"男主外，女主内"的社会分工，又限制了妇女的活动范围，她们只能在家侍奉父母尊长或"相夫教子"，无法挣脱"柴米油盐"的藩篱。正是这样的环境，又催生出了妇女"多嘴"这一劣根性。语本《诗经·大雅·瞻卬》"妇有长舌，唯厉之阶"的"长舌之妇"这个成语便是例证。

婚后女性的职责除了操持家务、侍奉公婆丈夫外，还有一个重要的任务就是"生儿育女"。育婴是女性人生中继结婚之后的又一大事。汉语中有关女性育婴的成语较多。例如"身怀六甲""娩乳大故"均指怀孕、分娩。而"玉燕投怀""梦兰叶吉"则分别指的是唐代宰相张说的母亲在怀他前梦到玉燕入怀与春秋时郑文公之妾梦见天使给她一朵兰花而受孕生下穆公的故事。另有"梦熊梦罴"，指孕妇梦见熊罴类阳性动物为生男的预兆；"梦虺梦蛇"则指妇女梦见虺蛇类阴性动物为生女的预兆。这当然是迷信，但也正好说明了人们对于女性生育的重视，同时"重男轻女"的思想也可见一斑。谁家生的女儿多，连强盗都不会去他家，成语"五女之门"便成了贫寒的代名词。因此能生育、多生育，尤其是多生子嗣的妇女，相对来说会更受欢迎。

孩子生下来以后，女性生活的重心便会倾向于教子。虽然都说"子不教父之过"，然而母亲对子女的眷恋与这种情感的表达向来胜于父亲，再加上成天在家与子女相处的时间优势，母亲对孩子就具有十分重要的影响了。家庭中多为"严父慈母"的格局，但历史上也有"严母"的形象通过成语流传下来。最有名的要数孟母的"三迁之教""断织之训"。另外还有欧阳修母以获画地教之学书的"画获教子"，唐代柳仲郢母以熊胆和丸给郢去嚼，使他因味苦不能入寐而加强学习的"和丸教子"的故事。这些都是贤母的典范。

婚姻成就了女性一生"相夫教子"的重要使命。然而并不是每个女人都能如此幸运地度过一生。婚姻的决定权完全在男性手中，男性在婚姻中处于主导地位。语本汉·班婕妤《怨歌行》诗"裁为合欢扇，团团似月明，出入君怀袖，动摇微风发。常恐秋节至，凉飙夺炎热，弃捐箧笥中，恩情中道绝"的"秋扇见捐"这个成语，就是指妇女被丈夫遗弃。被抛弃的女人地位更卑贱，幸运的或许还能"琵琶别抱"，即改嫁，不幸的就只能孤独终老了。

三、老年期的女性

"人老珠黄"语出明·兰陵笑笑生《金瓶梅词话》第二回："娘子正在青年，翻身的日子很有呢，不像俺是人老珠黄不值钱呢。"这个成语，可以很好地形容女性老年的情形。妇女老了，就像年久发黄的珠子一样不值钱了。人老了，可以争的东西便少了，老年应该是女性心态较为平静的阶段。幸运的女人儿孙满堂，得以安享晚年；不幸的人也即将终结自己的不幸。就像幼年时因无性别意识而把男女看成是平等一样，兜了一个圈，男女同归，也就没有更多的成语来区别男女的晚年了。"风烛残年""日薄西山""垂暮之年""钟鸣漏尽""半截入土""行将就木"等成语，道出了男女相同的归宿。

第二节　汉语成语与古代汉民族的美人标准

汉语中有一类专门表现女性之美的成语，我们姑且把它们称为美人类成语。这类成语相当详尽地展示了古代汉民族女性在容貌、姿态、体形、气质风度、装饰、年龄等方面的美丽。其中所折射出的古代汉民族美人标准，粘附着许多历史的烟尘，打着清晰的汉民族历史文化的烙印。认识其文化内涵，区分其精华和糟粕，不仅有助于更准确地理解和使用这类成语，而且有助于培养正确的审美观。

对于女性之美，古代汉民族有着自己的独特标准。通过对汉语中美人类成语的考察，我们不难发现，古代汉民族的美人标准在汉语成语中留下了极为清晰的痕迹。

一、容貌美

容貌指的是以人的面庞为中心的外部器官的形态及神情、气色。"容貌美是人体美的集中映象，也是人的本质的审美体现。"① 汉语成语对于女性容貌美，既有许多具体的局部描写，又有不少抽象的整体展示。无论是就其涉及的人体部位之多而言，还是就这类成语的数量之多而言，都足以显示汉民族对女性容貌美的重视程度。

1. 局部描写

汉语成语对于女性容貌美的局部描写，涉及肤色、眼睛、脸面、牙齿、嘴唇、额头、头发、手、脚、腰等许多方面，数量也多，且大多比较具体。

（1）肌肤

皮肤覆盖在人体的表面，就重量和体积而言，皮肤是人体最大的器官。因此，皮肤的色泽、质感确实是影响容貌的一个重要因素。"冰肌雪肤""冰

---

① 邹豪生. 美与美育［M］. 长沙：湖南人民出版社，2007

肌玉骨""冰姿玉骨""长身玉立""靡颜腻理""秀色可餐""吹弹得破"和"丰肌弱骨"等成语就是从肌肤方面来表现女性之美的。这些成语表明，汉民族女性肌肤美的标准是白嫩细腻、光润柔滑、肌肉饱满，其中色白是最主要的。

（2）眼睛

眼睛是重要的视觉器官。一个人的眼睛，特别是眼神的微妙变化，常常是表达各种感情、体现内心世界的窗口。人们对容貌的审视，首先从眼睛开始。眼睛的清澈明亮、妩媚动人，不但能增添容貌美，使之更具魅力和风采，而且能遮去或掩饰面部其他器官的不足和缺陷。汉语中从眉眼方面来表现女性之美的成语数量最多，如"明眸皓齿""皓齿蛾眉""螓首蛾眉""双瞳剪水""盈盈秋水""眉清目秀""朗目疏眉""眉目澄澄""西眉南脸""回眸一笑""宜笑宜颦""顾盼生辉""顾盼神飞""蛾眉倒蹙，凤眼圆睁"等等。可见，古代汉民族认为美人的眼睛是以清澈明亮、眉毛修长、富有神采为美。

（3）脸面

脸面是人容貌中最基础的部位。对于脸面，汉民族重点关注的是脸形和面色。"红颜绿鬓""杏脸桃腮""颜如渥丹""颜如舜华""西眉南脸""靡颜腻理""出水芙蓉"等成语表明，汉民族女性的脸形以瓜子脸为最美，面色以红润为佳。

（4）牙齿

对于牙齿，几乎所有的民族都以洁白、整齐为美，汉民族自然也不例外。"明眸皓齿""皓齿蛾眉""朱唇皓齿"等成语中的"皓齿"就是形容女性牙齿洁白；"齿如齐贝""齿如编贝"中的"贝"是一种白色螺壳，"齿如瓠犀"中的"瓠犀"是一种洁白整齐的瓠瓜子，这三条成语都是形容美女牙齿的洁白、整齐。

（5）嘴唇

一般来说，我们在看一个人的面貌时，除了眼睛，关注最多的恐怕就是嘴唇了。嘴唇是一个多功能的混合器官，也是面部最引人注目的部位，其形态、色泽的完美与否对容貌的影响极大。从嘴唇方面来表现女性之美的成语主要有"朱唇皓齿""齿白唇红""樱桃小嘴"等。"朱唇皓齿"和"齿白唇红"直接描写了美人嘴唇的颜色。"樱桃小嘴"用"樱桃"来比喻美人的口唇，也是着眼于颜色的红润鲜亮，犹如娇艳欲滴的熟透的樱桃，而"小"则是就形态方面小巧可人来讲的。可见，对于女性的嘴唇，汉民族是以形态小巧、色泽红润为美。

（6）额头

对于额头，汉民族所欣赏的是广而方的额头，成语"螓首蛾眉"刚好表现了这一特点。

（7）头发

头发是人体天然的妆饰品。"雾鬓风鬟""风鬟雾鬓""云鬟雾鬓""红颜绿鬓""丰容盛鬋"等成语则表明，中国传统的审美观把乌黑、浓密、修长作为女性头发美的重要标准。

（8）腰

腰部也是很能体现人体美的一个重要部位，常言道："腰肥而体笨，腰健而体美"，汉民族无论是对于身材丰满的女性还是对于身材苗条的女性，都无一例外地要求以拥有纤细腰身为美。"楚女腰肢""楚腰纤细""楚腰蛴领""楚腰卫鬓""杨柳细腰""削肩细腰""长颈细腰"等成语，就是从腰部的纤细方面来表现女性之美的。

（9）手

对于手，自古以来汉民族便相当重视手指，认为手指纤细的人多半相当聪颖，把指尖尖细看成智慧的象征。最理想的手指应该是指头尖、细长、柔嫩，符合这些条件的手指便称为"纤纤玉指"或"十指纤纤"。

（10）脚

中国古人十分重视女人的美脚，其中相当长的一段时期对小脚的崇拜到了狂热的程度，成语"三寸金莲"就是这一历史的明证。

2. 整体描写

汉语成语对于女性容貌美的整体描写，其数量相当可观。下面这些成语就是其中最有代表性的：

闭月羞花　沉鱼落雁　楚楚可怜　天姿国色　花容玉貌　花容月貌

花颜月貌	姑射神人	绝代佳人	绝色佳人	千娇百媚	千娇百态
倾国倾城	桃羞杏让	天生尤物	天生丽质	我见犹怜	仙姿玉貌
月里嫦娥	越女齐姬	方桃譬李	夭桃秾李	貌体姣好	东家之子
娟好静秀					

这类成语由于大多采用比较抽象的虚写，给人留下了很大的想象空间，因而不大容易把握其审美标准；但从其取喻花草、珠玉、月亮、桃李等物来看，艳丽和纯洁应该是其中最主要的尺度。

二、姿态美

姿态美是指人体在活动过程中所表现出来的各种优美体态。这种美不是先天固有的，而是通过后天的训练获得的。汉语中表现女性姿态美的成语主要有：

绰约多姿	丰姿绰约	丰神绰约	婀娜多姿	婀娜妩媚	花飞蝶舞
兰姿蕙质	仙姿玉貌	妍姿艳质	天姿国色	步步莲花	步步金莲
回眸一笑	毛施淑姿				

这类成语表明，优美的体态、轻盈的步态和迷人的笑态是古代汉民族女性姿态美的重要标准。

三、体形美

体形是指人的形体的外部形态，故体形美又叫形体美。"袅袅娜娜""袅袅娉娉""袅袅婷婷"和"长身玉立""亭亭玉立"等成语所表现的是女性体形的柔弱、苗条之美；"丰容靓饰"所表现的是女性体形的丰腴之美；而"环肥燕瘦"则是形容女子体形不同但各擅其美。

四、装饰美

人体的装饰，虽然是人的文明程度的外在表现，在一定程度上体现着人的精神风貌；但毕竟不能直接表现女性之美，只能作为增添人体之美的一种辅助手段。所以，汉语中表现女性装饰美的成语不是很多，仅有"丰容靓饰""花枝招展""凤鬟雾鬓"等寥寥几条。"丰容靓饰"是说面容丰润妆饰美丽；

"花枝招展"是形容女子妆饰艳丽夺目，行走起来婀娜多姿；"风鬟雾鬓"则是形容妇女的头发好看。

五、气质风度美

气质风度是指人在长期的学习、生活和工作等实践活动中所形成的风格、气度。"它虽然与人的思想文化涵养有着极其密切的联系，但却是通过人体动作及其具体活动表现出来的，因而它也是人的外在美的一种重要表现。"① 成语"林下风致"是形容妇女仪态风度娴雅大方，不同凡俗；"洵美且都""仪静体娴""静女其姝"则突出的是美女的文静气质；"蕙心兰质"强调的则是美女气质的高雅；而"燕语莺声"则是从女子语声柔和动听的角度来表现其气质风度之美。

六、青春美

古代汉民族评判女性之美，是否年轻也常常成为一个很重要的标准。成语"楚楚可怜"是形容青年妇女的美丽可爱；"桃夭新妇"是指年轻而漂亮的新妇；"红颜绿鬓""花容玉貌"是形容女子青春美貌；"小鸟依人"一般是形容少女的娇嫩可爱；"稚齿婑媠"也是指年轻美女；而"二八佳人""二八女郎"则直接点明了美女的年龄。

第三节　汉语成语中古代汉民族美人标准的文化特征

审美标准是人们在进行审美判断时所秉持的尺度，它来源于人们生活实践中的经验概括，受着民族和时代的主流文化的制约。汉语成语所折射出的古代汉民族女性人体审美标准，自然也会在汉民族传统文化的深刻影响下，体现出独具个性的文化特征。

① 邹豪生.美与美育［M］.长沙：湖南人民出版社，2007

一、标准的男性视角

"所谓男性视角，是指在政治、经济、社会秩序等范畴有绝对控制权力的男性社会集团，在评价、处理问题等方面自然采取倾向于男性的角度。"① 换句话说，就是以男性所具有的思维模式、行为规范、社会心理、价值观念等，来作为审视和评判是非、善恶、美丑的标准，并使之成为全体社会成员"集体无意识"的遵循和把握。汉语成语中的美女标准，最基本的文化特征便是清晰地体现了这种"男性视角"。什么样的女性是美人，只能男性说了算。汉语成语中，作为对美人姿态的描述，有弱骨、微骨、柔骨、细腰、小腰、弱颜、弱肌、纤弱、纤手、纯洁等要素，并由此形成了汉民族"以柔弱为美""以小巧为美""以纤细为美""以纯洁为美"等女性之美的评判标准，而这些标准恰恰就是男权意识在两性关系上的基本呈现。如"亭亭玉立""千娇百媚""纤纤玉指""纤纤细步""步步莲花""妍姿艳质""削肩细腰""丰肌弱骨""仙姿玉貌""冰姿玉骨"等众多成语，均表现了男性视角下对女性容貌的审美期待。我们以成语"三寸金莲""步步莲花"为例来说明这个问题。"三寸金莲"是借代小脚美人；"步步莲花"是比喻女子步态的轻盈多姿，也是以脚小为前提的。那么，小脚为什么能一度成为中国古代女子审美的一个重要条件呢？清代文人李渔在《闲情偶寄》中曾说："其用维何？瘦欲无形，越看越生怜惜，此用之在日者也。柔若无骨，愈亲愈耐抚摸，此用之在夜者也。"李渔的话道出了男性视女性脚小为美的天机。

中国古代社会本身就是一个男性主导的男权社会，一切社会活动和社会实践均是以男性为中心，这就形成了强势的男性话语权。女性话语权不仅受到挤压，而且几乎被完全剥夺。因此，对于什么样的女性是美人，女性自身是做不了主的，所有女性作为一个"失声的集团"只能被动接受男性定下的各项标准。在男权意识早已经"化入民族成员的血液，溶进民族意识的根底，

---

① 钱进. 成语和俗语性别差异的文化透视［J］. 语言与翻译，2003（2）：54-57

形成全体民族成员'集体无意识'的遵循和把握"① 的文化背景下，女性无论主观上怎样想对女性之美表达自身的评判、但客观上又总是难以跳出男性视角的窠臼。最为典型的要算"我见犹怜"这条成语。该成语语本《世说新语·贤媛》刘义庆注引南朝·宋·虞通之《妒记》："（桓）温平蜀，以李势女为妾。郡主凶妒，不即知之，后知，乃拔刃往李所，因欲斫之。见李在窗梳头，姿貌端丽，徐徐结发，敛手向主，神色娴正，辞甚凄婉。主于是掷刀前抱之曰：'阿子，我见汝亦怜，何况老奴。'遂善之"。其中"姿貌端丽，徐徐结发，敛手向主，神色娴正，辞甚凄婉"，是作为女性的"郡主"对自己的情敌"温妾"的姿容、动作、神色、语言的一个评判，其评判标准很明显没有跳出"男性视角"；而"我见汝亦怜，何况老奴"一语，更是"无意识"地道出了女性以男性的审美标准为标准的无奈选择。

二、清晰的雅士趣味

"所谓趣味，是指人们对现实生活中的某些事物、某些现象表现出的一种富有感情和个性特征的喜爱和癖好。而所谓审美趣味，则是人们在社会的历史发展中形成的对审美对象进行审美判断时的一种带有特定倾向性的主观爱好形式。"② 汉语中的美人类成语，由于主要来源于《诗经》《楚辞》、先秦和汉魏辞赋（宋玉《神女赋》《登徒子好色赋》，司马相如《上林赋》，曹植《洛神赋》）以及历代的诗词、戏曲、小说等文学作品，因而在对汉民族女性人体进行审美判断时，其审美趣味自然会很清晰地打上文人雅士的烙印。主要表现在：

（一）价值取舍不离"色""洁"

崔希亮先生《汉语熟语与中国人文世界》一书在谈到为什么古人"对美人的描写离不开花草、珠玉、冰雪和各种颜色"时指出："花草、颜色取其鲜

---

① 陈友峰. 传统文化的男性视角与戏曲舞台上女性主体的缺失 [J]. 戏剧文学，2008（7）：41-46

② 胡家祥. 审美学 [M]. 北京：北京大学出版社，2000

艳，珠玉、冰雪取其纯洁，由此可见古人对女性美的价值取舍不离色和洁两条。"① 这种不离"色""洁"的价值取舍，正是文人雅士的审美趣味的一个突出表现。

（二）审美视点脱"俗"求"雅"

一方面，对于女性容貌美，汉语成语虽然涉及肤色、眼睛、脸面、牙齿、嘴唇、额头、头发、手、脚、腰等许多方面，却没有直接将"乳"和"臀"纳入审美视域。本来，根据现代人体审美学的观点，乳是女性较之男性最为显著和特别的部位，拥有丰满的乳房，是显示女性魅力、从正面展示曲线美的主要标志；而臀作为显示女性魅力、构成曲线美的主要部位，又常常成为女性人体背面审美的一个焦点。"乳"和"臀"涉及女性美的评价体系"三围"（胸围、腰围和臀围）中的"两围"。那么，汉语成语为什么不直接将"乳"和"臀"纳入审美视域呢？关键原因"就是汉民族文化观念中'乳'和'臀'作为女性性器官被认为是'不雅'，而进入成语一般却又要求'雅'，二者之间存在着难以调和的矛盾。因此，典雅的汉语成语即便是要表现女性'乳'和'臀'的美，一般也不宜赤裸裸地直奔主题，而应选择一些与之相关的语素或者改换一种方式来曲折地表达，以期取得文雅、委婉、含蓄的效果，使其尽力符合汉民族的欣赏习惯。语言的实践证明，同样能够表现女性肌肉丰满美的'丰容靓饰''环肥燕瘦''丰姿绰约'等成语，与'丰乳肥臀'相比，在表达效果上具有明显的'雅''俗'之别：前者侧重于表现美感，后者侧重于突出性感。"②

另一方面，汉语成语对美女的姿态、气质、风度等精神层面的美给予了较多的关注；特别是将女性在舞蹈这种高雅的艺术中所展示的姿态、气质、风度纳入审美视域，大大提升了审美的层次，这是在审美视点上脱"俗"求"雅"的又一突出表现。

---

① 崔希亮. 汉语熟语与中国人文世界 [M]. 北京：北京语言大学出版社，2005：119
② 宁佐权. "丰乳肥臀"未能跻身汉语成语的文化阐释 [J]. 语文学刊，2008 (12)：168-169

三、典型的君主强权

封建制度赋予君主至高无上的地位，使得他们在政治、经济、文化和社会生活的各个领域具有绝对的权威，自然也使得君主个人的审美趣味能够对整个社会的审美标准产生显著的影响。"楚女腰肢""环肥燕瘦""步步莲花""三寸金莲"等成语所折射的审美标准，就突出地表现了这一文化特征。

"楚女腰肢"源于楚灵王的故事。据史料记载，公元前535年，楚灵王游猎于周老嘴以北的隆兴垸中，看见了一处风景秀丽的地方，楚灵王以为是上天特别赐予他的一块宝地，便在此大兴土木，建了一座金碧辉煌的离宫；又在宫殿中央筑起一个高十丈、基宽十五丈的高台——章华台。灵王喜好细腰的女子，楚国各地就挑选数千名细腰女子送到章华台，供灵王享乐，因此章华台又名细腰宫。时间稍久，那些女子害怕自己的腰变粗，失宠于灵王，有的干脆勒紧裤带不吃不喝，竟然饿死。"楚王好细腰，宫中多饿死。"便是楚灵王这一特殊爱好以及众多宫女为投其所好而付出沉重代价的真实记录。

"环肥燕瘦"是形容美女的体态不同而各有风韵。这条成语涉及两个朝代、两位君主、两位美人和两种不同的审美标准。"燕瘦"是指汉成帝刘骜的皇后赵飞燕身材苗条轻盈，"环肥"则是指唐玄宗李隆基的贵妃杨玉环体态丰腴端丽。汉成帝刘骜的特殊爱好，引领了汉代女性身材以苗条轻盈为美的潮流；而唐玄宗李隆基的审美趣味，则强化了唐代女性体态以丰腴端丽为美的风尚。

"步步莲花"是比喻女子步态的轻盈多姿。这条成语的产生，同南朝齐国的齐少帝萧宝卷与爱妃潘玉儿的故事有关。潘玉儿以一双柔弱无骨，状似春笋般的美足而名传千古。萧宝卷虽然狎匿群小，荒嬉无度，后宫佳丽多达万人，其中他却特别宠爱潘玉儿，形影不离地天天和她腻在一起。《南史·齐本纪下》记载："（东昏侯）又凿金为莲华（花）以帖地，令潘妃行其上，曰：'此步步生莲华（花）也。'"齐少帝萧宝卷的举动，使女性以拥有轻盈多姿的步态为美成为时髦。

"三寸金莲"则是借代小脚美人。这条成语的产生，与五代南唐最后一个皇帝李煜宠爱宫嫔窅娘有关。据说窅娘美丽多才，能歌善舞，李后主特地命人制作了一朵高六尺的金莲花，用珠宝绸带璎珞装饰，命宫嫔窅娘以帛缠足作新月状，再穿上素袜在莲花台上翩翩起舞，从而使舞姿更加优美，有凌云之态。其后别的宫女嫔妃纷纷效仿窅娘缠足，转而又推及上层贵族妇女，最后普及到了民间。为了迎合这一审美趣味，人们不惜对女性的脚伤筋毁骨。"小脚一双，眼泪一缸"，道出了其中的辛酸和痛苦。虽然如此，但为了所谓的"美"，又不得不裹，不得不缠。可以说，南唐后主李煜的个人嗜好，导致了女性以脚小为美的审美判断最终成了一种全民族的疯狂。

四、鲜明的民族特色

不同民族的人们在进行审美活动过程中，除了人类共同的一些标准之外，又总是自觉或不自觉地从自己的情况出发去进行审美判断，因而所秉持的尺度自然也就会有所不同。考察汉语中的女性相关成语，我们不难发现：汉民族女性人体的审美标准，除了以体形结构的端庄秀丽、均衡对称为美，以面部表情的明朗、生动和丰富为美，以性情柔和为美，以青春亮丽为美等与其他民族和人种普遍相同的一些标准外，更多的则是根据本民族特定的生活环境、文化传统和本民族女性生理特征去进行审美判断，从而形成了一系列具有鲜明的民族特色的审美标准。例如：

对于女性的肌肤，身为黄种人的汉民族，自先秦以来就以肌肤白为美，到了明、清，这种观念更为强烈。清代李渔说过："妇人妖媚多端，毕竟以色为主。《诗》不云乎？'素以为绚兮'！素者，白也。妇人本质，惟白最难。常有眉目口齿般般入画，而缺陷独在肌肤者。""黑颜色"在非洲可能会成为美女神，但在中国不仅不美，而且可能会被看成丑。"冰肌雪肤""冰肌玉骨""长身玉立"等汉语成语则清晰地体现了这种审美观。

对于女性的嘴唇，汉民族也有着与西方迥然相异的审美标准。"西方流行大嘴巴，以嘴唇厚、嘴形大、曲线分明为美，认为这样的嘴才是最性感的，所以有着超大嘴巴的影星朱丽娅·罗伯茨便是西方公认的漂亮美女。"① 但这种大嘴巴是不符合我国传统的审美观的，从"朱唇皓齿""齿白唇红"和"樱桃小嘴"等成语可知：汉民族所欣赏的是嘴形小巧、色泽红润的嘴唇。

对于女性的脸型，"脸阔鼻方"在西方是被看作有魅力的"性感"女子，而在中国方形脸庞的女性会让人觉得缺少妩媚和清新之感。"杏脸桃腮"这条成语告诉我们，汉民族最为欣赏的是红润鲜亮的瓜子脸。

此外，在眼睛、腰肢、头发等方面，汉民族与欧美、非洲等地民族不太一样的审美标准，在汉语成语中均有着清晰的反映。

18 世纪英国艺术家越诺尔兹说过："只是由于习俗，我们才偏爱欧洲人的肤色而不爱非洲人的肤色，同理非洲人也偏爱他们自己的肤色。我想没有人会怀疑，如果非洲画家画美女神，他一定把她画成黑颜色、厚嘴唇、平滑的鼻子、羊毛式的头发……我们根据什么标准能说他的观念不恰当呢？我们固然常说欧洲人的模样和肤色胜过非洲人的；但是除掉看惯了之外，我们找不出任何理由。"② 可见"习俗"对形成具有鲜明的民族特色的审美标准的重要影响力。

需要指出的是，汉语成语中美女标准所表现出来的上述四个文化特征，它们不是彼此孤立的，而是相互联系的，应当视为一个有机的统一体。因为具体到某一条成语，这些特征不可能只是"单打一"地表现出来，而总是以一个特征为主，兼具其他几个特征。所以，我们在理解这类成语时，不应把任何一个文化特征绝对化、凝固化，要善于将它们综合起来加以考察，准确地把握住相关成语的文化蕴含。

① 张晓梅. 中国美 ［M］. 北京：新华出版社，2005
② 北京大学哲学系美学教研室. 西方美学家论美学和美感 ［M］. 北京：商务印书馆，1980

第四节　"丰乳肥臀"未能跻身汉语成语的文化阐释

一、"丰乳肥臀"未能跻身汉语成语的原因分析

"丰乳肥臀"是近来许多媒体尤其是一些广告使用得较多的一个语汇。西方民族大多以"丰乳肥臀"为美。中国自国门打开，女性冲破了长期的禁锢后，近二十年来也终于跟上了世界潮流。有条件的女性，总是倾其所能地尽情展示这方面的优势；没有条件却又不甘示弱的，也要千方百计地创造条件去孜孜以求。因为它毕竟涉及女性美的评价体系"三围"（胸围、腰围和臀围）中的"两围"：乳是女性较之男性最为显著和特别的部位，拥有丰满的乳房，确实是显示女性魅力、从正面展示曲线美的主要标志；而臀作为显示女性魅力、构成曲线美的主要部位，又常常成为女性人体背面审美的一个焦点。但"丰乳肥臀"作为一个语汇，却似乎仍徘徊在汉语成语之外。笔者查阅了《汉语成语大全》（收录成语 43000 余条）、《中国成语大辞典》（收录成语 18000 余条）、《中国成语分类大词典》（收录成语 20000 余条）、《万条分类成语词典》（收录成语 9500 余条）等十余部汉语成语工具书，这些成语工具书都没有给它一席之地。又查阅了刘占锋编著的《中国成语通检》这部大型的成语检索工具书，也找不到它的半点影子。

"丰乳肥臀"的语源在哪里，换句话说究竟是谁最先使用，笔者一时无从考证。但二十余年前作家莫言的一部小说，书名就叫《丰乳肥臀》。说是这部小说使"丰乳肥臀"迅速走遍了大江南北、长城内外，成为家喻户晓并广泛使用的一个语汇，应当是一个不争的事实。

一个语汇既然已经有这么大的知名度，而且从形式上看，是一个内部结构非常对称的四字格，语音上平仄相对，形成二字一顿的节律，完全符合汉语成语的基本模式；从内容看，又是关系到女性之美这种全民族普遍关心的共同问题，并且在四个字中确实包含了比较丰富的意义，符合汉语成语表意

凝练的基本要求。照理说，它跻身成语的行列应该不成问题。但为啥就跻不进呢？它将来还有没有跻身成语行列的可能呢？这确实是一些非常有趣同时也是非常值得探讨的问题。

笔者认为，这种现象的产生，应当从民族文化对民族审美行为的规范和民族文化对民族语言规则的制约等因素去综合考虑。

（一）民族文化对民族审美行为的规范

中国文化的主流儒家文化历来强调"不孝有三，无后为大"的观念。受这种观念的影响，汉民族在审美心理上不但不排斥女性的"丰乳肥臀"，而且将其视为美。因为这种体态是女性自身健康、有活力的体现，也是后代子孙繁息的象征。尽管汉民族女性身材相对矮小，"乳"和"臀"等外在的生理特征历来就不如西方女性那么发达突出，但汉民族还是着力打造出了王昭君、杨玉环等一批自己民族不同时代的丰腴美人。成语"丰容靓饰"语出《后汉书·南匈奴传》，即是表现王昭君的丰腴之美，不过它是通过面容的丰润来含蓄地表现的；而成语"环肥燕瘦"中的"环肥"就是直接表现杨玉环的丰腴之美的。

汉民族的这种审美心理，在《诗经》《说文解字》和《白虎通义》等许多文献中也可得到佐证。

《诗经·卫风·硕人》云：

> 硕人其颀，衣锦褧衣。齐侯之子，卫侯之妻。东宫之妹，邢侯之姨，谭公维私。
>
> 手如柔荑，肤如凝脂，领如蝤蛴，齿如瓠犀，螓首蛾眉，巧笑倩兮，美目盼兮。
>
> 硕人敖敖，说于农郊。四牡有骄，朱幩镳镳。翟茀以朝。大夫夙退，无使君劳。
>
> 河水洋洋，北流活活。施罛濊濊，鳣鲔发发。葭菼揭揭，庶姜孽孽，庶士有朅。

　　《诗经》作者在这首诗中着力塑造的庄姜这位美人就是一位"硕人"，用今天的话来说，丰腴之美是庄姜的一个显著特点。

　　东汉·许慎《说文解字》云："狐有三德，其色中和，小前大后，死则首丘。"这其中的第二德"小前大后"就是说狐头小嘴尖、臀肥尾大的奇特形状，这种形状象征后代子孙繁息，家邦兴旺。

　　班固《白虎通义·封禅篇》云："德至鸟兽则九尾狐见。九者，子孙繁息也。于尾者，后当盛也。"尾部畸形奇大者则被神化为九尾狐，成为"后当盛"的象征。

　　我们说汉民族在审美心理上不但不排斥女性的"丰乳肥臀"，而且将其视为美，但是，"乳"和"臀"毕竟又是女性的性器官，主流的儒家文化虽然承认"食、色，性也"，认为对食物和美色的追求是人类的天性，但同时也要求把性这个东西放在"发乎情，止乎礼"的范围之内加以规范；如果超出了这个范围，就是于礼不合。因此，在儒家文化主导下的中国，如果谁要是极度夸张地突出这些性器官，不仅不会被大多数人认为是美，反而会被看成是没有教养的表现，严重者还会被认为是伤风败俗。可见，一种审美行为是要受到主流的民族文化的严格规范的。

（二）民族文化对民族语言规则的制约

　　民族文化对民族审美行为的这种严格规范，就会极其自然地制约着民族的语言规则。以儒家文化为主流的汉民族，是一个讲究文雅、委婉、含蓄的民族，因而在语言的运用方面产生了许多禁忌或避讳。当语言的表达遇到一些不吉利、不光彩、不雅观的事情的时候，则往往需要采用避讳的方式予以委婉的表述。性器官和粪、屎、尿、屁等排泄物，均被看成是不雅观的东西。而典雅的成语是汉语中一种有别于一般语汇的特殊语汇，这就决定了作为性器官的"乳"和"臀"以及作为排泄物的"粪""屎""尿""屁"等要进入成语词典就有相当的难度，它们即使要进入也只能以"俗语"的形式；因此，只有那些取材不是特别严格的成语词典才有少量的收录。据笔者考察，以"乳"作"乳房"解而进入成语词典的仅有"袒胸露乳"一条，而且这条成语中的"乳"没有性别的限制（因为男性的乳房一般是不被看作性器官的）；

即便如此，仍然有许多成语词典没有将其收录。而以"臀"为语素的语汇，根本就没有一条能够进入成语词典。这与以人体的"头""脸""手""脚""心""肝"等其他器官为语素的语汇大量地进入成语相比，就形成了一个巨大的反差。以"屎""尿""屁"为语素而进入成语词典的语汇，总共才有"鼠屎污羹""屁滚尿流"两条，而且也有许多成语词典没有收录。以"粪"为语素而进入成语词典的语汇稍微多一点，也不过寥寥几条。从严格意义上说，这些不具备典雅的成语特征的语汇只能算是"俗语"。这充分说明了某个事物能否以语素的身份进入成语以及在成语中出现频率的高低，与该事物在人们的心目中是否雅观有着极为密切的关系。

由此可见，"丰乳肥臀"未能跻身汉语成语行列的关键原因，就是汉民族文化观念中"乳"和"臀"作为女性性器官被认为是"不雅"，而进入成语一般却又要求"雅"，二者之间存在着难以调和的矛盾。因此，典雅的汉语成语即便是要表现女性"乳"和"臀"的美，一般也不宜赤裸裸地直奔主题，而应选择一些与之相关的语素或者改换一种方式来曲折地表达，以期取得文雅、委婉、含蓄的效果，使其尽力符合汉民族的欣赏习惯。语言的实践证明，同样能够表现女性肌肉丰满美的"丰容靓饰""环肥燕瘦""丰姿绰约"等成语，与"丰乳肥臀"相比，在表达效果上具有明显的"雅""俗"之别：前者侧重于表现美感，后者侧重于突出性感。

二、"丰乳肥臀"将来能否跻身成语世界的前景预测

那么，"丰乳肥臀"将来能否取得汉语成语资格，能在什么时候跻身汉语成语的行列呢？

我们知道，语言是不断发展变化的，尤其是语言中的语汇更是如此。汉语成语是一个十分开放的体系，它总是随着社会的发展、社会文化观念的改变和人们认识的变化，不断地从民族语言甚至是外民族语言中吸收新的成员以丰富自己的表达。这表明，目前还没有取得成语资格的一些语汇，从理论上说将来进入汉语成语并不是完全没有可能。"丰乳肥臀"将来能否取得汉语成语资格，什么时候跻身汉语成语的行列，这要取决于下面几个因素的变化：

　　第一，取决于民族审美心理在这方面强化的程度。虽说汉民族在审美心理上不排斥女性的"丰腴"，而且将其视为美的形态之一；但这种观念毕竟是有限度的，就目前的情况看，全民族的大多数所接受的仍然是美感优于性感。如果发展到某一天，全民族在审美心理上不断使性感得到强化，以至让性感居于压倒优势的地位；那么，离"丰乳肥臀"取得汉语成语的资格也就为期不远了。

　　第二，取决于民族审美规范在这方面弱化的程度。与民族审美心理的变化相联系，民族审美规范在这些方面自然也会有相应的修正。也许现在看起来是没有教养甚至是伤风败俗的某些表现，说不定哪一天又会被看作是一种时髦。那么，离"丰乳肥臀"取得汉语成语的资格又会拉近一大步。

　　第三，取决于受上述两方面变化共同作用的语言规则不再将"乳"和"臀"视为禁忌。如果具备了上述两个条件，民族的语言规则就会不再将"乳"和"臀"视为不雅观的东西，在语言的表达方面自然也就不会有什么禁忌。那么，"丰乳肥臀"取得汉语成语的资格就会成为顺理成章的事情。

　　以上只是根据语言变化的一般规律，对"丰乳肥臀"将来能否跻身成语世界的前景做了一个简单的预测。作为民族的一员，我们每个人既要尊重民族的文化传统和风俗习惯，又应当具有与时俱进的勇气和胸怀，以良好心态善待观念和语言的变与不变。

第五节　成语与谚语所反映的女性文化的异同

　　"语言是文化的基石。"如同成语中能反映出中国古代女性文化一样，成语的近亲谚语也同样有着丰富的文化底蕴。接着我们就来分析一下二者所反映的同一对象——中国古代女性文化有何异同。通过比较，对成语中所反映出的中国古代女性文化就会认识得更全面。

　　首先来看相同点。其实二者所反映出来的中国古代女性文化大同小异。而这"大同"之中最重要的一点便是同时反映出了中国古代女性群体的"女卑性"。成语中反映出的女性的地位卑微，我们前面已经说过，现在再举出谚语中的一些反映女性地位的例子，如女性在家里便被称为"女儿落地就是别家的人""女儿是亲戚"；出了嫁后又被看作"媳妇是墙上的泥，去了旧的换新的""媳妇不打，上屋揭瓦""有子方为妻，无子便算婢"，等等。如此卑贱的命运，便难怪会有发出"人生莫作妇人身，百般苦乐由他人"的悲叹了。这些与成语中所反映出来的"女卑性"是一致的。

成语是一种书面语，多为文人及上流社会所用，而谚语则更接近广大下层人民。虽然两种社会阶层的生活不尽相同，但女性文化的"女卑性"是纵贯整个社会的。也正因为成语与谚语所代表的社会阶层不同，二者所反映的中国古代女性文化便存在"小异"。这主要表现在以下几个方面：

（一）所用喻体不同

成语是一种典雅而富有文采的用语，是文人雅士的雅语。尚且不论这"雅"是真性情的雅士还是附庸风雅之流，成语的主流表达是情趣高尚的。因而有关女性的成语中所用到的比喻中的喻体多为"雅物"，如花、月、水、仙露、明珠等；而在劳动人民眼里，他们所接触到的那些没有金钱也没有时间涂脂抹粉打扮自己的贫民女子，在谚语中其喻体就成了"牛""马""衣服""泥"，等等。如："嫁了女儿卖了牛""富人妻，墙上皮，掉了一层再和泥""娶到的媳买到的马，任我骑来任我打"。

（二）所表现的男性择偶观不同

"窈窕淑女，君子好逑"，美丽的大家闺秀是很多文人雅士追逐的目标。成语中那些对女子容貌极尽称道的成语就暗含着男性对内外兼具的美女是十分爱慕的。然而在谚语中表现出的却是大多数男子不愿意娶美女为妻，而更倾向于容貌平庸，甚至丑陋的女子。如"恋人莫恋金钱，爱人莫爱容颜""莫图颜色好，丑妇家中宝""屋不要高，妻不要美"，等等。其实成语中所反映的只是男性心理上的诉求，在实际生活中，统治阶级的婚姻制度主要是嫔妃制，上层统治者从民间挑选年轻貌美的女子入宫做宫女或妃嫔。美貌的女子即使不被选入宫中，也常会被达官显贵、富豪乡绅看中收为姬妾。而有些对生活不满足的俏女子，在错综复杂的大千世界中，更容易遭受种种诱惑，有可能招惹是非，成为家庭的不稳定因素。因此，人们认为"花香招蜂蝶，人美惹风波"，为了保证家庭的稳定、婚姻的牢固，大多数男子情愿娶个相貌平常的女子生儿育女，过安稳日子。

（三）观察女性生活的视角不同

通过上述两项的比较，其实可以看出谚语中反映出了更为真实的古代女性生活，因为受过教育、温文尔雅的男性在社会中的比例是十分小的，更多的是在乡间劳动、在市井中穿梭的普通民众。他们直斥女性为"牛马"，她们也就真成了"牛马"；而那些被上流社会追逐的"如花似玉"的女性，虽不必做牛马之事，却也不过是沦为男性的玩物而已，毫无生趣可言。而谚语中男性违心地表现出的愿意娶相貌平常的女子为妻，则更证明那些稍有姿色的女子多会遭受被人强占的不堪命运。

将较"俗"的谚语与较"雅"的成语二者结合起来，我们可以诠释出更为全面的中国古代女性的命运，也有助于我们更正确地理解成语中所反映的中国古代女性文化。

下　篇

经典著作成语的文化探究

第十三章
《周易》成语的文化内涵

在中国文化史上,《周易》被尊为"群经之首""六艺之原"。几千年来,大到治国安邦,小到家务琐事,人们都习惯于到《周易》中去寻找答案。《周易》对中国传统文化影响的至深至巨,的确是其他任何一部书都无法相比的。在源出《周易》经传的200多条成语中,不仅蕴含着中华民族精神、中华民族思维方式和中华民族为人处世策略,同时也蕴含着极其丰富的中华民族养生文化。

第一节 《周易》成语与中华民族精神

《周易》成语蕴含着极其丰富的中华民族精神,其中如"自强不息""厚德载物"这类成语,堪称是对中华民族精神某个方面内容的经典概括,对后世的影响是巨大、持久而深刻的。

一、"自强不息"的进取精神

进取精神是中华民族精神的核心内容之一。语出《周易》"天行健,君子以自强不息"中的"自强不息"这条成语,就是对这种精神的经典概括。它是中华民族生生不息、强盛不衰的精神力量，也是中国人民薪火相传、继往开来的精神动力。可以说，在中国历史上，自强不息精神曾激发了中华民族拼搏进取、艰苦奋斗、奋发图强。

《周易》成语中，从不同方面强调这种进取精神的还有"朝乾夕惕""持之以恒""革故鼎新"等。

勤劳是中华民族进取精神中最突出的一个表现。中华民族素以"刻苦耐劳著称于世"（《毛泽东选集·第二卷》）。盘古开天辟地、神农遍尝百草、虞舜勤劳躬耕等古代的神话、传说，就突出地反映了中华民族的勤劳品格。从某种意义上说，没有勤劳，就不会创造出灿烂辉煌的华夏文明。由《周易·乾》"君子终日乾乾，夕惕若厉，无咎"一语而浓缩成的"朝乾夕惕"这条成语，就是强调勤劳和谨慎。

"持之以恒"这条成语出自《周易·家人》"君子以言有物而行有恒"，这也是中华民族进取精神的一个重要表现。中华民族在长期的历史发展过程中，面对各种坎坷磨难，却从来没有停止过对民族进步和发展的追求。可以说，正是这种"持之以恒"的品格，才使中华民族始终保持顽强的生命力。

《周易·杂》中有"革，去故也；鼎，取新也"的记载，后在此基础上形成了"革故鼎新"这个成语。这是对中华民族除旧布新的发展观念的准确概括，它是中华民族进取精神的又一重要内容，是我们民族进步的灵魂和国家兴旺发达的不竭动力。

二、"厚德载物"的宽容精神

宽容精神是中华民族的优良传统，也是中华民族精神的核心内容之一。语出《周易·坤》"地势坤，君子以厚德载物"中的"厚德载物"这条成语，就是对这种精神的经典概括。它要求一个人像大地那样厚实宽广，像大地承载万物、生长万物那样，在为人处世方面心胸开阔，宽以待人。

《周易》成语中，提倡这种宽容精神的还有"殊途同归"。《周易·系辞下》有"天下同归而殊途，一致而百虑"的记载，后形成了"殊途同归"这个成语。现在我们使用这条成语，一般是指"走不同的道路而到达同一个目的地，比喻采用不同的方式、方法得到相同的结果"，但其语源却是提倡不同派别、不同类型的思想相互渗透、彼此交融，从而在共同的目标下实现有机的融合，实际表现的是宽容精神的一个重要方面——强烈的兼容意识。

三、"同心协力"的团结精神

中华民族一向对团结统一有着深刻的认识，自古就有"和则一，一则多力，多力则强，强则胜物"（《荀子·王制篇》）和"天时不如地利，地利不如人和"（《孟子·公孙丑下》）的思想，认为只要内部和谐团结，上下齐心合力，力量就会增大，就能无往而不胜。《周易·系辞上》有"二人同心，其利断金；同心之言，其臭如兰"之语，这段话后来形成了两条成语：一条是"二人同心，其利断金"，意思是说两个人一条心，力量很大，好像锋利的刀剑能斩断铜铁；一条是"金兰之友"，用来形容交情非常深厚的朋友。两条成语均是强调团结的力量。

四、"信及豚鱼"的诚信精神

"诚信"也是中华民族精神的一个极其重要的方面，其内涵就是"诚实守信用"。中华民族是崇尚诚信的民族，在求生存、求发展的历史过程中，视诚信为做人、立业和处世之本。《周易·乾》中有"君子进德修业。忠信，所以进德也；修辞立其诚，所以居业也"。后在此基础上形成了"修辞立诚"这条成语，就是告诫人们要注重文化教养，做到立身诚实。《周易》成语中突出表现"诚信"内容的还有两条：一条是由《周易·中孚》"豚鱼吉，信及豚鱼也"一语提取出来的"信及豚鱼"，意思是对小猪和鱼这样微贱的东西也讲信用，形容非常讲信用；另一条是由《周易·乾》中的"闲邪存其诚"一语浓缩而成的"闲邪存诚"，意思是防范邪恶，存其真诚。

五、"卑以自牧"的谦虚精神

"谦虚"是中华民族大力提倡的美德之一，《周易》六十四卦中的"谦卦"，便是专门论述人应该具备谦虚的美德的，其卦辞"谦：亨，君子有终"，则表明谦道美善可行。《周易》成语中涉及谦虚美德的主要有"谦谦君子""卑以自牧""谦尊而光""大而能谦"等。

《周易·谦》中有"初六：谦谦君子，用涉大川，吉。《象》曰：谦谦君子，卑以自牧也"的记载，后形成了"谦谦君子"和"卑以自牧"这两条成语。"谦谦君子"当初是指非常谦虚、非常有修养的人；后来语义发生了变化，也被用来指那些故作谦虚而实际虚伪的人。"卑以自牧"则是要求保持谦虚的态度，提高自身的修养。

"谦尊而光"也出自《周易·谦》。《周易·谦》云："谦尊而光，卑而不可逾。"孔颖达疏："尊者有谦而更光明盛大，卑谦而不可逾越。"意思是尊者谦虚而更显示其美德。

出自《周易·序》"有大者，不可以盈，有大而能谦必豫"一语中的"大而能谦"这条成语，后用来指既有一定的知识、名望、地位或财产等，又能够谦虚待人的人。

综上所述，中华民族精神的基本内容在《周易》成语中均有着生动的表现，《周易》成语在传承中华民族精神方面有着杰出的贡献。研究《周易》成语所蕴含的中华民族精神，对于在新的历史条件下更好地传承中华民族优秀传统文化，建设社会主义核心价值体系，必将起到积极的推动作用。

第二节 《周易》成语与中华民族思维方式

《周易》之所以能对后世产生巨大、持久而深刻的影响，还有一个非常重要的原因，就是"它所蕴含的思维模式构成了中国传统文化价值取向的内核，并逐渐渗透到民众的深层意识层面，由自觉的思维活动变成不自觉的思维惯性，成为在社会实践和日常生活中对整个中华民族都普遍起作用的思维定式"（王月清，管国兴《影响中国文化的十大经典》）。单从语言的角度考察，我们也不难发现，《周易》成语明显蕴含着中华民族取象思维、辩证思维与中和思维等一些基本的思维方式。

一、《周易》成语与中华民族的取象思维

取象思维是以具体事物为载体，靠想象去推知抽象事理，是一种独具中国特色的直接推论的逻辑方式。它是原始先民认识外部世界、把握自然规律以服务于自身生活和生产活动的开始。由《周易·系辞上》"仰则观于天文，俯以察于地理，是故知幽明之故"一句浓缩而成的"仰观俯察"这条成语，正是这种思维方式的具体概括。而"枯杨生稊"就属于用这种思维方式构成的成语。《易经·大过》九二爻辞："枯杨生稊，老夫得女妻，无不利。"将自然界的枯老的杨树生长出嫩芽与人间的老夫娶少妻联系起来，取其相似点，进行想象，然后比附推论出"无不利"的结论，意在告诉求卦者，所占问之事将大吉大利。后来就用"枯杨生稊"比喻老夫娶少妻或老年得子。用取象思维方式构成的成语在《周易》中非常多，如"拔茅连茹""尺蠖之屈""龙蛇之蛰""藏器待时""羝羊触藩""风虎云龙""即鹿无虞""井渫莫食""履霜之戒""群龙无首""水火不容""日中则昃，月满则亏""龙吟虎啸"等等，可以说俯拾即是。

二、《周易》成语与中华民族的辩证思维

中国也具有非常悠久的辩证思维传统，而《周易》应该是其最初的源头。《易经》试图用两个具有对立性质的原理以及它们之间的排列组合来概括自然界和人类社会的种种现象，这是以理性思维方式掌握世界的开始，其中就包含着许多朴素的辩证思维因素。《易传》则把潜藏于《易经》中朴素的辩证思维因素揭示出来，孕育成了汉民族辩证逻辑的雏形。《周易》中有许多成语蕴含着这种辩证思维的方式，体现了我们民族的高超智慧。例如"否极泰来""日中则昃，月满则亏""无平不陂，无往不复""居安思危"等成语，把"否"和"泰"、"满"和"亏"、"平"和"陂"、"往"和"复"、"安"和"危"等互相对立的概念联系起来，指出了对立面的互相转化，这是从自然变迁和人类生活中总结出来的哲理智慧。《周易》中蕴含着这种辩证思维方式的成语还有不少，如"拔茅连茹""防患未然""革故鼎新""穷则思变""周而

复始""触类旁通""数往知来""履霜之戒"等成语，或从事物发展的趋势，或从事物发展变化的形态，或从事物数量变化的状态，体现了事物相互联系、相互依存、既对立又统一的辩证思维方式。

三、《周易》成语与中华民族的中和思维

中国也具有非常悠久的中和思维传统。所谓中和思维，是指观察、分析和处理问题时注重事物发展过程中各种矛盾关系的和谐、协调、平衡，不偏执、不过激的思维方式。这种思维方式同样发端于《周易》。《周易》中有许多成语就蕴含着中和思维的方式，体现了我们民族对和谐、协调、平衡的向往与维护。由《周易·乾》"九五，飞龙在天，利见大人"一语形成的成语"九五之尊"（亦作"九五之位"），指的是帝王的尊位。其中的"九五"是卦爻位名："九"是阳数的最高位，"五"是阳数的最中位。"九五之位"虽高，但居中，是典型的中正之位，故为"尊"。《易经》作者认为：得此位者，能"与天地合其德，与日月合其明，与四时合其序，与鬼神合其吉凶"。可见这条成语非常突出地反映了中华民族对"刚健得中、不偏不倚"的和谐境界的追求。由《周易·系辞上》"圣人设卦观象，系辞焉而明吉凶，刚柔相推而生变化"形成的成语"刚柔相济"，意思是刚强的与柔和的事物互相调剂补充，使之恰到好处。由《周易·谦》"君子以裒多益寡，称物平施"一语形成了"裒多益寡"和"称物平施"两条成语：前者的意思是从多的一方取出一部分，加之于少的一方；后者的意思是称一称东西的轻重，平均分配于人。这些成语均非常典型地体现了汉民族的中和思维方式。

可以说，中华民族的基本思维方式在《周易》成语中均有着生动的表现，《周易》成语在传承这些思维方式方面功不可没。研究《周易》成语蕴含的思维方式，对于更好地传承中华民族优秀传统文化，建设社会主义核心价值体系，必将起到积极的推动作用。

第三节 《周易》成语与中华民族为人处世策略

《周易》作为中国文化的源头活水，在洞悉宇宙和人生本质规律的同时，还为中华民族提供了一套行之有效的为人处世策略。这些策略，大多以汉语成语的形式流传于后世，其基本内容涉及人际交往、生存发展、更新完善和探索未知等方方面面。

一、人际交往

《周易》作为一部指导人生实践的生活指南，如何进行人际交往，自然成了它所关注的重要内容。《周易》成语涉及人际交往策略的主要有"二人同心，其利断金""金兰之友""惩忿窒欲""厚德载物""信及豚鱼""卑以自牧"等。

《周易·系辞上》有"二人同心，其利断金；同心之言，其臭如兰"之语，这段话后来形成了两条成语：一条是"二人同心，其利断金"，意思是说两个人一条心，力量很大，好像锋利的刀剑能斩断铜铁；一条是"金兰之友"，用来形容交情非常深厚的朋友。这两条成语均是强调团结协作的重要性。源于《周易·损》"山下有泽，损；君子以惩忿窒欲"一语的"惩忿窒欲"，意思是克制愤怒，抑止嗜欲。它强调的是克己、忍让对于实现和谐的人际关系的重要性。语出《周易·坤》"地势坤，君子以厚德载物"中的"厚德载物"这条成语，提倡的是一种宽容精神，它要求一个人像大地那样厚实宽广，像大地承载万物、生长万物那样，在为人处世方面心胸开阔，严于律己，宽以待人。由《周易·中孚》"豚鱼吉，信及豚鱼也"一语提取出来的"信及豚鱼"，意思是对小猪和鱼这样微贱的东西也讲信用，形容非常讲信用。语出《周易·谦》"初六：谦谦君子，用涉大川，吉。《象》曰：谦谦君子，卑以自牧也"之语的"卑以自牧"这条成语，它要求人们保持谦虚的态度，提高自身的修养。

由此可见，在人际交往方面，《周易》所提倡的是团结、忍让、宽容、诚信和谦虚的精神。

二、生存发展

《周易》作为一部指导人生实践的生活指南，人类究竟应如何生存如何发展，这也是它必须回答的问题。《周易》涉及生存发展策略的成语特别多，主要有"自强不息""持之以恒""刚柔相济""能屈能伸""尺蠖之屈""龙蛇之蛰""藏器待时""待时而动""见机而作""安不忘危""防患未然"等。

"自强不息"和"持之以恒"这两条成语分别出自《周易·乾》"天行健，君子以自强不息"和《周易·家人》"君子以言有物而行有恒"之语，这两条成语强调的是进取精神对于人类生存和发展的极端重要性。"刚柔相济"源于《周易·系辞上》"圣人设卦观象，系辞焉而明吉凶，刚柔相推而生变化"之语，意思是刚强的与柔和的事物互相调剂补充，使之恰到好处。这条成语强调的是人们在处理事物发展过程中的各种矛盾关系时，必须顺应事物发展变化的规律，注重和谐、协调、平衡，努力做到不偏执、不过激，从而达到趋吉避凶的目的。《周易·系辞下》有"往者，屈也；来者，信也。屈信相感而利生焉。尺蠖之屈，以求信也；龙蛇之蛰，以存身也"之语，"能屈能伸""尺蠖之屈"和"龙蛇之蛰"这三条成语均源于此。"能屈能伸"比喻不得志时能忍耐，得志时能施展抱负；"尺蠖之屈"比喻以退求进的策略；"龙蛇之蛰"比喻引退。"藏器待时"和"待时而动"这两条成语均源于《周易·系辞下》"君子藏器于身，待时而动，何不利之有"之语。"藏器待时"是比喻不急于表现才干能力，等待施展的机会；"待时而动"是说等待有利的时机，然后行动。"见机而作"源于《周易·系辞下》"君子见机而作，不俟终日"一语，意思是看到适当的时机就立刻行动。"安不忘危"源于《周易·系辞下》"是故君子安而不忘危，存而不忘亡，治而不忘乱，是以身安而国家可保也"一语，意思是平安时不要忘记可能出现的危险。"防患未然"是由《周易·既济》中"君子以思患而豫防之"一语变化而来，它所强调的是在祸患还没有发生时就采取防备措施。

《周易》中的上述成语，构成了一整套比较完整的生存发展策略："自强不息"和"持之以恒"的进取精神是成就人生须臾不可或缺的必要条件，而"刚柔相济"和"能屈能伸"则是实现人类生存和发展的大智慧和总原则，在这个总原则指导下，顺境时"见机而作"，逆境时"待时而动"，以及无论什么时间不管什么情况都必须具备的"安不忘危""防患未然"的忧患意识。

三、更新完善

与生存发展密切相关的就是如何更新完善的问题，可以说更新完善实际上就是为了更好地生存和发展。《周易》作为一部指导人生实践的生活指南，在这方面也有许多精彩之论。《周易》成语中，涉及更新完善策略的主要有"反躬自省""改过迁善""洗心革面"等。

"反躬自省"可见于《周易·蹇》中"君子以反身修德"一语，指的是自我反省。"改过迁善"源于《周易·益》中"君子以见善则迁，有过则改"一语，意思是改正过失，向好的方面转变。"洗心革面"中的"洗心"出自《周易·系辞上》"圣人以此洗心"之语，"革面"则出自《周易·革》"小人革面，顺以从君也"之语，这条成语的意思是洗去心上的污秽，改变面目。这些成语表明，欲求更好的生存和发展，就必须不断地进行自我反省并改正过失。

四、探索未知

《周易》作为一部指导人生实践的生活指南，还在如何探索未知方面，提供了许多智慧。《周易》成语中，涉及到探索未知策略的主要有"触类旁通""数往知来""履霜之戒"等。"触类旁通"源于《周易·系辞下》"引而伸之，触类而长之，天下之能事毕矣"之语，意思是接触某事物，掌握了有关知识，可以通晓同类其他事物。"数往知来"源于《周易·说卦》"数往者顺，知来者逆"之语，意思是可以根据过去推测未来。"履霜之戒"出自《周易·坤》"履霜，坚冰至"之语，意思是走在霜上知道结冰的日子就要到了，比喻看到眼前的迹象而对可能出现的情况提高警惕。这些成语表明，中华民族很早就懂得了"探索未知"是以"通晓已知"为前提的。

总之，《周易》成语蕴含着中华民族为人处世策略，内容是非常丰富的，对中华民族的影响是巨大、持久而深刻的。

第四节　《周易》成语与中华民族的养生文化

《周易》作为一部文化经典，对中国传统文化影响的至深至巨，还表现在养生文化的极其丰富。在源出《周易》经传的 200 多条成语中，就蕴含着许多养生文化的内容。从养生角度好好品味《周易》成语的内涵，可以让古老的传统文化为我们现代人的健康和长寿添砖加瓦。

一、"自强不息""朝乾夕惕"——健康长寿的原动力

语出《周易·乾》"天行健，君子以自强不息"中的"自强不息"这条成语，强调的是努力向上、永不止息的进取精神；由《周易·乾》"君子终日乾乾，夕惕若厉，无咎"一语浓缩而成的"朝乾夕惕"这条成语，强调的是勤劳和谨慎。《周易》根据"天人合一"理论，认为大自然的运行规律谁也不能够阻挡，人应该效法天道，刚健有为，积极进取。这种进取精神是健康长寿的原动力。因为有进取心的人，为了实现自己的目标，善于安排工作、学习、运动和休息，不会为日常生活琐事所累，遇事泰然处之，能够始终保持愉悦的情绪。这样，他们体内的各种生理功能就都能够正常活动，新陈代谢旺盛，从而预防各种疾病的发生，达到健康长寿的目的；同时，有进取心的人，自然能够在事业上获得更大的成功，从而使他们在社会上拥有更多的有利于健康长寿的资源；特别重要的是，一个有进取心又能够处事小心谨慎的人，就会在生活的方方面面"正道直行"，从而避免疾病、违法犯罪和人力可控的灾难性事故等许许多多影响健康长寿的情况的发生。

二、"厚德载物""改过迁善"——益寿延年的助推器

语出《周易·坤》"地势坤，君子以厚德载物"中的"厚德载物"这条成语，它要求一个人像大地那样厚实宽广，像大地承载万物、生长万物那样，在为人处世方面心胸开阔，宽以待人。"改过迁善"则来源于《周易·益》中"君子以见善则迁，有过则改"一语，意思是改正过失，向好的方面转变。《周易》所提倡的这种"厚德载物"的宽容意识和"改过迁善"的君子风度，不仅是高尚的品德，更是美好的心理品质，同时也是益寿延年的助推器。因为一个不会宽容别人和反省自己的人，常常人际关系紧张，每当遇到不如意之事，往往使自己的心理处于极度紧张和愤怒的状态，导致人产生交感神经冲动，血管收缩，血压升高，食欲降低，消化不良等许多对健康极为不利的症状。而一个善于宽容别人和反省自己的人，总是与人为善，人际关系也就一定融洽；即便遇到不如意之事，也往往会以友善和豁达的态度去处理好，从而保持心态的平和协调，这样自然非常有利于益寿延年。

三、"乐天知命""应天顺人"——健康之门的金钥匙

"乐天知命"语出《周易·系辞上》"乐天知命，故不忧。"原指顺应自然，知晓天命；后表示乐于听从命运的安排，安于自己的处境。"应天顺人"语出《周易·革》"汤武革命，顺乎天而应乎人。"意思是顺应天命，顺从人心。"天人相应"是《周易》哲学思想的精髓。在《周易》作者看来，人与自然是一个统一的整体，人生于天地之间，依赖于自然而生存，也就必须受自然规律的制约；因而人只有顺应自然的变化，才能与天地相参，与日月相应，达到颐养天年的目的。从养生的角度看，《周易》"乐天知命""应天顺人"的天命观，确实是人类开启健康之门的金钥匙。人类只有效法自然，顺应自然，一日之内，根据日出阳气生发、日中阳气兴隆、日落阳气收敛的不同来安排运动和作息，以增强体质；一年之内，根据四季气候的不同特性来调节饮食和起居，以提高抗病能力；平常随时注意复杂的天气变化，做到"凉不至冻，温不至燥"，促使人体"寒热平和"，以达到身体健康。

四、"信及豚鱼""卑以自牧" —— 身心健康的营养素

由《周易·中孚》"豚鱼吉，信及豚鱼也"一语提取出来的"信及豚鱼"，意思是对小猪和鱼这样微贱的东西也讲信用，形容非常讲信用。由《周易·谦》"初六：谦谦君子，用涉大川，吉。《象》曰：谦谦君子，卑以自牧也"一语提取出来的"卑以自牧"则是要求保持谦虚的态度，提高自身的修养。《周易》所提倡的诚信和谦虚这两种美德，是人类实现身心健康必不可少的高级营养素。因为良好的德行本身就是心理健康的反映，必然增进身体健康。一个诚实守信的人，一定会得到他人的敬佩、尊重和信任，他会因此而得到无比的满足感，生活快乐、幸福，健康必定随之而来。相反，一个经常说谎、不讲信用的人，时刻因担忧谎言被识破而内心紧张、恐惧和忧虑，给健康带来极为不利的影响。一个有谦虚品德的人，常常能够做到自律、自重和自持，时刻保持内心的谦和与平静，注意避免与他人争夺和争执，这种良好的心态，才是养生的根本。相反，一个骄傲自满的人，总是认为自己是最了不起的，喜欢吹嘘自己，常常拿自己的长处去比别人的缺陷，这样很容易树敌，招致众人的不满和怨恨，使自己陷于困境和危险，给身心增加负担，这对养生当然是毫无益处的。

五、"惩忿窒欲""否极泰来"——调适心理的减压阀

"惩忿窒欲"来源于《周易·损》"山下有泽，损；君子以惩忿窒欲"一语，强调的是克制愤怒，抑止嗜欲。"否极泰来"来源于《周易·杂卦》"否、泰，反其类也。""否"和"泰"是六十四卦中的两个卦名，"否"为不顺，"泰"为顺。"否极泰来"的意思是"否"尽了，"泰"就来到了，比喻坏到极点，好的就来了。《周易》所提出的"惩忿窒欲"的修身原则和"否极泰来"的辩证思想，是人类调适心理的减压阀。因为人的健康，极为关键的是心理健康。而随着社会的飞速发展，行业竞争也非常激烈，各种压力带给人们诸多不良的生理和心理反应。生理方面的反应有头疼、疲劳、失眠、食欲不振以及消化不良等；心理方面的反应有紧张、焦虑、愤怒、悲观甚至绝望

等。从某种意义上说，压力是吞噬人们的健康和幸福的重要杀手。如果一个人能够做到抑制各种欲望，并且在遇到很不如意的事情时，坚信"否极泰来"的辩证思想，就能够舒缓各种压力，保持良好的心态，从而促进身心健康。

六、"居安思危""防患未然"——趋吉避凶的护身符

"居安思危"来源于《周易·系辞下》"是故君子安而不忘危，存而不忘亡，治而不忘乱，是以身安而国家可保也"一语，意思是平安时不要忘记可能出现的危险。"防患未然"是由《周易·既济》中"君子以思患而豫防之"一语变化而来，意思是在祸患还没有发生时采取防备措施。《周易》所提倡的这种"居安思危""防患未然"的意识，是人类趋吉避凶的护身符。因为任何事物的发展总是有一个由量变到质变的过程，而要防止事物向坏的方面转化，必须"思患而豫防之"。养生也不例外。《黄帝内经》有"圣人不治已病治未病"之语，说的就是这个道理。我们平时如果能够将影响身体健康的微兆消灭在萌芽状态，也就不至于小病成为大病，大病成为不治之症，健康长寿也就不是什么遥不可及的事物。

《周易》成语中的养生文化确实非常丰富。从养生的角度领会《周易》成语的这些内涵，对于我们现代人的健康和长寿有着非常重要的意义。

第十四章
《诗经》成语的文化价值

　　《诗经》是我国第一部诗歌总集，也是一座重要的语言宝库。在《诗经》成语中，农耕文化、气象文化、伦理文化、君子文化、婚恋文化和祥瑞文化等六大文化主题占了较大比重。探究《诗经》成语的文化价值，对于研究周代人们的思维方式、价值观念和社会生活，具有十分重要的意义。

第一节　《诗经》成语中的农耕文化

　　中华民族是一个古老的农耕民族，从先秦时期开始，就产生了许多与农耕有关的作品。如先秦时期的《击壤歌》："日出而作，日入而息，凿井而饮，耕田而食。"描绘了百姓安居乐业的情景。唐代诗人李绅笔下的"锄禾日当午，汗滴禾下土，谁知盘中餐，粒粒皆辛苦。"则反映了劳动人民生活的不易。北周庾信亦有诗曰："兴文盛礼乐，偃武息民黎。"这体现了文化在人民生活中的重要作用。"朝为田舍郎，暮登天子堂"刻画了读书人对积极入世的理想与追求。《诗经》作为周代社会生活的一面镜子，它基本涵盖了周代人民的思维习惯和社会生活方式。《诗经》可以说是中国古代农业文明的结晶，《诗经》成语蕴含着浓厚的农耕文化。

成语"不稂不莠"出自《诗经·小雅·大田》："既坚既好，不稂不莠。""稂""莠"都是杂草名，后比喻不成材或没有出息的人。但"不稂不莠"不代表不成材或没出息的人，原意是精耕细作，田地里除了庄稼不长杂草。后演变成了形容土地荒芜，寸草不生。

成语"千仓万库"出自《诗经·小雅·莆田》："乃求千斯仓，乃求万斯箱。黍稷稻粱，农夫之庆。"成语的意思是因年成好，储存的粮食非常多。人们通过自己的辛勤劳动，家家户户的仓库里都存满了粮食，一方面反映了当时农业的发达，另一方面也反映了百姓安居乐业的美好图景。

成语"故宫禾黍"出自《诗经·王风·黍离》序："周大夫行役，至于宗周，过宗庙宫室，尽为禾黍，闵周室之颠覆。彷徨不忍去，而作是诗也。"周大夫行役路过宗周镐京，看到周朝的宫殿长满了荒草，昔日的盛世繁华已一去不返，于是作此诗抒发世事难料，人生无常的悲痛之感。成语里的"禾黍"是两种农作物，后来多引用为"黍离"诗歌意象，比喻怀念祖国的情思。

《诗经》是植根于农业文明的文学艺术，《诗经》成语从不同方面描写周人农耕生活。

成语"遵时养晦"出自《诗经·周颂·酌》："于铄王师，遵养时晦。"遵：遵循，按照；时：时势；晦：隐藏。比喻万事万物要遵循自然规律而发展，不能违背规律，揠苗助长。反映了因时制宜的农耕文化心态。

成语"持盈保泰"出自《诗经·大雅·凫鹥》小序："太平之君子，能持盈守成。"意思是保守已成的事业，保持安定。

成语"深厉浅揭"出自《诗经·邶风·匏有苦叶》："深则厉，浅则揭。"这句话的意思是人们在引水灌溉时，通常需要蹚水过河，当人们穿着衣服过河时，水浅的时候可以把衣服撩起来涉水过去；如果水很深，怎样都无法避免把衣服弄湿的话，那就只好穿着衣服涉水过去。这个成语比喻处理问题要联系实际，实事求是，因地制宜。

成语"率由旧章"出自《诗经·大雅·假乐》："不愆不忘，率由旧章。"原本的意思是古代的人们在进行农事活动时，只会遵循先祖留下来的老方法来进行农业生产，反映了周人遵循旧制度、怯于突破、不敢创新的思想。后多形容人循规蹈矩、照章办事。

第二节　《诗经》成语中的气象文化

"气象"是大气中的冷热、干湿、风、云、雨、雪、霜、雾、雷电等各种物理现象和物理过程的总称。由于我国古代农业生产技术落后，生产力水平低下，人们通常是"靠天吃饭"。古代君主通常需要通过祭天祈福的方式，祈求上天保佑风调雨顺，庄稼可以有个好收成，百姓可以安居乐业。所以"气象"在人们的生产生活中有着十分重要的地位。风、雨、雷、电、霜、雪、云等自然现象，一方面可以给人们带来丰富的自然资源，帮助农业生产丰收；另一方面也可能给人类带来自然灾害。在《诗经》成语中，出现次数最多的"气象"现象要数风和雨了，其他的自然现象也偶有出现。

成语"旱魃为虐"出自《诗经·大雅·云汉》："旱魃为虐，如惔如焚。"旱魃是神话传说中能造成旱灾的怪物，旱魃出来危害四方，土地就像是被火焚烧过一样，寸草不生。这里是指旱灾发生了。这是由于天气干旱而出现的一种自然灾害。

成语"彤云密布"出自《诗经·小雅·信南山》："上天彤云，雨雪雰雰。"彤是红色的意思，有时指红霞；有时指下雪前均匀密布的阴云。彤云在这里指的是阴云，彤云密布，很厚的云层布满天空，一般是下雪前的征兆。人们通过对云的颜色、分布的密度和悬挂的高低以细致的观察，以此来判断天气气象。根据以往经验，黑云低垂密布的景象通常是暴风雪的前兆。

成语"风雨凄凄"出自《诗经·郑风·风雨》："风雨凄凄，鸡鸣喈喈。既见君子，云胡不夷。"诗句的原意是外面的风雨狂啸而过，院子里的鸡在急切地叫着。当有极端天气出现时，动物总是会先于人类察觉，而且会表现异常。人们通过鸡急切的叫声，可以判断出暴风雨即将来临。

成语"风雨如晦""风潇雨晦"出自《诗经·郑风·风雨》："风雨潇潇，鸡鸣胶胶，既见君子，云胡不瘳。风雨如晦，鸡鸣不已，既见君子，云胡不喜。"这两个成语跟"风雨凄凄"一样，都是通过鸡急切的叫声和异常的表现，从而判断出暴风雨的到来。

成语"风雨飘摇"出自《诗经·豳风·鸱鸮》："予室翘翘，风雨所飘摇。"这首诗原本描写的是一只为抚养幼鸟健康成长而病倒了的母鸟在遭遇了猫头鹰的洗劫后，又遇到了风雨的打击，痛失爱子的母鸟只能在风雨中惊恐地哀号着。诗中的母鸟可以看作遭遇了无妄之灾的人类，在经历了人祸之后，还要遭受自然气候的无情打击，对人类而言，这样的打击无疑是巨大的。这也间接反映了自然灾害对人类造成的危害是巨大且无法弥补的。

成语"未雨绸缪"出自《诗经·豳风·鸱鸮》："迨天之未阴雨，彻彼桑土，绸缪牖户。"诗句原本的意思是在还没有下雨之前，要将粮食准备好，关好门窗。成语间接地反应了气象的变化对人们的生活造成了极大的不便。后来多指提前做好准备，防范以后会出现的灾害。

《诗经》产生于西周初年至春秋中叶。那时土地贫瘠、物质极度缺乏，远远满足不了人类生活的需要，所以生存就成了人们最大的问题。后来华夏先民们经过漫长的生存斗争，人们终于在这片土地上站稳了脚跟，人们通过劳动从自然界中获得食物，但通常会因为多变的气象而导致颗粒无收。为了解决这个难题，人们通常需要通过观察星象来判断天气。什么时候适合播种？什么时候需要疏通沟渠？什么时候需要锄田除草？这些都是人们根据星象的显示和农耕的经验得出来的结果。所以，《诗经》中的气象文化是与我国农耕文化紧密联系在一起的。

第三节 《诗经》成语中的伦理文化

伦理道德观一直是我国传统文化中最重要的组成部分，我国传统伦理道德观念条目繁多，内容丰富而庞杂。《诗经》中有许多表示伦理血缘的成语，有的是对父母养育之恩的颂扬，有的是对兄友弟恭的赞叹，还有的是对夫妻之情的讴歌。

一、对父母恩情的颂扬

成语"恭敬桑梓"出自《诗经·小雅·小弁》："维桑与梓，必恭敬之。"
桑梓：古时家宅旁边常栽的树木，是人们日常能够见到的极其亲切的物象，
它表达了在外的游子对故乡的热爱，也反映了父母对儿女的恩情。

成语"哀哀父母""昊天罔极"语出《诗经·小雅·蓼莪》。诗句的原意
是可怜我的父母啊，养育我长大是如此的劳苦。您对我的恩情，连广袤无垠
的天空也比不上。成语不仅表现了父母养育子女的辛苦，也寄寓了父母亲对
子女至高无上的爱。

成语"父母恩勤"语出《诗经·豳风·鸱鸮》。诗句原本的意思是我如
此日夜辛勤地劳作，就是为了把我的稚子养大成人。成语赞美了父母养育儿
女的恩惠和勤劳，后来泛指父母对儿女的慈爱之情。

二、对兄弟之情的赞美

成语"伯埙仲篪"出自《诗经·小雅·何人斯》。伯、仲是指兄弟排行
的次第，伯是老大，仲是老二；埙是陶土烧制的乐器；篪是竹制的乐器。埙
篪合奏，乐音和谐，旧时赞美兄弟和睦。

成语"兄弟阋墙"出自《诗经·小雅·常棣》："兄弟阋于墙，外御其
侮。"成语意思是兄弟在家争吵，但当有敌人来袭时，兄弟俩能够联合起来，
共同抵御外敌，这是对中国古代兄弟之情的真实写照。

成语"鹡鸰在原"出自《诗经·小雅·常棣》："脊令在原，兄弟急难。
每有良朋，况也求叹。"鹡鸰是一种嘴细，尾、翅都很长的小鸟，只要一只离
群，其余的就都鸣叫起来，寻找同类。比喻兄弟友爱。

三、对夫妻之情的讴歌

成语"琴瑟之好"出自《诗经·周南·关雎》："窈窕淑女，琴瑟友之。"
《诗经·小雅·常棣》也有"妻子好合，如鼓琴瑟"的说法。人们常用这个
成语来比喻夫妻间感情和谐。

成语"死生契阔"出自《诗经·邶风·击鼓》："死生契阔,与子成说。执子之手,与子偕老。"成语意思是无论生死离合,我们都要在一起,这是我们当初早已说好的约定。反映了夫妻之间至死不渝的真挚爱情。

《诗经》中表示伦理关系的还有"渭阳之思""属毛离里""黾勉同心"等成语。《诗经》中的传统道德伦理观念深深地印在每一个国人的血脉中,然后在我们的身体中生根、发芽、开花、结果。修身、齐家、治国、平天下,这是古代文人志士都坚信的一条铁律,治国、平天下的前提是齐家,齐家的前提是修身,而修身就需要"克己复礼",想要"克己"就需要强大的道德伦理观念支撑。所以说,流淌于华夏民族血液之中的道德伦理观念的能量是巨大的,它能够使家庭更加和谐,社会更加安定,民族更加团结,国家更加强大。

第四节 《诗经》成语中的君子文化

"礼乐制度"是我国古代一项重要制度。西周初,周王通过"礼"来规范人的言行举止;通过"乐"来怡情养性,感化民众。"礼乐制度"的产生,对于维护社会稳定具有极大的促进作用。在这种制度下,社会上也诞生了一批具有美好德行的人,这就是我们所说的"君子"。《诗经》成语蕴含的君子文化反映了周代社会的价值观念。

成语"不吐不茹"出自《诗经·大雅·烝民》"人亦有言,柔则茹之,刚则吐之。维仲山甫,柔亦不茹,刚亦不吐。不侮矜寡,不畏强御。"比喻品德出众、为人正直。

成语"不忮不求"出自《诗经·邶风·雄雉》:"百尔君子,不知德行。不忮不求,何用不臧。"赞扬君子容易满足,淡泊名利,不贪图不属于自己的东西。

成语"投桃报李"出自《诗经·大雅·抑》:"投我以桃,报之以李。"比喻友好往来或互相赠送东西,也常用来表示知恩图报。

成语"高山仰止""高山景行"语出《诗经·小雅·车辖》。这两个成语赞扬君子的品德崇高，像高大巍峨的高山一样令人只能仰望，形容人道德高尚。

成语"夙夜匪解"出自《诗经·大雅·烝民》："既明且哲，以保其身，夙夜匪懈，以事一人。"成语的意思是日日夜夜坚持不懈地工作，形容人非常勤奋。

成语"夙兴夜寐"出自《诗经·卫风·氓》："夙兴夜寐，靡有朝矣。"成语的意思是早上很早就起来工作，晚上工作到很晚才睡，成语表现了君子能够辛勤奋斗。

《诗经》成语在赞美君子的美好品德的同时，也对小人的卑劣行径予以抨击。

"鬼蜮伎俩"语本《诗经·小雅·何人斯》："为鬼为蜮，则不可得。"鬼，阴险害人之物；蜮，能含沙射人影致病之物；伎俩：花招，手段。比喻用心险恶，暗中伤人的卑劣手段。

"二三其德"出自《诗经·卫风·氓》："士也罔极，二三其德。"二三：有时二有时三，经常改变，不专一，没有一定的操守。德：操守，心志。形容心意不专，反复无常。比喻男子对妻子不专情，对婚姻不负责任。

"不分皂白"语本《诗经·大雅·桑柔》："匪言不能，胡斯畏忌。"汉·郑玄笺："胡之言何也，贤者见此事之是非，非不能分别皂白言之于王也。"后以"不分皂白"谓不分黑白，不辨是非。

"充耳不闻"语本《诗经·邶风·旄丘》："叔兮伯兮，褒如充耳。"形容有意不听别人的意见。也形容人没有责任心，对什么事情都不理不睬，仿佛事不关己。

"教猱升木"语出《诗经·小雅·角弓》："毋教猱升木，如涂涂附。"比喻教唆坏人干坏事。

在《诗经》中，还有一类比较特殊的成语用来表示君子，但它不是直接描写君子怎么样，而是通过"玉器"这种同样具有高洁品质的特征的特定物品来象征君子。玉在古代文化中既是身份地位的象征，也是人的道德品质的象征。"玉"意象是《诗经》创造的一个具有特殊文化意义的意象。

"切磋琢磨"语出《诗经·卫风·淇奥》。诗句描写的是有修养、有文采的君子，就像打磨过的象牙和雕琢过的玉石般晶莹剔透、洁白无瑕。后多用来比喻解决问题时，要汲取别人的长处，补充自己的短处。

"如花似玉"出自《诗经·魏风·汾沮洳》："彼其之子，美如英……彼其之子，美如玉。"全诗连用三个比喻句来形容一位辛勤劳动、兢兢业业工作的男子的美，认为他的美就像鲜艳缤纷的鲜花和精雕细刻的美玉，并且认为他的美没有边界。这表现了当时社会重要的价值观：劳动最光荣。

"他山之石，可以攻玉"出自《诗经·小雅·鹤鸣》。成语的意思是他山上面的坚硬石头可以用来打磨玉石，既比喻别国的贤才可以为本国效力，也可以比喻成我们可以吸收借鉴别人的长处，弥补自己的短处，从而使自己更加完善。

"投瓜报玉"出自《诗经·卫风·木瓜》："投我以木瓜，报之以琼瑶。匪报也，永以为好也。"比喻受人微薄之物而答谢以极厚重的礼物。赞扬君子能够知恩图报。

"白圭之玷"出自《诗经·大雅·抑》："白圭之玷；尚可磨也。"意思是洁白无瑕的玉璧上的污点可以磨掉。比喻君子可以通过磨炼使自己变得更加完美。

第五节　《诗经》成语中的婚恋文化

"婚恋"自古以来就是文学创作永恒不变的主题。在"诗三百"中，就有将近六十首的诗篇描写了古代男女的恋爱生活和婚姻生活，占了诗歌总集总数的五分之一。从《诗经》婚恋诗中产生的成语，折射出的是古代青年男女对爱情婚姻的坚贞不渝和争取婚恋自由的勇敢与果断。

成语"君子好逑""梦寐以求"均出自《诗经·周南·关雎》。《关雎》作为《诗经》中第一首描写男女恋爱的爱情诗，作者巧妙地运用了"比兴"

的手法，把雎鸠相依相恋的神情与男子疯狂追求"窈窕淑女"的情形联系起来，既增强了文章传神的生动性，也增加了文章的音韵美。全诗塑造了一个痴情、淳朴、老实的男子形象，形象地描绘出了男子追求心爱的女子时的憨厚、认真的神情。

成语"一日三秋"亦作"一日不见，如隔三秋"，语本《诗经·王风·采葛》："一日不见，如三秋兮。"诗句的意思是我一天没有看到你，就好像已经隔了三年一样。形容思念的心情非常殷切。诗篇通过简洁明了的话语表达了男女主人公之间缠绵悱恻、款款情深的爱情，把处于热恋中的男女神态生动地传达了出来。

成语"天作之合"出自《诗经·大雅·大明》："天监在下，有命既集，文王初载，天作之合。"好像是上天给予安排，很完美地配合到一起。后人多用"天作之合"来形容这种天意安排的美满婚姻，现多用来比喻婚姻美满。

成语"采兰赠芍"出自《诗经·郑风·溱洧》："维士与女，伊其相谑，赠之以芍药。"这首诗描绘的是清明时节出游踏青的图景。古代女子与现在的女子不同，她们只有在特定的节日才能走出闺房，到外面采风。这首诗就是描写清明时节，男女相约共同踏青出游，两情相悦的男女在一起嬉戏玩闹，赠送对方以芍药。这体现了古代陈旧观念对恋爱自由的束缚，但也反映了古代男女追求幸福的纯真与浪漫。

成语"执柯作伐"语出《诗经·豳风·伐柯》。成语的本意是拿着斧头柄去采伐，后比喻为给人做媒。古代人们的婚姻大事不能自己做主，一般都需要经过"父母之命，媒妁之言"这一道门槛，只有经过了父母的同意，媒婆的上门提亲，迎娶的新娘才能算得上是明媒正娶。这体现了古代的家庭对婚礼形式的看重。

成语"桑中之约"语出《诗经·鄘风·桑中》："期我乎桑中，要我乎上宫，送我乎淇之上矣。"诗句的意思是我心爱的男子约我到桑中见面，邀我到上宫相会，然后把我送到淇上回家。桑中：桑林之间。指男女幽会的密约。该成语体现了古代青年男女争取恋爱自由的思想。

成语"之死靡它"出自《诗经·鄘风·柏舟》："之死矢靡它，母也天只，不谅人只。"之：到；靡：没有；它：别的。这句话原指妇女至死也不愿意改嫁，后来形容爱情专一，至死不变。该成语充分体现了古代痴情男女对待爱情和婚姻矢志不渝的坚定。

成语"桃之夭夭"语出《诗经·周南·桃夭》："桃之夭夭，灼灼其华。之子于归，宜其室家。"全诗描写的是女子出嫁时的场景。新娘出嫁时，千千万万朵的桃花一起盛开，仿佛是为新娘准备的嫁妆，桃花的颜色鲜艳似火，就好像新娘那红彤彤的脸颊。作者运用"比兴"的手法把桃花绽放的盛景与新娘出嫁时办的盛大的婚礼结合在一起，成语赞美了新娘貌美如花，也祝福新娘以后的家庭能够幸福美满，香火旺盛。至于后来把"桃之夭夭"写作"逃之夭夭"，通过谐音双关诙谐地表示逃跑，那显然是成语的转义了。

第六节　《诗经》成语中的祥瑞文化

中国传统文化中的祥瑞文化，是我国传统文化中独特的喜庆、祝福文化，也是一种信仰文化，代表着一代一代中国人的美好愿望和梦想。祥瑞意识产生于人类社会发展初期。人类的祖先在广袤的大地上从事最基本的生存活动，大自然有时会给予你一些馈赠，但有时也会给人类制造许多麻烦。人们在自然灾害面前根本就无能为力，只能通过祈望祥瑞平安，希望以人对自然的崇敬而赢得自然的庇护。《诗经》成语所蕴含的祥瑞文化，主要表现为对夫妻恩爱、福寿延绵和门庭兴盛的祈祷和祝福。

成语"凤鸣朝阳"语出《诗经·大雅·卷阿》。凤和凰是古代神话传说中的神兽，传说遇见了凤和凰会给人带来好运，凤和凰也象征着人们至死不渝的爱情。现多用来比喻好预兆。

成语"凤凰于飞"出自《诗经·大雅·卷阿》："凤凰于飞，翙翙其羽。"原意指凤和凰相偕而飞，后用以比喻夫妻合欢恩爱。常用以祝福新人幸福美满。

成语"天保九如""寿比南山"语出《诗经·小雅·天保》，这首诗全篇诗句连用了九个"如"字，祝福君王的福泽像高山一样连绵不绝，像上弦月一样散发着永恒的光辉，像东升的太阳一样熠熠生辉，像南山的寿命一样无穷无尽，像松柏一样四季常青。现在成语多用来祝贺福寿延绵不绝。

成语"万寿无疆"出自《诗经·小雅·天保》："君曰卜尔，万寿无疆。"成语比喻人的寿命有一万年那么长，用于祝人长寿。

成语"竹苞松茂"出自《诗经·小雅·斯干》："如竹苞矣，如松茂矣。"松树和竹子不仅是古代君子品德高洁的象征，也是高贵身份的象征。成语"竹苞松茂"是以松树和竹子的繁茂来祈祝家门兴盛。

上述这些成语体现的是古代祥瑞文化，它所蕴含的象征意义是人们对大自然心存敬畏的间接表现，也是久经生存考验的先民们对美好生活的向往和希冀，这是人类同残酷的自然斗争过程中所衍生出来的一种美好文化。这种文化对后世产生了深远持久的影响，至今仍伴随我们生活的方方面面。

源于《诗经》的成语，其内容确实非常丰富。《诗经》成语中的农耕文化让我们看到了自给自足的安定和美好，也体会到了古人遵循自然规律、因时制宜的心态；《诗经》成语中的气象文化则反映了一个以农业生产为主的国家对自然的依赖，以及在自然灾害面前的无能为力；《诗经》成语中的伦理文化让我们感受到了父母恩情、兄弟亲情和夫妻爱情的可贵；《诗经》成语中的君子文化告诉我们：大丈夫立于世，既要有经过"切磋琢磨"的坚韧品格，也要有"海纳百川"的宽广胸襟，还要有"不吐不茹"的正直品德；《诗经》成语中的婚恋文化让我们看到了爱情的美好，也让我们知道了自由婚恋的来之不易；《诗经》成语中的祥瑞文化反映了大自然的残酷无情，也让我们明白了一个道理：即使身处恶劣的环境，也可以通过自己的智慧和劳动，创造一个光明灿烂的未来。《诗经》成语所折射出来的文化是中华民族智慧的结晶，值得我们永恒珍藏。

后 记

这本书的写作，从 2008 年发表第一篇汉语成语研究论文算起，历时 12 年。在书稿即将付梓印刷之际，回想在这个过程中我所得到的多方关爱与帮助，不禁有许多感谢的话语要说。

感谢邵阳学院学术委员会全体成员！本书是在多个课题和近 20 篇系列论文基础上形成的，这些课题的申报和研究，均得到了学校学术委员会的大力支持。

感谢邵阳学院科技处贺翀教授！贺教授无论是在学报编辑部还是在科技处，一直以来都很关注我的研究工作，给予了许多鼓励、支持和重要帮助。

感谢邵阳学院文学院现任领导龙钢华教授、钱毅教授和黄建军教授！他们只想成全我，所以经常鼓励我，支持我，帮助我。特别是龙钢华教授，还时时刻刻鞭策我。

感谢邵阳学院文学院老领导程凯华教授、邹豪生教授、马万辉教授和曾方荣教授！这些老领导尽管或已退休，或到其他院系任职，但他们过去所给予我的支持、帮助、鼓励和鞭策，让我铭记于心。特别是程凯华教授，在他任系主任期间安排我改教古代汉语，表现出了对我业务能力的高度认可。退休以后，他还经常关注我的成长和进步，不断鼓励和鞭策。

感谢汉语教研室龙青然教授和吕俭平博士！在与他们的交谈中，我得到了许多有益的启示。

感谢学报编辑部主任刘水强教授，曾在编辑部任职的肖功为教授和现任编辑刘晓毅老师！我投给学报编辑部的所有研究汉语成语的稿件，经他们处理，都全部刊载，从未遭到过拒绝。

感谢人民日报理论版，光明日报理论版，湖北大学学报，湖南科技大学学报，《现代语文》，语文学刊等许多刊物那些我不认识的编辑！承蒙他们的厚爱，本书中的一些见解和体会得以先期问世，就教于学界。

感谢长江文艺出版社社长尹志勇先生和编辑孙琳女士！尹志勇先生对本书的出版给予了热情的支持和帮助。孙琳女士精心审读书稿并提出了许多宝贵的建议，为本书的出版付出了辛勤的劳动。

尽管得到了这么多的支持和帮助，但由于本人资质愚钝，学养不足，书中错误和疏漏在所难免，敬请专家学者多多批评指正。

宁佐权

2020 年 10 月 15 日于邵阳学院

本书参考文献

一、著作

1. 罗常培. 语言与文化 [M]. 北京：语文出版社，1989

2. 邢福义. 文化语言学 [M]. 武汉：湖北教育出版社，2000

3. 戴昭铭. 文化语言学导论 [M] 北京：语文出版社，1996

4. 常敬宇. 汉语词汇文化 [M]. 北京：北京大学出版社，2009

5. 莫彭龄. 汉语成语与汉文化 [M]. 南京：江苏教育出版社，2001

6. 莫彭龄. 蔡廷伟. 成语文化论 [M]. 南京：江苏教育出版社，2011

7. 朱瑞玟. 博采众美——书法文化与成语 [M]. 北京：首都师范大学出版社，2006

8. 朱瑞玟. 香飘万里——酒文化与成语 [M]. 北京：首都师范大学出版社，2006

9. 徐大晨. 齿颊生香——饮食文化与成语 [M]. 北京：首都师范大学出版社，2006

10. 霍仲滨. 洗尽铅华——服饰文化与成语 [M]. 北京：首都师范大学出版社，2006

11. 崔希亮. 汉语熟语与中国人文世界 [M]. 北京：北京语言大学出版社，2005

12. 申小龙. 汉语与中国文化 [M]. 上海：复旦大学出版社，2005

13. 沈锡伦. 中国传统文化和语言 [M]. 上海：上海教育出版社，1995

14. 刘仰. 中国自信：民族复兴大思维 [M]. 北京：北京联合出版公司，2015

15. 李宗贵. 中华民族精神概论 [M]. 广州：广东人民出版社，2007

16. 曹顺庆. 中华文化概论 [M]. 北京：高等教育出版社，2015

17. 李阳春. 湘楚文化精神与道德人格修养 [M]. 长沙：湖南大学出版社，2006

18. （德）列维·布留尔. 原始思维 [M]. 丁由，译. 北京：商务印书馆，1987

19. （美）塞缪尔·亨廷顿. 文明的冲突与世界秩序的重建 [M]. 周琪，译. 北京：新华出版社，2009

20. 李庆荣. 现代实用汉语修辞 [M]. 北京：北京大学出版社，2015

21. 李炳海. 部族文化与先秦文学 [M]. 北京：高等教育出版社，1995

22. 常敬宇. 汉语词汇文化 [M]. 北京：北京大学出版社，2009

23. 王国安，王小曼. 汉语词语的文化透视 [M]. 上海：汉语大词典出版社，2003

24. 邹豪生. 美与美育 [M]. 长沙：湖南人民出版社，2007

25. 胡家祥. 审美学 [M]. 北京：北京大学出版社，2000

26. 姚立江，潘春兰. 人文动物——动物符号与中国文化 [M]. 哈尔滨：黑龙江人民出版社，2002

27. 张晓梅. 中国美 [M]. 北京：新华出版社，2005

28. 北京大学哲学系美学教研室. 西方美学家论美学和美感 [M]. 北京：商务印书馆，1980

29. 王月清，管国兴. 影响中国文化的十大经典 [M]. 南京：江苏人民出版社，2008

30. 余心悦，游牧.《周易》与生活 [M]. 北京：人民邮电出版社，2011

31. 郭锡良，李玲璞. 古代汉语（上、下）[M]. 北京：语文出版社，1996

32. 张岂之. 中国传统文化 ［M］. 北京：高等教育出版社，1994

33. 程凯华. 中华传统美德 ［M］. 武汉：长江文艺出版社，2002

34. 刘作，文则. 中国文化知识精华 ［M］. 太原：北岳文艺出版社，2005

35. 孙汝建：汉语的性别歧视与性别差异 ［M］. 武汉：华中师范大学出版社，2010

36. 陈晓芬译注. 论语 ［M］. 北京：中华书局，2016

37. 万丽华，蓝旭译注. 孟子 ［M］. 北京：中华书局，2016

38. 安小兰译注. 荀子 ［M］. 北京：中华书局，2016

39. 高华平译注. 韩非子 ［M］. 北京：中华书局，2016

40. 郭丹译注. 左传 ［M］. 北京：中华书局，2016

41. 缪文远，罗永莲，缪伟译注. 战国策 ［M］. 北京：中华书局，2016

42. 文天译注. 史记 ［M］. 北京：中华书局，2016

二、论文

1. 宁佐权.《周易》成语与中华民族精神 ［N］. 光明日报，2010-02-26（7）

2. 宁佐权.《周易》成语与中华民族思维方式 ［N］. 人民日报，2010-07-16（7）

3. 宁佐权. 《周易》成语与中华民族为人处世策略 ［N］. 光明日报，2013-02-18（13）

4. 宁佐权. 自然现象类汉语成语的文化意蕴 ［J］. 湖北大学学报（社会科学版），2017（03）

5. 宁佐权. 论汉语中美女类成语的文化特征 ［J］. 湖南科技大学学报，2010（06）

6. 宁佐权. 汉语成语中"狐狸"文化义生成机制浅析 ［J］. 邵阳学院学报（社会科学版），2010（04）

7. 宁佐权. 成语"只许州官放火，不许百姓点灯"的文化意蕴 ［J］. 现代语文，2008（33）

8. 宁佐权. "丰乳肥臀"未能跻身汉语成语的文化阐释 [J]. 语文学刊, 2008（06）

9. 宁佐权, 丁颂艳. 汉语成语蕴含着爱国主义的民族情怀 [J]. 语文学刊, 2010（03）

10. 宁佐权. 汉语成语里的中华民族文化因素 [J]. 学语文, 2017（04）

11. 宁佐权. 在汉语成语教学中弘扬自强不息的进取意识 [J]. 品位·经典, 2017（01）

12. 宁佐权, 谭元凤. 成语中蕴含着的勤劳勇敢精神 [J]. 品位·经典, 2017（02）

13. 宁佐权. 植物类汉语成语的文化积淀 [J]. 邵阳学院学报（社会科学版）, 2017（03）

14. 宁佐权. 在汉语成语教学中弘扬中华民族的诚信之德 [J]. 品位·经典, 2017（05）

15. 李大农. 汉语中有关花草树木成语的文化内涵 [J]. 汉语学习, 1994（06）

16. 李莉, 邹国辉, 董源. 论中国传统文化中的"松柏情结" [J]. 北京林业大学学报（社会科学版）, 2005（02）

17. 陈水根. 论梅兰竹菊的人格美 [J]. 江西社会科学, 2000（08）

18. 杨元刚, 张安德. 英汉植物词文化联想意义对比分析 [J]. 语言教学与研究, 2002（04）

19. 自然界里罕见的自然现象 [EB/OL]. http://blog.sina.com, 2012-07-09/2016-04-21

20. 张茜. 自然现象词汇象征意义的俄汉对比分析 [D]. 上海: 上海外国语大学, 2014

21. 曾微. 英汉自然现象词汇的文化比较 [J]. 广西大学学报（哲学社会科学版）, 2006（10）

22. 陈壹. 何谓云雨？ [EB/OL]. http://blog.sina.com, 2009-03-12/2016-04-21

23. 莫彭龄. 试论成语的文化研究 [J]. 扬州大学学报 (人文社会科学版)，2000（3）

24. 钱进. 成语和俗语性别差异的文化透视 [J]. 语言与翻译，2003（2）：54-57

25. 陈友峰. 传统文化的男性视角与戏曲舞台上女性主体的缺失 [J]. 戏剧文学，2008（7）

26. 唐莉莉. 汉语成语的文化观照 [D]. 曲阜：曲阜师范大学，2003

27. 李大农. 成语与中国文化 [J]. 南开学报，1994（06）

28. 丁秀菊. 数词成语的文化阐释 [J]. 齐鲁学刊，2003（09）

29. 孙志伟. 中国传统文化中的"尊卑"思想与并列式成语的语义构词原则 [J]. 连云港师范高等专科学校学报，2005（03）

30. 冯立鳌. 思辨之宗 大道之源——《易经》的思维智慧 [N]. 光明日报，2014-05-24（10）

31. 王今铮. 成语传承着伟大的民族精神 [J]. 内蒙古民族大学学报（社会科学版），2004（3）

32. 夏伟东. 关于弘扬和培育民族精神的几个理论问题 [J]. 伦理学研究，2004（06）

33. 周济. 大力弘扬和培育民族精神 [J]. 高校理论战线，2004（02）

34. 顾海良，沈壮海. 高度重视民族精神的弘扬和培育 [J]. 思想理论教育导刊，2003（04）

35. 庞仁芝. 铸牢中华民族伟大复兴的精神支柱 [J]. 当代思潮，2004（03）

36. 顾海良，沈壮海. 高度重视民族精神的弘扬和培育 [J]. 思想理论教育导刊，2003（04）

37. 闻易. 民族精神是一个民族赖以生存和发展的精神支撑 [J]. 求是，2003（09）

38. 大力弘扬和培育民族精神 [J]. 思想政治工作研究，2003（05）

39. 中共中央办公厅，国务院办公厅. 关于实施中华优秀传统文化传承发

展工程的意见 [J]. 中华人民共和国国务院公报, 2017 (06)

40. 杨德森. 中国文化与民族心理的现状与未来 [J]. 湖南医科大学学报 (社会科学版), 2000 (9)

41. 李蔚. 汉语成语中的心理学思想研究 [J]. 武汉教育学院学报 (社会科学版), 1991 (3)

42. 莫彭龄. 试论汉语的文化研究 [J]. 扬州大学学报 (社会科学版), 2000 (5)

43. 卢兆强. 汉英成语和中西民族文化心理 [J]. 韶关学院学报 (社会科学版), 2002 (5)

44. 李娴霞. 论汉语成语的价值系统 [J]. 贵州师范大学学报 (社会科学版), 1995 (3)

45. 马兰. 试论成语中所体现的文化心理 [J]. 淮北职业技术学院学报, 2008 (10)

46. 王化鹏. 汉语成语中的历史文化积淀 [J]. 烟台师范学院学报 (社科版), 2001 (12)

47. 青阳. 成语与民族文化 [J]. 语言与翻译, 1994 (1)

48. 刘培华. 成语与民族文化背景 [J]. 语言与翻译, 1995 (3)

49. 李蔚. 汉语成语中的心理学思想研究 [J]. 武汉教育学院学报 (社会科学版), 1991 (3)

50. 王维国, 王俊延. 邯郸成语的政治伦理思想及对建设法治社会的启示 [J]. 学术前沿, 2008 (5)

51. 王世红. 成语中的"动物世界" [J]. 现代语文 (语言研究版), 2007 (01)

52. 贾晓慧, 权玉萍. 谈动物与中国文化 [J]. 野生动物, 2009 (01)

53. 刘晓红. 动物成语与汉民族的情感倾向 [J]. 语文知识, 2000 (04)

54. 于婧阳, 朴美慧. 动物成语隐喻认知研究 [J]. 沈阳师范大学学报, 2015 (04)

55. 向光忠. 成语与民族自然环境、文化传统、语言特点的关系 [J]. 中

国语文，1979（02）

三、工具书

1. 张林川. 中华成语全典 ［M］. 武汉：崇文书局，2003

2. 刘洁修. 汉语成语考释词典 ［M］. 北京：商务印书馆，2003

3. 李行健. 现代汉语规范词典 ［M］. 北京：外语教学与研究出版社，语文出版社，2004

4. 向光中. 建宏成语义类辞典 ［M］. 北京：中国国际广播出版社，2003.

5. 张胜英，中华德文化成语大辞典 ［M］. 北京：中国文联出版社，2012

6. 梅萌. 汉语成语大全 ［Z］. 北京：商务印书馆，2007

7. 王涛等. 中国成语大辞典 ［M］. 上海：上海辞书出版社，1996

8. 韩省之. 中国成语分类大词典 ［M］. 北京：新世界出版社，1989

9. 夏禹甸. 万条分类成语词典 ［M］. 武汉：湖北教育出版社，1990

10. 刘占锋. 中国成语通检 ［M］. 开封：河南大学出版社，2002

11. 蔡向阳，孙栋. 汉语成语分类大辞典 ［M］. 武汉：崇文书局，2008

12. 王安全，郭玲改编. 汉语成语分类大辞典 ［M］. 上海：汉语大词典出版社，1997